GLENN HUGHES

MIT JOEL MCIVER

DIE AUTOBIOGRAFIE

VON DEEP PURPLE ZU BLACK COUNTRY COMMUNION

Übersetzt von Andreas Schiffmann

Lizenznehmer:
I.P. Verlag Jeske/Mader GbR
Haydnstr. 2
12203 Berlin
Deutschland

Diese Ausgabe erscheint mit freundlicher Genehmigung von Foruli Ltd., London, England. www.foruli.co.uk

ISBN 978-3-931624-71-2
1. Auflage Mai 2012

Titel der Originalausgabe: »Glenn Hughes: The Autobiography – From Deep Purple To Black Country Communion«

Inhaltsverzeichnis:

Ich widme dieses Buch den drei Frauen in meinem Leben: Meiner verstorbenen Großmutter Nell, meiner Mutter Sheila und meiner Ehefrau Gabi. Ihr alle habt mir gezeigt, was bedingungslose Liebe bedeutet. Meinem Vater William danke ich dafür, dass er mir die Wahrheit erzählt hat.

Vorwort

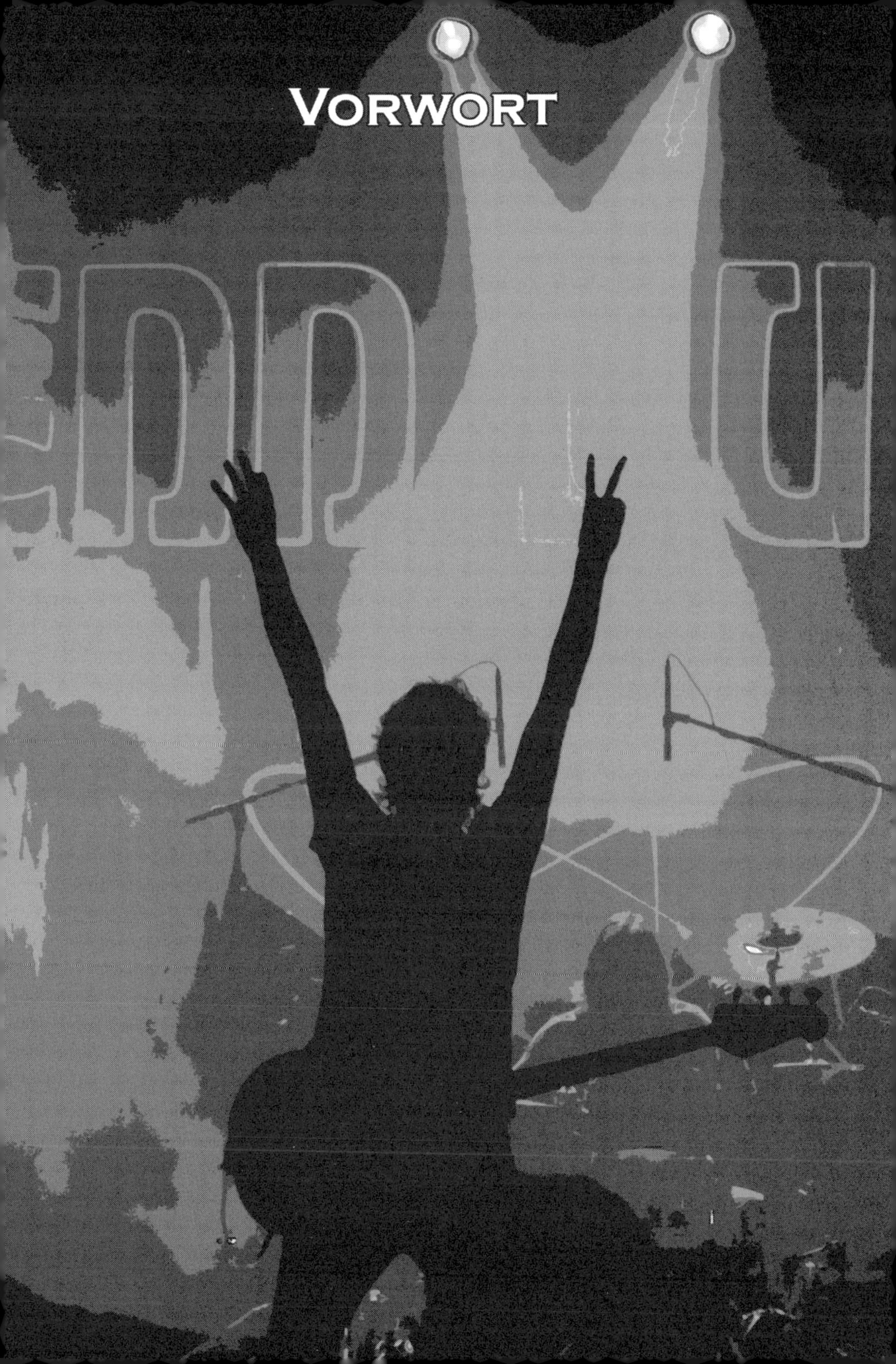

Vorwort

Deep Purple spielen eine wichtige Rolle in meinem Leben. Mit Glenn Hughes habe ich sie zweimal gesehen. Als er im Hosenanzug aus weißem Satin mit wehender Mähne und Fender Precision Bass auf die Bühne kam, hielt ich ihn für einen Rockgott, denn eine solche Aura hatte er. *Oh Mann*, dachte ich. *Der Typ ist verdammt cool!*

Gleich ihre zweite Dänemark-Show mit ihm im Dezember 1973 schaute ich mir an. Damals war ich neun Jahre alt und hatte Purple wenige Monate zuvor noch mit Gillan und Glover erlebt. Nun feierte die Mark-III-Besetzung Premiere. Sie spielten recht viele Songs von »Burn«, obwohl die Scheibe noch nicht auf dem Markt war. Deshalb mutete das Konzert mitunter wie ein Testlauf an. "Smoke On The Water" und "Space Truckin'" kamen aber auch zum Zug, wenn mich nicht alles täuscht, und fielen ziemlich geil aus. Im März 1975 kehrte die Band zurück und spielte mit Elf im Vorprogramm in der größeren Brøndby Hall. Zwei Wochen später stieg Ritchie Blackmore aus, aber ich wohnte dem Gig bei und begegnete hinterher einigen Mitgliedern im Plaza Hotel. Beachtlich für einen jungen Hüpfer, nicht wahr?

Mit diesem Line-up wurde die Musik eindeutig abwechslungsreicher. Purple lehnten sich stilistisch einen guten Meter weit aus dem Fenster, was sich vor allem an den Gesangsharmonien festmachen ließ. Legte man »Burn« auf, stieß man im Refrain des Titelstücks auf etwas bis dato Unerhörtes, zwei Stimmen gleichzeitig. Das fand ich genial, weil es dem Ganzen mehr Würze verlieh. Das Album war sehr hart und trug noch Blackmores Handschrift, doch mit »Stormbringer« trieben sie es ein wenig bunter, was dem Maestro überhaupt nicht gefiel, wie wir alle wissen.

Wie alt war ich, als die Scheibe herauskam – elf? Jedenfalls kannte ich mich nicht mit amerikanischem Rhythm and Blues aus, also konnte ich beim Lauschen keinen Einfluss von Stevie Wonder oder so erkennen. Dennoch mochte ich »Stormbringer«, gerade weil sich die Band darauf so flexibel zeigte, auch wenn ich keine Vergleiche ziehen konnte. Damals genossen Purple bei mir sowieso Narrenfreiheit.

Die Lieder auf ihrer dritten LP »Come Taste The Band« fand ich dann sogar stärker. Sachen wie "Drifter" klingen recht untypisch, während der Opener "Comin' Home" noch traditionell rockt. "You Keep On Moving" ist schlicht und ergreifend wunderschön, und die Platte als ganze großartig. Man merkte, dass Glenn immer wichtiger für die Ausrichtung der Musik wurde. Wie er seine Wurzeln einbrachte, stand der Band sehr gut. Nichts gegen Roger Glover, aber nicht nur mir kamen die Jungs rhythmisch schmissiger vor. Ian Paice schien den Funk für sich entdeckt zu haben und machte die Stücke gemeinsam mit seinem singenden Basser aufregender.

Als Metallica 1996 im NEC in Birmingham spielten, traf ich Glenn zum ersten Mal persönlich. Er arbeitete gerade mit Tony Iommi an einem gemeinsamen Album, und die beiden schauten vorbei. Dabei kamen viele Geschichten von früher zur Sprache, logisch. Obwohl Glenn seit seiner Zeit bei Purple viel durchgemacht hatte, sah er klasse aus, ein nahbarer und umgänglicher Sympathiebolzen. Ihn und Tony gleichzeitig backstage zu begrüßen, war wirklich ein Glücksfall. Ich hatte richtiges Nervenflattern, als ich mich mit ihnen ablichten ließ.

Tauchen Musiker, mit deren Postern ich mein Kinderzimmer tapezierte, heute bei unseren Konzerten auf und outen sich als Metallica-Fans, fühle ich mich geschmeichelt. Bei Glenn war es nicht anders. Ich halte ihn für einen echten Gentleman und freue mich immer, wenn ich ihm über den Weg laufe.

Lars Ulrich

Vorbemerkung:

Dieses Buch nimmt ausgiebig Bezug auf Drogendealer, Mafiosi und andere Gangster. Einige dieser reizenden Personen sitzen momentan in Haft, andere verdingen sich nach wie vor in dieser oder jener Stadt, also haben Glenn und ich ihre Namen geändert, um uns Ärger zu ersparen.

Joel McIver

Einleitung

Einleitung

Es geschah an Weihnachten 1991, aber das besinnliche Datum war reiner Zufall. Gegen 19.30 Uhr gingen die Gäste aus dem Haus. Während ihr Wagen die Auffahrt verließ, wurde ich einmal mehr überschwänglich. Am besten sperrte ich nun ab und schaltete den Alarm ein. Ich wollte niemanden sehen, nachdem ich meinen Dealer sogar an diesem Abend herbestellt hatte. Es sollte nicht mehr vorkommen. *Nimm gleiche eine ganze Unze*, hatte eine Stimme in meinem Hinterkopf gesäuselt.

Nur eine Woche zuvor hatten mir die kundigen Ärzte des Betty Ford Center eine schwere Alkohol- und Drogenabhängigkeit attestiert, doch leider war die Klinik über die Feiertage ausgebucht. Schätze, die Patienten wollten ihr cleanes 1992 mit ein paar Tagen Vorsprung antreten – im Gegensatz zu mir, denn ich war noch nicht fertig genug. Eine letzte Reise musste ich antreten und meine eigene Hölle erfahren, eine Kokainpsychose. *Entspann dich, diesmal wird alles anders*, versprach die Stimme.

Nach dem Abendessen hatte ich mehrere Lines gezogen. Eine Stunde später stand ich im größten Bad des Hauses vor einem langen Spiegel und schaute hinab auf mein Besteck. Neu zum Inventar gehörten zwei Pfeifen zum Rauchen von Crack.

Nun erhitzte ich das Kokain. Für gewöhnlich mischte ich zwei Teile mit der halben Menge Backpulver in einer breiten Schale, gab Wasser dazu und hielt ein Feuerzeug darunter. Am Grund des Gefäßes wurde das Zeug mit einem hörbaren Knistern hart. Dieses Geräusch zaubert jedem erfahrenen User ein Lächeln auf die Lippen,

Ich war noch ziemlich high vom Schnupfen eine Stunde vorher und dementsprechend fahrig. Mit einem Löffel schöpfte ich ein paar Gramm aus dem Beutel, während ich am ganzen Leib zitterte, weil mir abwechselnd heiß und kalt war. Die Droge machte mich besessen. Sie bedeutete mir alles, gab dem Leben einen Zweck, war meine Religion. Alles andere verblasste daneben. Mochten anderswo Menschen sterben oder zur Welt kommen – mir egal. Die Zeit stand still.

Ich zündete einen Wattebausch an, den ich in Bacardi 151 getränkt hatte, und bröckelte eine großzügige Menge – einen Headbanger, wie es der Süchtige zufälligerweise nennt – in den Kopf der Pfeife. Dies war mein Fluch, mein Dämon, und ich gab mich ihm hin. Als Kind hatte ich »Der seltsame Fall des Dr. Jekyll und Mr. Hyde« gelesen, jetzt war ich Hyde in Perfektion, angefangen bei der Körperhaltung bis hin zum Benehmen.

Binnen weniger Sekunden stand mein Universum Kopf. Geräusche wurden lauter, Düfte intensiver. Was gerade noch Wirklichkeit war, mutete nun surreal an. So sollte es sein.

Mein Körper bebte. Ich ging in die Knie und hörte Höllenglocken läuten, diesen abscheulichen und doch so wunderbaren Klang irgendwoher aus dem Inneren, den Crackheads sehr gut kennen. Das Zeug ballerte unglaublich derbe.

Meine Freundin fragte beunruhigt, ob ich okay sei, woraufhin ich etwas Zusammenhangloses brummelte und mich ins Bett bemühte.

Ich stand unter Schock, erfuhr den Flash meines Lebens. Als ich sprechen wollte, brachte ich kein Wort über die Lippen. Stattdessen ergoss sich eine Woge der Euphorie über mir.

So lag ich auf der Matratze, bis das Hochgefühl abgründiger Paranoia wich. Ich erstarrte, Sirenen heulten los und Türen knallten zu. Jemand kam aus dem Keller herauf, und war das Musik, die von oben her wummerte? Waren sie im Haus? Vielleicht sollte ich das Tranchiermesser holen ...

Irgendwie schaffte ich es, aufzustehen und zurück ins Bad zu stolpern. Während ich die Pfeife mit dem nächsten Rock bestückte, murrte ich wegen der Sounds, die ich aus dem Obergeschoss vernahm. Fuck them.

Ich verpasste mir die zweite Dröhnung und taumelte zurück zum Bett. Während all der Jahren, in denen ich mich schon auf diesem teuflischen Karussell drehte, hatte ich mich noch nie so unwohl gefühlt.

Im Morgengrauen hörte der Tod auf, mit mir zu tanzen. Einmal mehr war ich allein, in die Enge getrieben von meinem eigenen Schatten und dem Gesicht, das mich aus dem verfluchten Spiegel anglotzte. Wie ich so davorstand und meinem eigenen Blick trotzte, war ich mir selbst fremd. "Wer bist du, was willst du?" Ich erkannte diese armselige Hülle nicht wieder.

Beim dritten Kick gaben meine Knie wieder nach, so dass ich wie ein waidwundes Tier zum Bett kriechen musste. Erneut wollte meine Freundin wissen, was los sei. Ich antwortete wie in Zeitlupe: "Keinen Schimmer. Irgendetwas."

Sie fuhr mich ins Krankenhaus. "Zu viel Kokain", brachte ich noch heraus, ehe ich vor einer Schwester ohnmächtig wurde. Als ich wieder zu mir kam, stand ein Arzt vor mir und ließ mich wissen: "Mr. Hughes, Sie hatten einen Herzinfarkt."

Kapitel 1: I was the music

Kindheit, Jugend und erste Bands

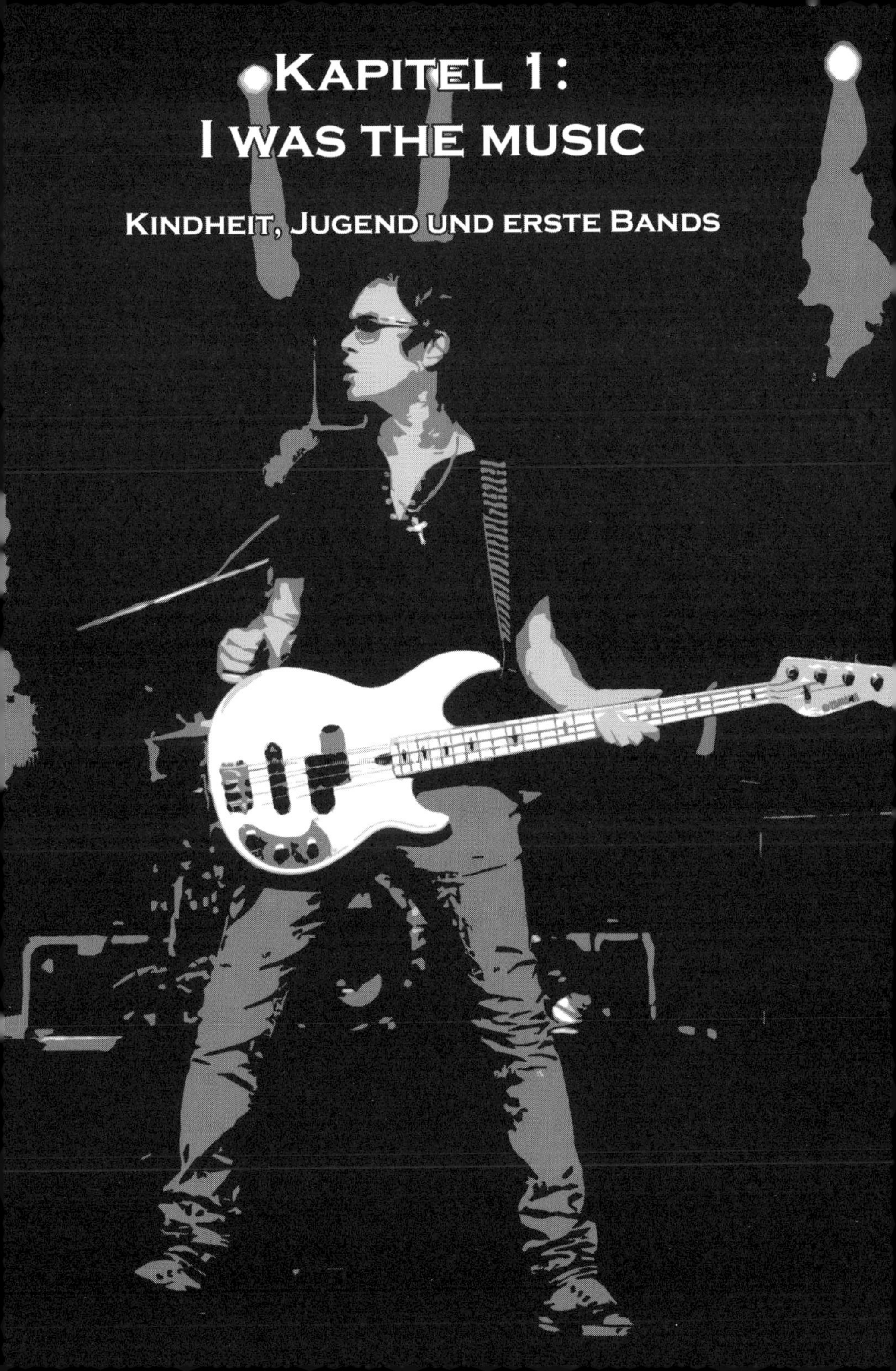

Nach diesem Intro mag man glauben, ich sei schon früh verkorkst worden, doch dem war nicht so; ich verlebte eine außerordentlich glückliche Kindheit. Geboren wurde ich am 21. August 1951 in einem Haus in der St. John's Road in Cannock, einer Stadt in der Grafschaft Staffordshire. Nebenan gab es einen Pub, der Crystal Fountain hieß. Da meine Eltern Musik liebten, benannten sie mich nach Glenn Miller. Wir hatten zwei Schlafzimmer für meinen Dad William, meine Mom Sheila sowie ihre Mutter Nelly Ball und mich. Meine Urgroßmutter Sally Rogers nahm mit dem Wohnzimmer vorlieb. Der Alltag gestaltete sich nicht leicht: Vater arbeitete in der Kohleindustrie, während Mom den Haushalt schmiss. Erst später nahm auch sie einen Job an. Man brachte mir viel Liebe entgegen. Das Wort selbst schwebte ständig im Raum und bedeutete mir eine Menge. Der weibliche Teil der Familie legte großen Wert auf Zärtlichkeit. Ich wünschte mir ein Geschwisterchen, doch Dad meinte stets: "Du genügst uns."

Sheila Hughes: *"Wir haben uns nicht bewusst auf ein einziges Kind festgelegt, es ergab sich einfach so. Ich weiß, Glenn hätte sich über einen Bruder oder eine Schwester gefreut, und es tut mir sehr leid, dass es nie dazu gekommen ist."*

Ich besuchte die Sonntagsschule, wo ich mich vor allem für den Religionsunterricht erwärmte. Während die meisten Katholiken befangen mit dem Thema Gott umgehen, hatte ich nie ein Problem damit. Ich wusste schon im sehr jungen Alter, dass es eine Instanz über dem Menschen gibt. Mochten die Leute auch lachen und Gleichaltrige Gespräche darüber meiden: Ich machte mir keinen Kopf darum. Gott hatte schlichtweg einen Platz in meinem Herzen. Als ich mit zwölf oder 13 auf den Teufel stieß, verstörte es mich zutiefst. Von Hexenbrettern, mit denen ich auch eine Weile experimentierte, rate ich dringend ab.

Religion erwies sich als äußerst prägend, weil sie mich überall umgab. Mom hatte eine katholische Schule besucht, wohingegen Dad erst zu Gott fand, als ich mit den Drogen aufräumte. Jetzt weiß er, dass es ihn gibt, denn andernfalls würde ich nicht mehr leben.

Sheila Hughes: *"Glenn war ein reizendes Kind, und unsere Beziehung nichts weniger als innig. Seine Großmutter hatte er auch sehr gern. In der Schule verhielt er sich unauffällig. Das Einzige, was ihn interessierte, war Musik".*

Bill Hughes: *"Fußball war auch sein Ding. Er spielte in der Schulmannschaft und machte sich dabei sehr gut. Ich ging zu den Matches, wann immer ich Zeit fand."*

Um es also von vornherein klarzustellen: Ich verlebte unbeschwerte Jahre, als ich klein war. Sport begeisterte mich, Fuß- und Netzball, Diskus- und Speerwerfen. Ich besuchte die John Woods Infants' School, bevor ich zur Grundschule Walhouse ging. Hinterher kam ich auf die Blake Secondary Modern, weil ich beim Einstufungstest nicht genug Punkte machte, um eine Empfehlung für den höheren Bildungsweg zu erhalten.

Mein erstes Haustier war ein Hund. Ich bekam ihn mit etwa fünf Jahren, einen Mischling namens Kim, und war vernarrt in ihn. 1957 zogen wir in den Clarion Way nach Chadsmoor um, eine Siedlung in Cannock. Wir wohnten ungefähr 400 Yards von der Hauptstraße entfernt. Mit acht begleitete ich Großmutter einmal zum Einkaufen, als Kim vor einen Linienbus rannte. Ich musste mitansehen, wie er überfahren wurde und war erschüttert.

Dad begrub ihn im Garten. Ich weiß noch, gleichzeitig fand das 1959er Pokalendspiel statt, und am folgenden Tag bekamen wir ein Kätzchen, das rasch zu meiner neuen Spielgefährtin wurde. Auf den Namen Sugar kamen wir durch die Wildwestserie »Sugarfoot«, die in den Fünfzigern ausgestrahlt wurde. Das Tier war bald nicht mehr aus unserem Haushalt wegzudenken und sollte 19 Jahre alt werden.

Kim hielt ich alldieweil als Bruder- oder Schwesterersatz in Ehren. Ob Nachbarn oder Mitschüler – jeder, den ich kannte, hatte Geschwister, meistens mehrere. Nur ich blieb allein, weshalb mich der Tod des Hundes umso härter traf. Abgesehen davon war es jedoch eine tolle Zeit damals. Ich hatte alles, was ich brauchte, zumal mich Großmutter richtiggehend verwöhnte, wie es bei Einzelkinder häufig geschieht.

Ich wuchs also quasi im Arbeitermilieu auf, musste aber im Gegensatz zu Ozzy Osbourne oder Tony Iommi nicht nach draußen gehen, um die Toilette aufzusuchen. Zudem herrschte Eintracht bei uns. Die Familie verbrachte die Sommerferien entweder in Blackpool oder Rhyl. Ansonsten verging kein Tag, an dem Dad nicht arbeitete. Der Weihnachtsstrumpf war jedes Jahr prallgefüllt, genauso mein Kleiderschrank mit Klamotten für alle erdenklichen Anlässe. Nachdem ich James Stewarts Streifen »Mein Freund Harvey« gesehen hatte, suchte mich nachts ein übergroßer Hase heim. Das Vieh jagte mich im Traum durchs ganze Haus, so dass ich jedes Mal schweißgebadet aufwachte.

Ab 1961 wohnte ich regelmäßig den Spielen der Wolverhampton Wanderers bei, die im Vorjahr den FA-Cup gewonnen hatten. Schon mit fünf oder sechs war ich spätabends nach unten geschlichen, um zu lauschen, wenn die Spielergebnisse durchgesagt wurden. Hatte das Team verloren, brach ich in Tränen aus. So ging es in einem Haus voller Fußballfanatiker zu.

In der Oberschule stand 1962 der kurz vorher gescheiterte Einfall der USA in der kubanischen Schweinebucht auf dem Lehrplan. Um die Zusammenhänge gänzlich zu erfassen, war ich noch ein wenig zu jung, also ließ ich mir weismachen, die Russen seien böse und unsere Feinde. Ein finsterer, unmoralischer Ruch umgab sie, weshalb ich in meiner Jugend sehr von Amerika eingenommen war. Entweder lief Surfmusik oder »Bonanza«, und mit Frank Sinatra fand die Familie einen gemeinsamen Nenner.

Im Jahr darauf ging ich eines Nachmittags bei Einbruch der Dunkelheit zu einem Freund. Seine Mutter kam mir vor dem Haus entgegen und meinte, man habe Präsident Kennedy ermordet. Als ich daraufhin sofort nach Hause zurückkehrte, fand ich meine Familie extrem aufgewühlt vor. Es war furchtbar traurig, und dann diese krassen Bilder im Fernsehen ... Immer und immer wieder haben sie Kennedys Auto und den Kopfschuss gezeigt. Es kam mir vor wie ein tragischer Film in Endlosschleife und es ist heute noch erschreckend, wenn man darüber nachdenkt, wie verwundbar wir alle sind. Auf Kennedys Familie muss ohnehin ein Fluch lasten.

Das erste Instrument, zu dem ich griff, war die Posaune. Das Schulorchester suchte frisches Blut, und da man meinte, auf meine Lippen gehöre ein Mundstück, sollte ich ran. Spaß machte es jedoch nicht, weil es schwierig war und verlangte, dass ich vom Blatt spielte. Als Mom mir eine Gitarre aus Plastik kaufte, die der von Elvis Presley nachempfunden war, drosch ich mit Wonne darauf ein, bis man mir eine billige akustische aus Holz schenkte.

Ich bin meinen Eltern dankbar dafür, dass sie meine Musikbegeisterung gefördert haben. Mutter ließ sich nicht lange bitten, wenn ich eine neue Klampfe wollte, angefangen 1964 mit einer Futurama, die jeweils im Jahrestakt Teile von Burns und Rickenbacker ablösten. 1967 bekam ich endlich eine Fender Telecaster.

> **Sheila Hughes:** *"Wir umsorgten Glenn und ließen ihm freie Hand bei allem, was er tun wollte. Er konnte sich lange mit der Gitarre aufs Bett setzen und spielen, weil ihm andauernd Musik durch den Kopf ging. Das sahen wir nicht unbedingt gern, aber na ja, er sollte einfach glücklich sein, auch weil wir nichts zu verschenken hatten. Sein erstes Instrument mit Verstärker kaufte ich auf Raten, die ich immerhin pünktlich jede Woche bezahlte. Später standen wir etwas besser da, aber auf der hohen Kante lag bei uns wahrlich nichts."*

Zu allem, was ich später im Leben tun sollte, fühlte ich mich schon damals intuitiv hingezogen. Als ich die Beatles Anfang 1963 mit "Twist And Shout" im Fernsehen sah, war ich erst zwölf, doch die Hysterie der Mädchen im Publikum gefiel mir sofort.

Bevor es die Fab Four gab, waren für mich The Shadows der Inbegriff von Popmusik. Da ich Gitarrist werden wollte, himmelte ich Hank Marvin mit seiner kirschroten Stratocaster an. "Apache" vereinnahmte mich endgültig, zumal ich wenig auf Elvis oder Cliff Richard gab, sondern komischerweise Süßholzraspler wie Frankie Valli schätzte. Doo Wop rangierte in meiner Gunst an erster Stelle.

Ich hörte oft Radio und besaß wie jeder damals einen Plattenspieler Marke Dansette. Woolworth's verkaufte Singles von Embassy Records, die billiger waren, weil sich das Label auf Coverversionen verstand. Mitunter erwischte man dann eine miese Interpretation von Cliff Richards "Younger Ones".

> **Sheila Hughes:** *"Die Mädchen fanden ihn natürlich ganz hinreißend und standen vor unserer Haustür Schlange. Allerdings handelte es sich ohne Ausnahme um brave Kinder. Dahergelaufene fühlten sich nicht zu ihm hingezogen, wenn Sie verstehen, was ich meine."*

> **Margaret Colley, geborene Williams:** *"Glenn war mit 15,16 meine erster Schwarm. Auf der Schule in Cannock gehörten wir zum selben Jahrgang. Er*

traute sich nicht, mich zu fragen, ob ich mit ihm ausginge, also musste einer seiner Freunde vermitteln. Ich sagte sofort zu, weil Glenn heißbegehrt war. Er sah toll aus und wusste sich zu benehmen, ein wirklicher Goldjunge. Ich war stolz darauf, mich bei ihm einhaken zu dürfen."

Sheila Hughes: *"Ich erinnere mich sehr gut an Margaret Williams, ein liebes Ding. Sie war bildschön, aber ich glaube, für eine längere Beziehung fehlte den beiden die Reife."*

Margaret Colley: *"Es verlief sich einfach irgendwann. Als er mich einmal versetzte, brach es mir fast das Herz, obwohl ich im Nachhinein betrachtet nicht von einem groben Fehltritt sprechen würde, weil es eben ein unschuldiges Techtelmechtel war. Ich begleitete ihn in Jugendzentren, wo er mit seiner Gruppe auftrat, oder wir gingen nach der Schule gemeinsam nach Hause und aßen einen Happen. Ein Paar waren wir wenig länger als ein Jahr. Ich hatte mich in ihn verschossen und wurde von allen Altersgenossinnen beneidet. Seine Eltern mochte ich auch sehr gern, unheimlich liebenswerte Menschen."*

Betrachtet man Glenn Hughes als Musiker, begreift man schnell, weshalb mich Presley und Richard nie überzeugt haben. Blies mich Marvins melodisches Gespür weg, ließ mich Bill Haley mit zehn, elf Jahren kalt. Ich musste mir daheim Johnny Mathis oder Nat "King" Cole anhören und kam nicht umhin, es bei aller Liebe zu altbacken für mich zu finden. Als ich mit dem Singen anfing, schlug mich der Soul in seinen Bann, egal ob von Weißen, Schwarzen oder Gelbgestreiften gespielt.

Paul Reaney: *"Wir spielten gerade Putten im Cannock Park, als sich Glenn mit einem Freund hinzugesellte. Mich überraschte, ihn zu sehen, weil er einen Job in der Plattenabteilung von DW Clarks angenommen hatte, also hakte ich nach. 'Hab mich dagegen entschieden', antwortete er. 'Ich werde lieber Rockstar.' Daraufhin lachten wir nur und spielten weiter."*

Mittlerweile vertrieb ich mir die Zeit auch in mehreren Schulbands, wo ich Andy Attwood kennenlernte. Wir wurden enge Freunde.

Andy Attwood: *"Glenn ist einer der besten Livemusiker, die es gibt. Ehe wir zusammenfinden sollten, sah ich ihn mit seiner Combo. Mel Galley begleitete mich und meinte nach zwei Nummern: 'Der ist gut, ich will ihn in der Band.' Getroffen habe ich ihn dann 1966 oder 1967. Mel spielte bei Finders Keepers, für die ich Equipment schleppte und aufbaute, wenn sie Konzerte gaben. Damals gingen diese Dinge weniger kompliziert vonstatten. Instrumente, Verstärker und Musiker passten noch gemeinsam in einen Ford-Kleinbus. Als Glenn hörte, der Bassist, der die hohen Parts sang, steige aus, schloss er sich der Band an."*

Mitte bis Ende der Sechziger lagen Alkohol und andere Drogen noch in der Ferne. Es war eine wirklich unschuldige Zeit. Als ich bei Finders Keepers spielte und dann mit Trapeze anfing, standen die Beatles hoch im Kurs, aber auch anderswo auf der Welt wurde eine Menge großartiger Musik fabriziert. Diese wurde sehr wichtig für mich, vor allem das amerikanische Zeug, und veränderte mein Leben für immer.

Als ich Robert Plant irgendwann 1969 über den Weg lief, schwärmte er von Albert Lee und Love, speziell deren Album »Forever Changes«, und diesen Titel münze ich heute gern auf mich selbst, wenngleich der Sound der Gruppe überhaupt nicht dem entsprach, für den ich später bekannt wurde. Love rochen für mich nach Los Angeles und versprühten eine Atmosphäre, die mir bis dato nicht untergekommen war. Ich wusste nur, dass ich mein Leben damit bereichern wollte und saugte ihre Musik genauso gründlich auf wie »Sgt. Pepper« oder das Debüt von Crosby, Stills & Nash. Diese drei Platten hatten immensen Einfluss auf mich.

Einen lustigeren Typen als Mel Galley habe ich, abgesehen von David Coverdale, selten getroffen. Wollte man Spaß haben, war er stets die erste Adresse, die es anzusteuern galt. Mit 18 zogen wir gemeinsam durch die Pubs; er konnte mehrere Pints trinken, ohne zu lallen, und wurde auch nie fett. Sogar das Vögeln hat er mir beigebracht: Mit 14 oder 15 waren wir auf der Party eines Kumpels, und Mel ging mit einem Girl auf Tuchfühlung. "Hughesy, komm rein", bat er, und als ich ins Schlafzimmer schaute, nagelte er die Kleine. *So geht das also*, dachte ich mir. Wenn er auf seiner Gibson 335 in Natural Blonde spielte, hockte ich daneben - damals noch in kurzen Hosen - und nahm mir vor, ihm nachzueifern. Folglich hießen meine Gitarrenhelden zu jener Zeit Hendrix, Clapton und eben Mel. Ich himmelte ihn an, und er nahm mich unter seine Fittiche. Bei Finders Keepers zupfte ich zwar Bass, aber das war mir egal, denn hätte Mel es verlangt, wäre ich auch mit einer Tuba auf die Bühne geklettert.

Andy Attwood: *"Der Kontakt zwischen Glenn und mir riss nie ab. Wir beide waren und sind die besten Freunde. Wenn es eines gibt, was man im Umgang mit ihm berücksichtigen sollte, dann dass sich die Zusammenarbeit bisweilen nicht leicht gestaltet, weil er sehr hohe Ansprüche stellt. Ich versicherte ihm aber von Beginn an, es mache mir nichts aus, solange er die gleichen Maßstäbe an sich selbst legt. Verlangt jemand dein Bestes und glaubt dabei an sich selbst, lässt man sich harte Bandagen gefallen. Hin und wieder streiten wir, wie es jeder tut, doch tags darauf ruft er an und lädt ein: 'Wir treffen uns in zehn Minuten im Restaurant.'*

Also gab es nie große Zwistigkeiten. Hatte die Band einen freien Abend, gingen Glenn und ich zusammen aus. Brachte ich ihn hinterher nach Hause, meinte er oft, ich solle am nächsten Morgen auf der Matte stehen. Das tat ich, und wir hingen den ganzen Tag zusammen ab. Wir hockten also auch aufeinander, wenn es gar nicht hätte sein müssen. Natürlich lebt man sich ein wenig auseinander, sobald einer in die Staaten zieht, aber wann immer es ihn wieder in die Heimat verschlägt, bin ich derjenige, den er zuerst anruft. Eigentlich wechseln wir jeden Tag ein paar Worte, und sei es nur per SMS. Glenn ist ein Fels in der Brandung und würde sein letztes Hemd für dich geben. Eigentlich wäre er prädestiniert, Kinder zu haben. Er hätte einen prima Dad abgegeben, aber als die Zeit dazu kam, war er dummerweise körperlich und geistig im Eimer."

Kapitel 2: Auf dem Weg ins Rampenlicht

Trapeze

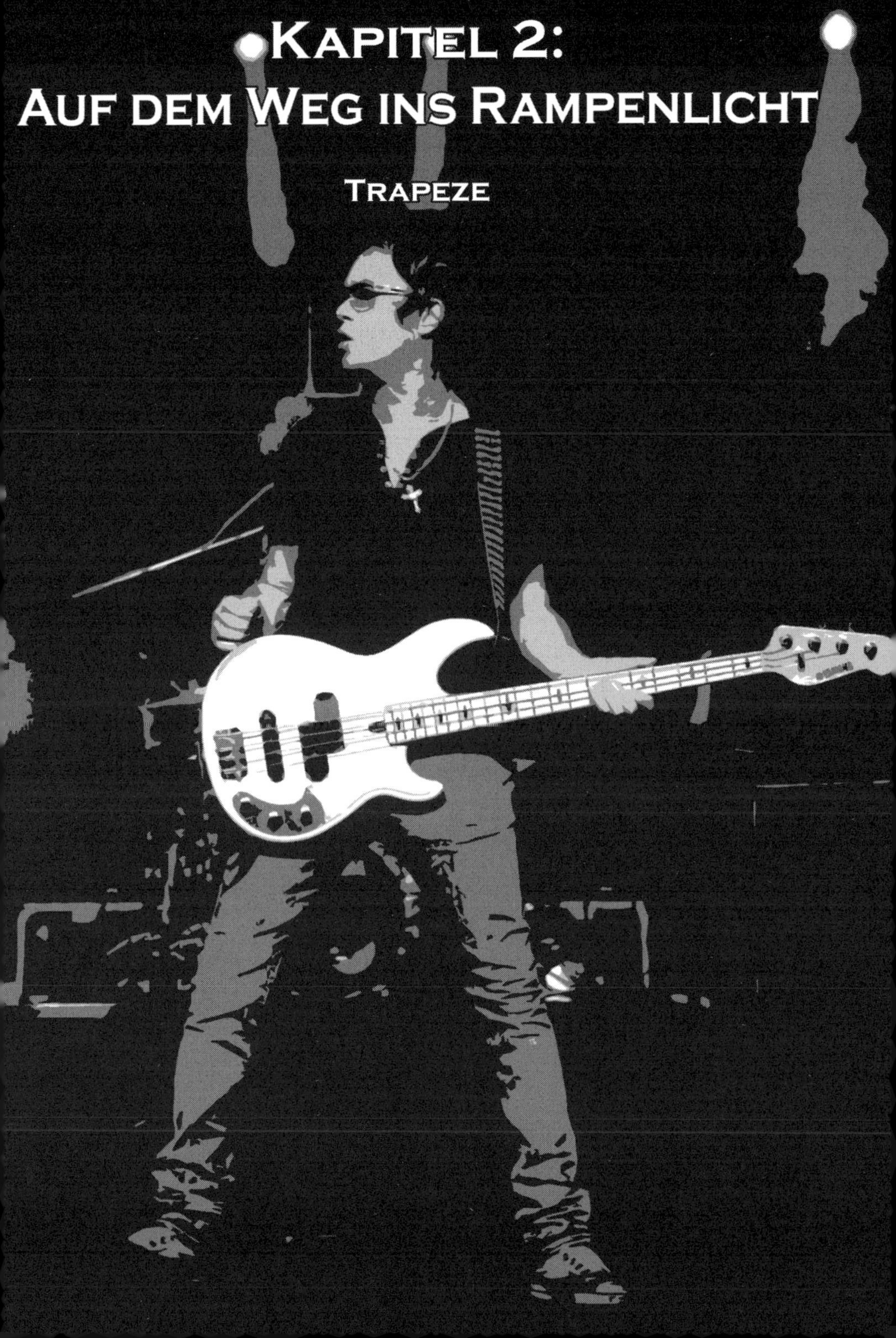

Im Jahr 1969 zockte ich bei Trapeze, einer großartigen Band. Tony Perry übernahm das Management und legte sich gehörig für uns ins Zeug. Zu jener Zeit fand ich zu meiner Bestimmung.

Tony Perry: *"Als Mitverantwortlicher bei der Agentur Astra in Wolverhampton bestand eine meiner Aufgaben darin, die Gruppe Finders Keepers zu betreuen. Durch sie kam ich mit ihm in Kontakt. Es muss 1968 gewesen sein, er spielte Bass, Mel Galley war Leadgitarrist, und Dave Holland trommelte. Schon damals zeichnete sich ab, dass Glenn als Sänger gewaltiges Potenzial besaß. Die drei schlossen sich irgendwann mit Johnny Jones und Terry Rowley von The Montanas zusammen, für die Astra ebenfalls arbeiteten. Daraus gingen Trapeze hervor, und ich sollte sie managen. In den fünf stecke eine Menge Talent. Johnny stand am Mikro, doch Mel, Terry und Glenn unterstützten ihn dabei. Gerade der Satzgesang machte die Jungs zu etwas Besonderem. Mel spielte weiterhin hauptsächlich Gitarre, während Terry, der mehrere Instrumente beherrschte, ihn mitunter begleitete oder Orgel spielte. Dave saß an den Drums, und Glenn spielte Bass, beides wie gehabt. Trapeze waren eine sichere Bank."*

Andy Attwood: *"Glenn trat während der Gigs zu mir an den Bühnenrand und ließ mich wissen, dass sie das Publikum für sich gewonnen hatten. Einmal aber rissen ihm und Mel im gleichen Augenblick Saiten. Den Leuten wurde vom Warten langweilig, also fingen sie zu klatschen an. Als er da herüberkam, fragte ich ihn: 'Satz mit X heute, was?' Die Story kramt er heute noch regelmäßig hervor. Glenn ist auch deshalb cool, weil er niemals über Kollegen urteilt. Wäre ich Musiker, hinge ich ständig allen am Ohr: 'Hört euch nicht solchen Dreck an, sondern das hier.' Er hingegen putzt niemanden herunter, wofür ich ihn bewundere. Zudem weiß er, dass er seine Probleme größtenteils selbst verschuldet hat. Er würde es sofort zugeben."*

Bei Trapeze spielte ich vier Jahre, in deren Verlauf wir vom Quintett zum Trio schrumpften – Mel Galley mit mir und Dave Holland, der später zu Judas Priest ging – und drei Alben veröffentlichten.

Tony Perry: *"Als Manager von Trapeze unterstand ich ja Astra, wo die Band einen Vertrag abgeschlossen hatte. Das Büro befand sich über dem Lafayette, der eigenen Musikkneipe der Agentur in Wolverhampton, wo sieben Tage die Woche Bands auf die Bretter stiegen. Neben lokalen Gruppen buchten wir auch landesweit bekannte Acts wie Led Zeppelin, Fleetwood Mac, Sex Pistols, Status Quo und so weiter. Glenn verbrachte privat und als Mucker viel Zeit im Laff, wie man den Club bald nannte, als er zum Anlaufpunkt für Musikfans wurde. Unter den Gästen befanden sich nicht selten auch Robert Plant, John Bonham und Keith Moon. Sogar Stevie Wonder ließ sich einmal blicken, nachdem er im städtischen Gaumont Theatre aufgetreten war. In einem solchen Umfeld fand man Glenn vorwiegend, als er volljährig wurde: Livebands, Musiker, Rockschuppen …*

Nach der Gründung von Trapeze schickten wir uns an, den Jungs einen Plattenvertrag zu besorgen, wozu wir ein Tape mit Songs zusammenstellten, die die Gruppe selbst geschrieben hatte. Von da an nahm alles seinen Lauf: Alan Clayton, mit dem ich zusammenarbeitete, kannte John Lodge von Moody Blues vom College her. Die Band hatte ihr eigenes Label Threshold Records gegründet, also fragte ich dort an. CBS bekundeten ebenfalls Interesse.

Nachdem Trapeze dann bei »Colour Me Pop« auf BBC2 gastiert hatten, konnten sie sich vor Angeboten kaum retten. Steve Turner, der Produzent der Sendung, war auf meine Einladung hin ins Lafayette gekommen, um sich drei der Bands anzusehen, die wir betreuten. Jede spielte 20 Minuten lang, und hinterher entschied er sich dazu, Trapeze einen Platz in seiner Show einzuräumen. Die wurde samstagabends ausgestrahlt, und am Morgen des folgenden Montags rief jemand im Namen von George Martin in unserem Büro an. Wir kamen überein, uns bei Apple zu treffen, wo er schließlich meinte, er habe mit den Boys gesprochen – den Beatles also – und gedenke, Trapeze bei der Firma aufzunehmen. Allerdings schwebte ihm mit Hinblick auf die Musik just die Richtung vor, von der sich die Band distanzieren wollte.

Nach mehreren Meetings und zahlreichen Offerten anderer Firmen erhielten letztlich Threshold den Zuschlag. John Lodge produzierte ihren selbstbetitelten Einstand, und DJ Dave Symonds spielte das Album am Stück auf BBC Radio 1, was zu jener Zeit ein Privileg war, das allenthalben die Beatles hatten, wenn sie etwas Neues auf den Markt brachten.

Die Veröffentlichung flankierten wir mit einer UK-Tour als Support der Moodies. Alle Konzerte waren ausverkauft, auch die beiden aufeinanderfolgenden in der Royal Albert Hall, wo Glenn erste Erfahrungen in einem großen Saal machte. Als Single koppelten wir »Send Me No More Letters« aus, ein Stück von Terry Rowley, das leider keinen Einstieg in die Charts verzeichnete, obwohl Radio 1 und RTL es wie blöde spielten. Die Kritiken für Band und Album fielen euphorisch aus, aber als Quintett machten Trapeze nicht den Fortschritt, den wir uns erhofften. Nach einer stilistischen Generalüberholung blieben Mel, Dave und Glenn übrig, die den Namen behielten und zu dritt deutlich mehr Lärm schlugen. Mit der Harmony-Truppe, von der sich Threshold wenige Monate zuvor viel versprochen hatten, hatten sie nicht mehr viel gemein, doch John Lodge befürwortete den Richtungswechsel und produzierte auch ihr Folgewerk »Medusa«. Als Trio stellten sie Mels Gitarrenarbeit logischerweise weiter in den Vordergrund als auf dem Vorgänger, aber auch Glenn erhielt mehr Freiheiten, um sich gesanglich auszutoben."

Wir hätten es weit bringen können. Ich finde, die Band hat in Großbritannien nie den Erfolg bekommen, den sie verdiente.

Tony Perry: *"Wiederum verkauften Trapeze die Hallen im Schlepptau von Moody Blues aus, als die zweite Scheibe in den Läden stand, wobei wir uns auch über den großen Teich wagten, unter anderem für zwei Gigs in der Car-*

negie Hall in New York. Mit »Black Cloud« warf die LP eine Single ab, und die Staaten schienen genau Glenns Ding zu sein: Er saugte die Stimmung innerhalb der nordamerikanischen Musikszene auf und genoss den Aufenthalt. Damals erachtete man das Platten- und Konzertgeschäft dort drüben als ehrbar, jedenfalls im Vergleich zu England. Musiker war in den USA ein anerkannter Beruf, wohingegen man Glenn in seiner Heimat wohl vorgehalten hätte, sich einen anständigen Job zu suchen."

Die Amerikaner liebten uns, wozu ich gern eine Anekdote zum Besten gebe: Trapeze räumten im Dezember 1970 drei Abende hintereinander im berühmten Whiskey A Go Go in L.A. ab. Nach 15 Shows in ebenso vielen Tagen standen wir wieder in der Stadt, allerdings ohne genügend Kohle, um nach Hause zu fliegen, also fragten wir unsere Agentur um Rat. "In New York könnt ihr nicht wieder auftreten, denn dort wart ihr gerade", meinte man, woraufhin wir vorschlugen, irgendwo im Landesinneren zu spielen, weil wir schlicht Kohle brauchten. Tags darauf riefen sie uns zurück und erzählten von einem Club in Houston, wo man uns unbedingt sehen wollte. Wir zogen das Ding durch und verkauften den Schuppen aus. Zwischen 600 und 700 Leute kamen, weshalb man eine Zusatzshow nachschob. Dieser eine Gig war es, der Trapeze in Amerika zum Durchbruch verhalf.

Tony Perry: *"Trapeze klapperten die Staaten drei Jahre lang fast ununterbrochen ab, um sich einen Ruf zu erspielen. Hinterher warteten sie mit einem zweiten Album als Dreier auf, »You Are The Music ... We're Just The Band«. Abermals prangte das Logo von Threshold darauf, doch als Producer fungierte Neil Slaven, und die Songs vermittelten ein anderes Feeling. Klanglich entsprachen Trapeze auch weiterhin zumindest grundlegend einem britischen Rocktrio, doch hier und dort brachen sich eindeutige Funk-Bezüge Bahn. Dies hatte sich aus stundenlangem Radiohören auf den Fahrten der Band von Gig zu Gig durch die US-Südstaaten ergeben. Ein Journalist von dort adelte die Musik als erste gelungene Verbindung von schwarzem Soul und hartem, weißen Rock."*

Nach wie vor standen Drogen nicht zur Debatte. Wir tranken Cold Duck, billigen amerikanischen Schaumwein. Als Vorgruppe von Moody Blues mussten wir ranklotzen. In Houston, Austin und Dallas, wo man Rocktrios von jeher liebte, hatten wir abgeräumt und eine Wende eingeleitet: Von nun an wusste ich, dass wir zu Höherem berufen waren.

1971 tat ich nichts weiter, als durch die USA zu reisen und reihenweise Mädchen zu bespringen. Es war eine naive Zeit: Ich weiß noch, wie ich fünf Dollar bei Tony Perry schnorren musste, und dementsprechend übersichtlich ging es zu. Feierten wir in den Hotels, rauchten die Leute Opium, warfen Peace Pills und koksten. Ich stand daneben und dachte, sie hätten den Verstand verloren. Wenn wir die Mitarbeiter unserer Plattenfirma in ihren Häusern besuchten, kiffte man dort und schwamm nackt im Pool. Es war wirklich wie im Film »Almost Famous«, doch ich verhielt mich genauso wie Tony Pery, Mel und Dave gleich einem Mauerblümchen. Wir schauten auf diese Typen hinab und erteilten allen Drogen eine Absage. Ich hatte Angst davor, auch weil ich ein sehr geregeltes Leben führte. Schon wenn ich handelsübliche Schmerztabletten nahm, bekam ich ein schlechtes Gewissen.

Im Sommer 1971 kehrten wir kurz nach Hause zurück, wobei wir im Mothers in Birmingham auftraten, eine angenehme Abwechslung zum Konzertalltag in den Staaten. Der Gig verlief klasse. Wir waren gerade voll dabei, als mir John Bonham ins Auge fiel, der sich eilig einen Weg zur Bühne bahnte. Sein steter Begleiter Matthew half ihm hoch, und ehe wir uns versahen, klatschte er sich mit Dave ab, um weiterzuspielen – mitten im Stück "Medusa". Er sah uns an jenem Abend zum ersten Mal zu dritt und konnte, so verrückt war er, nicht genug von dem Lied bekommen, weshalb wir es streckten und zu einem typischen Bonzo-Viertelstündler machten.

Ich war wohl einer seiner größten Verehrer. Mich als Bassisten beeinflusst jeder Schlagzeuger stark, der hinter mir sitzt, und bei jenem Song war es eben der Meister persönlich, John Henry Bonham. Für mich wie die Band wurde dies zum erhebenden Moment, auch weil mich John hinterher zu sich nach West Hagley einlud, um mir neuen Stoff von Zep vorzustellen. Dabei machte ich eine weitere unvergessliche Erfahrung: Es war 3.00 Uhr, als John ein Azetat auflegte und die Nadel seiner Stereoanlage senkte, woraufhin Track eins von »IV« erklang, gut vier Monate vor der weltweiten Veröffentlichung. Ich glaube, wir hörten die Scheibe fünfmal hintereinander, und als die Sonne aufging, war "When The Levee Breaks" auf meine Hirnrinde tätowiert.

Wir schliefen beide auf der Couch in Johns Musikzimmer ein, doch kurz darauf weckte mich Robert Plant, da die Jungs an jenem Morgen eine Europareise antraten. Bonzo war sofort topfit und stieg mit Robert in den Wagen, der auf sie wartete. Er fragte noch, wann Trapeze wieder in England spielten, während ich mir den Schlaf aus den Augen rieb. Erst musste ich überlegen, dann fiel es mir ein: "Nächsten Sonntag schon im Black Swan in Kent." Er versprach, mich dann gemeinsam mit Matthew zu chauffieren. Ein Mann, ein Wort.

Andy Attwood: *"Ich verfolgte den Werdegang von Trapeze zwar von Anfang an mit, begleitete sie aber nicht ständig auf Tournee durch Amerika, als sie für Moody Blues vorturnten. Die finanzierten das Unterfangen auch, wobei Glenn und die Jungs ohnehin leer ausgingen, wenn mich nicht alles täuscht. Ihr zweiter Abstecher beschränkte sich zum Großteil auf Clubs, die aber bis zu 3.000 Zuschauer fassten. Dabei drangen sie weiter in den Süden vor als jede andere Band, die wir kannten. Den Doppelgig in Houston absolvierten Trapeze für The James Gang, die jedoch nach den drei einpacken konnten. Tony zeigte mir am folgenden Tag eine Konzertkritik, in der nur eine einzige Be-*

merkung über den Hauptact stand: Möchtegern-Led-Zeppelin. In Texas wurden Trapeze dermaßen beliebt, dass Joe Cocker beziehungsweise Ike und Tina Turner für sie anheizten. Die USA sind so groß, dass du in einem Bundesstaat durch die Decke gehen kannst, während dich im nächsten niemand kennt. Was Großbritannien angeht, bist du schon Nationalheld, wenn du 20.000 Karten in Plymouth oder so verkaufst."

David Coverdale: *"Einen ersten Eindruck von Glenn erhielt ich mit dem Album »You Are The Music ... Wer're Just The Band«, das mich gelinde gesagt einschüchterte. Gott, was für eine begnadete Stimme, und ein Basser zum Sterben natürlich auch!"*

Kid Jensen, Moderator von Planet Rock: *"Ich lernte Glenn im Rahmen der Vorstellung von »You Are The Music ... Wer're Just The Band« kennen. Er besuchte Radio Luxemburg, um die Werbetrommel für die Scheibe zu rühren, und ließ sich auch nicht lange darum bitten. Er entsprach dem landläufigen Bild eines Rockstars zwar perfekt, war aber keineswegs ein Schaumschläger. Er legte eine zupackende Haltung an den Tag; selten ist mir jemand mit einer solch positiven Einstellung untergekommen, wobei mich seine Begeisterungsfähigkeit am meisten beeindruckt hat. Er lebte seinen Traum und stand dafür ein. Die Band spielte für die damalige Zeit ungewöhnliche Musik – Hardrock zwar, aber mit einem Funk-Touch, der mich persönlich ansprach. Manches braucht ein paar Durchläufe, bis es Klick macht, aber Trapeze liebte ich bereits beim ersten Hören. Man muss sich ihren Sound nicht erschließen, sondern springt ganz natürlich darauf an. Sie gehörten zu den Gruppen, bei deren Songs ich die Welt um mich herum vergaß und Luftgitarre spielte.*

Schon damals gab es andere, die größer taten, als sie eigentlich waren. Man profitierte vom Presserummel und ausgefuchstem Marketing, doch Trapeze waren anders, eine schlichtweg ehrliche, solide Band. Thin Lizzy erging es dahingehend ähnlich, dass sie Startschwierigkeiten hatten, und auch ihnen wollte ich auf die Sprünge helfen. Was Trapeze anging, fand ich die Aufmerksamkeit unzureichend, die man ihnen auf der Insel schenkte, obwohl ich seinerzeit 400 Meilen von London entfernt lebte. Glenn war mit einem fantastischen Organ gesegnet und mauserte sich im Laufe der Jahre zu einem unglaublichen Musiker. Als ich später zu Radio 1 kam, musste ich mich daran gewöhnen, dass man Rockmusik dort vom Rest trennte und die entsprechenden Sendungen nebenher laufen ließ.

Deep Purple profitierten von Glenn, halfen andererseits aber auch ihm. Beide Parteien wurden besser, als sie aufeinandertrafen. Zum letzten Mal sah ich ihn Mitte der Siebziger bei RTL, wo wir die vergangenen Jahre bei ein paar Drinks Revue passieren ließen. Er ärgert sich bestimmt über die vergeudete Zeit, in der er als Künstler weniger als 100 Prozent geben konnte, denn des-

halb ist er heute nicht so bekannt, wie er sein sollte. Wenigstens überlebte er, und dass er die Drogensucht überwunden hat, verdient ein riesiges Lob."

Meine erste amerikanische Freundin hieß Yvonne Dupree und war atemberaubend schön. Dazu tanzte sie überaus sexy – umwerfend einfach, auch wegen ihrer französischen Wurzeln. Ich konnte kaum genug von ihr kriegen. Nach Margaret Williams war sie meine zweite große Liebe. Da sie in Los Angeles lebte, kaufte ich von dem Geld, was mit Trapeze hereinkam, ein Häuschen mit vier Zimmern in der Siedlung Penkridge bei Cannock und holte Yvonne mithilfe meiner Großtante Clara, die auch die Anzahlung machte, nach England. Einmal rauchte sie einen Joint und blies mir Qualm in den Mund, echt widerlich. Ich stand nicht auf Cannabis, nachdem ich es 1969 einmal probiert hatte. Von allem, was man rauchte, hielt ich mich fern, weil es meinem Hals schadete, was ich tunlichst vermeiden wollte. Außerdem mochte ich es nicht, die Beherrschung zu verlieren, und Kiffen verzerrte meine Wahrnehmung. Leute erschienen mir größer und klangen komisch beim Sprechen. Aus dem Grund hielt ich mich damals auch beim Trinken zurück.

Tony Perry: *"An diesem Punkt seiner Laufbahn schätzte sich Glenn zurecht glücklich, denn die Band machte allmählich Fortschritte, wenn sie auch mehr Gigs spielen musste. Er soff noch nicht und nahm keine Drogen, aber wenn ich genau darüber nachdenke, begann er ein paar Monate nach der Veröffentlichung von »You Are The Music ...«, seine Zukunft in Zweifel zu ziehen."*

Nie wieder begegnete ich einem hübscheren Ding als Yvonne. Sie war bezaubernd, ein kalifornisches Blumenkind, das passend dazu duftete und küssen konnte wie eine Göttin. Sex mit ihr war ein Erlebnis. Auf der Liste der Kriterien für Traumfrauen gab es keinen Punkt, den ich nicht abhaken konnte, also kam sie nach England, als wir dort auf Tournee gingen. So bekannt wie in den Staaten waren wir auf der Insel nicht, aber darauf kam es ihr nicht an, bloß vermisste sie das Dope nach einer Weile. Zwar fragte sie nicht danach, doch irgendwann wurde sie ungenießbar, und wir drifteten auseinander. Am Ende stieg sie in einen Zug, winkte Lebewohl und warf sich Mick Taylor von den Rolling Stones um den Hals. Als sie weg war, schlug ich ein großes Kreuz, was ihr wohl genauso ging, denn Penkridge war eben nicht die US-Westküste, sondern echtes Landleben, Baby!

Andy Attwood: *"Glenn war immer sehr bedacht auf sein Äußeres. Gingen wir aus, warf er sein Kleingeld weg, weil er nicht wollte, dass sich Münzen unterm Stoff seiner knallengen Hosen abzeichneten. Eines Abends im Lafayette wies er mich auf zwei Girls hin, die wir beim Verlassen mitnahmen. Es muss 1971 gewesen sein, und er fuhr einen Mini. Als er mich mit einer der beiden an einem Wohngebäude absetzte, versprach er, mich später abzuholen. Dann ging ich mit der Braut nach oben. Dass sie verheiratet war und ihr Mann im Knast, konnte ich natürlich nicht wissen. Wir waren gerade einmal zehn Se-*

kunden drinnen, als es an der Tür klopfte. Sie öffnete, da latschte ein Kerl herein und fragte, wo soundso sei, womit er offensichtlich Glenns Taube meinte. Sie entgegnete: 'Keine Ahnung, sie ist vor ein paar Stunden nach Hause gefahren.' Das schien ihn zu beschwichtigen. Kurz nachdem er verschwunden war, stand er allerdings wieder auf der Matte, trat ein und schlug mir ohne lange Vorrede aufs Auge. Es blutete sofort. Der Typ war nicht auf den Kopf gefallen: Da ich bei dieser Schnalle herumlungerte, musste ein anderer mit seiner Freundin unterwegs sein. Diese stellte sich dann zu allem Überfluss als seine Ehefrau heraus. Wir warteten auf dem Balkon darauf, dass Glenn zurückkam. Lange ließ er nicht auf sich warten, doch er fuhr bloß vor, setzte die Kleine ab und verpfiff sich wieder. Ich musste acht Meilen mit ramponiertem Gesicht zu Fuß nach Hause gehen. Busse fuhren nicht, und ein Taxi kam nicht infrage. Glenn entschuldigte sich am nächsten Tag. Als wir die beiden Girls etwas später wieder im Lafayette sahen, zeigte ich ihm den Vogel: 'Am Arsch, Alter. Tu, was du nicht lassen kannst, aber ich rühre die nicht mit der Kneifzange an.'"

Tony Perry: *"Trapeze hatten sich einen guten Ruf erarbeitet und lockten deshalb auch immer mehr bekannte Musiker zu ihren Gigs. Im Los Angeles stieg Jon Lord gemeinsam mit dem Schlagzeuger Joe Lala auf die Bühne, und in England gab sich John Bonham während einer Zugabe hinterm Drumkit die Ehre. Glenn umringte sich also mit der hohen Riege des Business, zeitgleich da unsere Beziehung zu Threshold zerfaserte. Mit den Moodies hatte dies in keiner Weise zu tun, denn die waren ohnehin ununterbrochen auf Tournee oder im Studio. Trapeze und ich hatten nie das gleiche freundschaftliche Verhältnis zur Chefetage des Labels wie zu John Lodge oder Justin Hayward. Da sich das anfängliche Quintett mit Fokus auf Gesangsharmonien zu einem schlagkräftigen Rockact mit Funk-Note entwickelt hatte, knieten sich Threshold mit merklich weniger Ehrgeiz in die Arbeit, was gewissermaßen verständlich war. Unter diesen Umständen fing Glenn zu zaudern an, zumal just in jenen Tagen Phil Carson von Atlantic Records anbot, Trapeze unter Vertrag zu nehmen. John Bonham sollte ihr nächstes Album produzieren, doch leider kam es nicht dazu."*

Wir schrieben nun März 1973, und zu meinem Befremden kreuzten regelmäßig Mitglieder von Deep Purple bei Trapeze-Gigs auf. Sie hatten sich gerade von Sänger Ian Gillan und Basser Roger Glover getrennt, suchten also händeringend Ersatz. Dass sie mich in Betracht zogen, war mir aber nicht bewusst.

Peter Makowski, Journalist: *"Ich war ein Riesenfan von Trapeze und sah sie mehrmals im Marquee. An Rock mit Soul-Einflüssen hatte ich einen Narren gefressen, und dafür standen sie in Vollendung. Live waren sie unschlagbar, weil sie überall die Fetzen fliegen ließen, als stünden sie in einem Stadion. Niemand grub Glenn als Frontmann das Wasser ab, aber eigentlich perform-*

ten sie alle drei phänomenal. Manchen mag es überraschen, aber Ritchie Blackmore stand auf die Discomusik der Siebziger. Vor diesem Hintergrund vollzieht man leicht nach, weshalb er von Glenn hingerissen war."

Ich ging schon eine Weile mit Vicky Gibbs aus, die ich durch Trapeze kennengelernt hatte. Ihre Zwillingsschwester Jackie stellte ich später Ian Paice vor, und die beiden Mädchen wurden unsere Freundinnen. Als Models waren sie selbst so etwas wie Stars, und ihren Eltern gehörte Oakley House im nahegelegenen Brewood, ein renommierter Gastbetrieb. Johnny Jones begleitete mich oft dorthin, Er war unser ursprünglicher Sänger und so etwas wie mein Mentor, der erste Rockstar, dem ich je begegnet bin. The News und The Montanas muteten im Vergleich zu Trapeze wie Amateure an, also lag ich ihm quasi zu Füßen und hörte auf das, was er zu sagen hatte.

Falls Vicky und Jacky nicht gerade auf dem Laufsteg standen, oft auch außer Landes, fuhr ich in der Hoffnung hin, sie hätten Zeit für mich. Dann schlug ich mit Johnny die Zeit bei einem Drink tot, bis sich die beiden blicken ließen. Dabei konnte es spät werden, so dass ich erst gegen 3.00 Uhr in ihre Bude gelangte, wo wir dann Crosby, Stills & Nash hörten. Wir saßen bloß zusammen und schwatzen, um einander besser kennenzulernen. Auf den Weg machte ich mich erst wieder, als die Sonne bereits aufging.

Ein Techtelmechtel mit Vicky bahnte sich erst nach mehreren Monaten an - und ungelogen: Ein halbes Jahr lang war nichts drin außer Händchenhalten und Knutschen. Ernsthaft, so brav gerierte ich mich damals. Darauf hingewiesen sei nur, um den Schmerz begreiflich zu machen, den ich bei unserer Trennung empfand, denn dieser ging eben nur jenes Geturtel Ende 1969, Anfang 1970 voraus. Gedauert hat die Liebelei vier Jahre, während derer ich meistens in den Staaten weilte und Vicky nur sah, wenn ich mich zwischendurch bei meinen Eltern einfand.

Den Soundtrack dazu lieferte weniger der Rhythm and Blues als die Hippie-Bewegung inklusive Samthosen und allem Drum und Dran. Dabei war ich stets akkurat gekleidet und stürzte kein einziges Mal ab - kein Scheiß. Mochte es in den darauffolgenden vier Jahren genau andersherum laufen, blieb ich vorerst ein echter Waisenknabe. Zeiten der Unschuld, wie gesagt. Dabei umgab ich mich konstant mit Leuten, die im Schnitt drei bis vier Jahre älter als ich waren. Mit 18, 19 bedeutet dies noch einen erheblichen Unterschied. Zu solchen Menschen schaute ich stets auf, wobei ich zaghaft zu trinken anfing, obwohl es mir widerstrebte. Ich wollte dadurch reifer wirken. Als junger Hüpfer hält man bis in die Puppen in einer Kneipe durch und fährt sich hinterher noch etwas zu futtern ein, kein Problem. Kerzen und Räucherstäbchen säumten unseren Weg, während wir Hand in Hand mit Neil Youngs »Harvest« im Ohr durch die Gegend schlenderten, wohlgemerkt über Monate hinweg. Es war junge Liebe im wahrsten Sinn des Wortes, stilecht mit Schmetterlingen im Bauch. Man gestaltete den Zeitgeist mit, ohne sich darüber im Klaren zu sein.

Zur Zeit der Mondlandung 1969 machte ich mit meinem Freund Andy Archer auf der Kanalinsel Jersey Urlaub. Die Story ist witzig: Andy war der einzige Homosexuelle, den ich in den Sechzigern kannte. Allerdings wusste ich damals noch nichts davon und schlief sogar arglos mit ihm im selben Bett. Angemacht hat er mich nie, obwohl er sich immer sehr tuntig aufführte. Damals war ich 17, und Andy verdingte sich recht erfolgreich als Moderator beim Piratensender Radio Caroline. Terry Rowley von Trapeze schloss sich uns beiden gemeinsam mit seiner Frau an, und wir kamen im Gästehaus von Freunden unter. Als die Astronauten ausstiegen, standen wir uns vor einem Schaufenster die Beine in den Bauch, um es mitzubekommen. Es war unfassbar.

Nachdem ich Deep Purple in der Stadthalle von Wolverhampton gesehen hatte, hielt ich sie für eine dufte Band, auch wenn Ritchie Blackmore ein wenig exzentrisch wirkte. Bei aller Virtuosität kam ihnen aber die Seele abhanden, und um ehrlich zu sein, interessierte mich damals nichts, dem sowohl Soul als auch Funk abgingen. Als wir 1970 zu dritt als Trapeze weitermachten, prägten Sly & The Family Stone meine Auffassung von guter Musik, also hielt ich Sachen wie "Highway Star" für okay, doch vom Hocker hauten sie mich nicht. Umso skeptischer war ich, als mir Purple anboten, bei ihnen einzusteigen.

> **Tony Perry:** *"Spannungen in einem Bandgefüge werden spätestens auf Tournee offenbar, so auch bei Trapeze zu Beginn ihrer US-Reise am 7. April 1973. Gerüchte über Glenns bevorstehenden Ausstieg machten schon länger die Runde und beschworen eine bedrückende Atmosphäre herauf, die allen Beteiligten zusetzte. Allerdings – das möchte ich klarstellen – wirkte sich dies in keiner Weise auf ihre Performance aus, denn sie alle gingen hochprofessionell damit um. Niemand von uns mochte Glenn ziehen lassen, weder Dave noch Mel oder ich, also diskutierten wir wiederholt und wollten ihn zur Krisensitzung bewegen. Derweil wir versuchten, die Band zusammenzuhalten, kam von Zuhause die Nachricht, die Weichen seien gestellt und Glenn schließe sich Purple definitiv an."*

Kapitel 3: Lichterloh in Flammen

Deep Purple und »Burn«

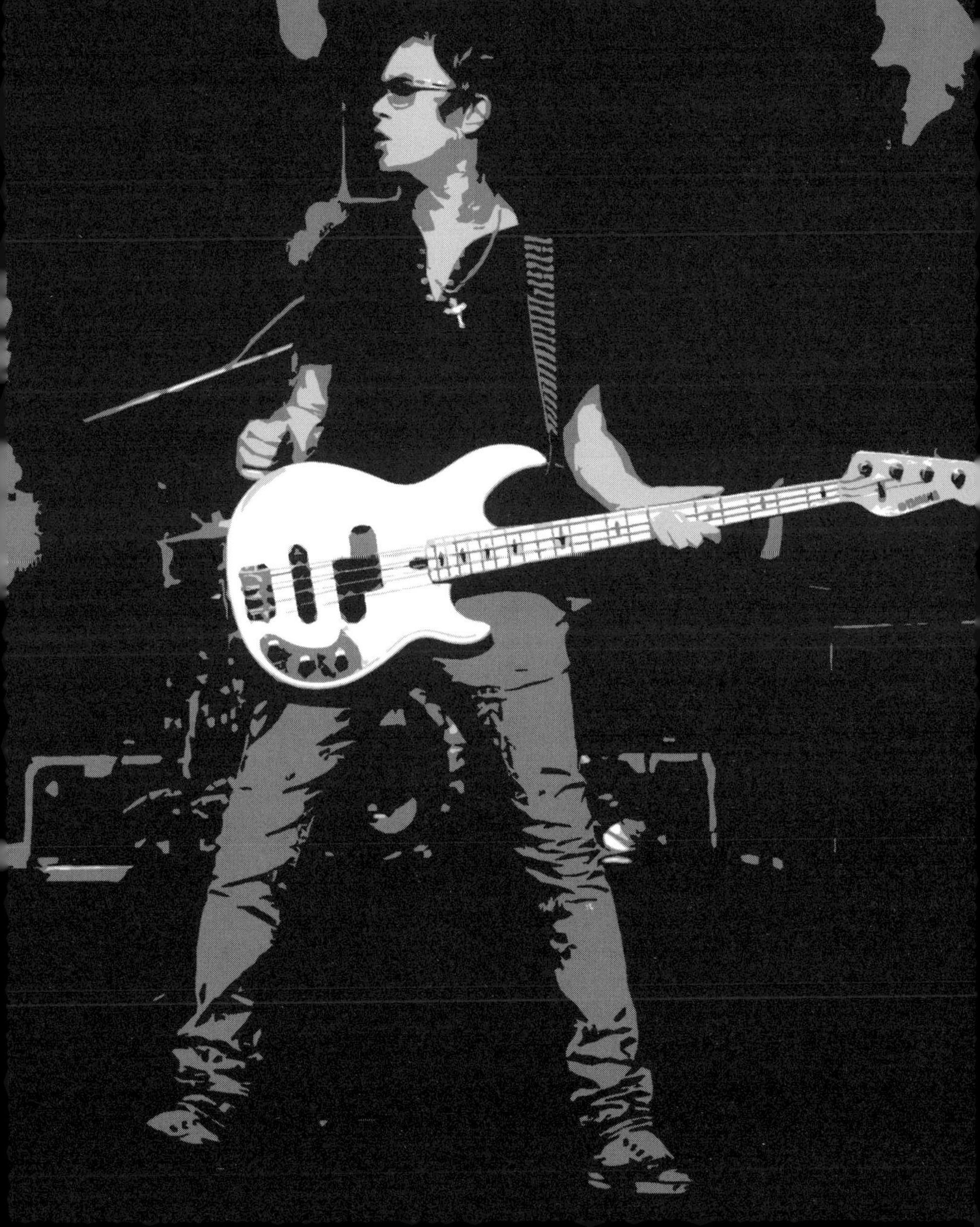

Sheila Hughes: *"Schon vorher machten ihm Electric Light Orchestra ein Angebot, und ich weiß noch, wie er daran knabberte, weil er keine Entscheidung treffen konnte. Roy Wood bekniete ihn wiederholt am Telefon, er möge sich ihnen anschließen, aber am Ende wimmelte ich ihn ab: 'Lass ihn bitte in Frieden, oder er bekommt einen Nervenzusammenbruch.'"*

Rückblickend betrachtet blieb mir nichts anderes übrig. Mir war klar, dass ich, so ich dieser Band beitrat, sofort auf internationalem Parkett agieren würde. Um die Welt zu erschließen, musste ich mein Baby, mein Steckenpferd Trapeze fallenlassen. Die Musik der Boys machte jedoch mein Herz und meine Seele aus, zumal unser drittes Album »You Are The Music ... We're Just The Band« noch frisch war und brillant klang. Ich wusste, ein Rückschritt in musikalischer Hinsicht, indem ich mich meiner Ansicht nach hausbackenem Rock hingab, ließ sich nicht vermeiden. Es war eine Riesenumstellung. Am schwersten fiel mir der Abschied von Mel und Dave, mit denen ich seit meiner Kindheit befreundet war.

Tony Perry: *"Als Trapeze vom 10. bis zum 14. Juni 1973 Konzertpause machten, flog Glenn mit unserem Agenten Morris Price nach New York. Wenige Tage später erfuhren wir, dass er mit Deep Purple verkehrt hatte. Das ärgerte Mel, Dave und mich, von der Enttäuschung ganz zu schweigen. Zum nächsten Gig in Indianapolis kamen wir wieder zusammen, Glenn und Morris direkt vom Flughafen aus. Ich glaube, sie spielten auf dem Universitätsgelände, und als Backstagebereich diente eine Turnhalle. Brachte man dort ein Instrument zum Klingen, echote es natürlich gewaltig, weshalb wir Glenns Bass schon hören, als man uns in die Garderobe geleitete. Er war anscheinend schon etwas früher eingetroffen und stimmte nicht bloß die Saiten, sondern blies die Bassfigur von 'Smoke On The Water' durch die Anlage, das weltbekannte Riff in voller Lautstärke und extrem verhallt. Mel und ich hielten inne und schauten einander an; er konnte meine Gedanken genauso lesen wie ich seine.*

Glenns letzter Auftritt mit Trapeze, fand am Sonntag, dem 17. Juni 1973 im Zuge eines Open Airs auf Chuck Berrys Farm außerhalb von St. Louis statt. Danach kehrten wir desillusioniert nach England zurück, wo ich mich mit den Managern von Blackmore und Co. zusammensetzte. Dabei bestätigte sich, was wir ohnehin wussten: Glenn war ihr neuer Bassist und Sänger. Niemand konnte angemessen mit der Situation umgehen. Dass er den Erfolg anstrebte, durfte man ihm nicht ankreiden, auch weil Purple ihn quasi auf dem Präsentierteller feilboten. Wir hingegen beziehungsweise Trapeze hatten das gleiche Ziel, wollten es aber aus eigener Kraft erreichen, was schätzungsweise ein weiteres Jahr oder etwas länger gedauert hätte.

Dave, Mel und ich waren wie gelähmt, als Glenn seinen Hut nahm, aber ich gab ihm die Hand und wünschte alles Gute. Obwohl Purple eine Menge

Arbeit bedeuteten, fand er regelmäßig Zeit, das Lafayette in Wolverhampton zu besuchen, und die meisten seiner alten Freunde mussten nicht auf ihn verzichten. So kam es, dass sein Verhältnis mit uns allen umso inniger wurde, als etwas Gras über den Split gewachsen war. Als ich bei Warner Brothers in Los Angeles vorstellig wurde, lud mich Glenn zu einem Purple-Konzert ein, und auf dem zweiten Album von Trapeze für Warner beteiligte er sich an einigen Tracks."

Trapeze waren an und für sich ein Familienunternehmen: Schulfreunde halfen als Roadies aus, und mit dem Manager war man per du. Unsere Wurzeln lagen tief in den Midlands, und aus Cannock in Staffordshire auszubrechen, um amerikanische Arenen zu füllen, mutete unerhört an. Dennoch spielte ich auf einmal ganz oben mit. Darüber, dass ich mit Trapeze durch die harte Schule gegangen war, durfte ich froh sein. Hätte ich die Wahl gehabt, wäre ich gern selbstbewusster gewesen, um den Weg konsequent mit meinen Jungs zu beschreiten – und das bei allem Respekt gegenüber den Musikern, mit denen ich anderswo spielte. Sie würden mir nicht widersprechen, denn fragt man sowohl die Jungs von Purple als auch meine Weggefährten aus Teenie-Zeiten, wird jeder versichern, wie sehr er Trapeze den Durchbruch gönnte. Es sollte aber nun einmal nicht sein.

Andy Attwood: *"Glenn konnte das Angebot, mit 21 bei Deep Purple einzusteigen, nicht ausschlagen. Er wurde über Nacht zum Millionär, woraufhin Bill Hughes mit dem Rolls-Royce seines Sohnes zur Arbeit fuhr, wenn der zu Hause war."*

Unbewusst leisteten die Purps Überzeugungsarbeit, als sie mir sagten, sie hätten auch einen meiner Helden gefragt, ob er bei ihnen singen wolle: Paul Rodgers von Free. So oder so waren Deep Purple nicht ohne Reize, weil sie damals zu den internationalen Topacts gehörten und zu jener Zeit selbst Led Zeppelin übertrumpften. Genügten diese Gründe bereits, ging es mir trotzdem weniger um Ruhm und Geld als um die Gelegenheit, vor größerer Kulisse aufzutreten und mehr Menschen zu erreichen. Wenn eines ohne Zweifel feststand, dann dass Deep Purple 1973 die größte Rockband der Welt waren.

Superlative hin oder her: Ich ahnte, dass ich dort eine gänzlich andere Rolle einnehmen würde, auch weil alle Mitglieder ein Wörtchen mitredeten. Folglich packte ich die Sache mit Zuversicht an, aber ohne jegliche Arroganz. Ich vergiftete mich noch nicht mit Drogen und trank nicht zwanghaft, war demnach in Bestform und pflegte obendrein eine normale Beziehung zu einer jungen Frau. Ich lebte also in einer heilen Welt und war blauäugig, was nicht einmal abwertend gemeint ist.

Den letzten Trapeze-Gig rissen wir im Juni 1973 ab. Einen Monat später stieg ich bei Deep Purple ein und wohnte mit Ian Paice zusammen auf der Harbledown Road im Londoner Stadtteil Fulham.

Ein Wochenende verbrachte ich mit Ritchie Blackmore in Deutschland. Wenn er Zeit hatte, hielt er sich gern in Hamburg auf. Zur Feierabendzeit klapperten wir eine Reihe Kneipen ab und unterhielten uns über meine zukünftige Rolle in der Band. Mit »You Are The Music ...« hatte ich mich als Sänger etabliert, also war ich mir darüber im Klaren, wie ich mich bei Deep Purple einbringen konnte. Mit 22 fühlte ich mich zum Frontmann berufen, und Ritchie sah in mir einen musikalischen Vermittler zwischen den übrigen Mitgliedern. Meine Stimme sollte mehr Harmonien einbringen, während ich gleichzeitig Bass spielte, in etwa wie Paul McCartney. Wer mir dabei zur Seite stehen würde, wussten sie noch nicht. Ihnen schwebte jemand wie Paul Rodgers vor, also ein bluesiges Timbre. Ich verstand das voll und ganz.

An jenem Wochenende schlossen Ritchie und ich Freundschaft. Er gehörte seinerzeit zu den drei Gitarrengöttern der Szene, und ich empfand es als große Ehre, mit ihm Musik machen zu dürfen. Wir kamen prächtig zurande. Ich brachte frisches Blut in die Band, also herrschte Aufbruchstimmung.

Anhörungen für den Leadsänger mussten erst anberaumt werden. Über 200 Anwärter hatten Kassetten eingesandt, darunter David Coverdale mit "You've Lost That Loving Feeling". Wir liebten seine Stimmfärbung, denn sie passte gut zu meiner. Letzten Endes war er der Einzige, den wir einluden, obwohl wir eine Liste mit weiteren Namen erstellt hatten. David suchte uns leicht angetrunken mit einer halbleeren Flasche Whiskey auf, hatte aber Charisma, war witzig und intelligent.

> **David Coverdale:** *"Ich sang im Sommer 1973 in den Scorpio Sound Studios in London für die Band vor. Die befanden sich im selben Gebäude wie Capital Radio, einem Hochhaus auf der Marylebone Road. Ich war extra früh dort und sah zu, wie die Musiker nacheinander eintrudelten.*
> *Glenn kam als Letzter – nein, er fiel geradezu in den Raum mit seiner wahnsinnigen Mähne, die ihm ins Gesicht hing, und der übergroßen Sonnenbrille. Sie rutschte ihm von der Nase, als er seinen Basskoffer durch die Tür wuchtete, wobei ihm auch die Tasche von der Schulter rutschte. Dieser ziemlich lustige Auftritt half mir ein wenig dabei, meine Nerven zu beruhigen, denn Glenn wirkte sehr nahbar. Als er und die Band dann aber loslegten, kippte ich fast aus den Latschen. Mir kam er sehr von sich selbst überzeugt vor, also musste ich tief in die Flasche Bell's Whiskey schauen, die ich mitgebracht hatte, ehe ich mit diesen Jungs jammen konnte."*

Wir improvisierten über einen Blues. Als ich mich dann mit David ans Klavier setzte, um gemeinsam zu singen, wusste ich sofort, dass wir trefflich harmonierten.

> **David Coverdale:** *"Die Chemie stimmte von Anfang an, weil wir beide amerikanischen Soul lieben. Sein Vibrato ist meinem sehr ähnlich. Ich weiß noch, wie ich mich ans Klavier setzte, während die anderen verschnauften.*

Ich stimmte ein Lied an, mit dem ich seit einiger Zeit schwanger ging. Beim Komponieren hatte ich nur so mit Septakkorden in Dur und Moll um mich geworfen, total im Stil von Stevie Wonder also, und Glenn kam herüber, um mitzusingen. Ich bekomme noch heute Gänsehaut, wenn ich daran denke; von dem Moment an war unsere Zusammenarbeit als Gesangsduo besiegelt."

David musste eine Woche warten, bis wir ihm zusagten. Das war Anfang August, und die Band fand sich in Clearwell Castle in Gloucestershire ein, um den Neustart anzugehen. »Burn« entstand weitgehend im Kellergewölbe des Schlosses. Ritchie schlug zuerst dort auf, dann ich. So konnte ich mein Schlafzimmer noch frei wählen, wobei mir entging, dass er dort Kabel und Lautsprecher verlegt hatte, die im Schrank standen. So kam es vor, dass ich mitten in der Nacht geisterhaftes Geheul hörte. Blackmore blieb eigens für diesen Spaß lange auf. In einem 700 Jahre alten Gemäuer mutet so etwas logischerweise unheimlich an. Allerdings wusste ich gleich, als ich aufwachte, was gespielt wurde, denn man hatte mich vorgewarnt, Ritchie sei ein Schelm. Klar war es lustig; mich würde es nicht wundern, trüge er heute mit über 60 noch eine Wasserpistole mit sich herum.

Jon Lord nahm sich meiner an. Er war sehr gesellig und sehr unterhaltsam, gerade beim Abendessen. Mir gegenüber benahm er sich wie ein großer Bruder, bezeugte Humor und Intelligenz gleichermaßen. Wir verstanden uns außerordentlich gut, wenngleich ich sie alle gernhatte, nur mit Jon war es eben noch inniger, was ich sehr zu schätzen wusste.

David lebte sich genauso mühelos ein wie ich. Er gewöhnte sich rasch an die Umstände, derweil ich sowieso schon ausgiebig Bühnenluft geschnuppert hatte und das Prozedere kannte. Da ich von Ausnahmemusikern umgeben war, wähnte ich mich hin und wieder auf dem Abstellgleis. Dabei hatte ich eigentlich leichtes Spiel, weil es zwischen den anderen seit je rund lief. Ritchie verwendete weithin klassische Skalen und war von Johann Sebastian Bach beeinflusst, kam also von einer gänzlich anderen Baustelle als ich. Auf der Bühne lebte ich für den Augenblick, und da Paicey unglaublich laid-back spielte, sprangen wir den Leuten glattweg ins Gesicht. Deep Purple hatten Biss, waren eine explosive Einheit mit ehrlich aggressiver Musik.

Wie fühlte ich mich nun in dieser Band? Ich will die Wahrheit sagen, auch wenn sie arrogant klingt: Ich war dazu geboren, mit einer solchen Truppe auf der Bühne zu stehen. Diese Gabe hatte man mir in die Wiege gelegt. Seitdem ich für Trapeze komponiert hatte, wusste ich um mein Talent, also war ich überhaupt nicht nervös, als ich mir bei Blackmore zu Hause den Bass umschnallte und "Mistreated" spielen musste.

Dies war auch das einzige Stück, das zumindest teilweise stand, als wir »Burn« anpackten, und bereits das Rohgerüst deutete auf eine bluesige Stoßrichtung

»Burn«

"Burn": Wir schrieben es recht spät, wobei der Titel von David und mir stammt. Ritchie steuerte das Riff bei, ich die Idee und Akkordfolge des einstimmigen Intros mit der Zeile "You know we have no time". Der Song verlangte nach einer starken Überleitung in der Mitte.
"Might Just Save Your Life": Jon Lord trat diese Lawine los, und zwar mit einem feisten Orgelriff.
"Lay Down, Stay Down": Das Hauptmotiv ging auf Blackmores Kappe, aber das eigentliches Highlight stellen die Vocals dar.
"Sail Away": Hier pumpt der Bass eingedenk eines typischen Grooves Marke Hughes. Bis heute ist dies eines meiner Lieblingslieder.
"You Fool No One": Paiceys Rhythmusfigur gab den Ausschlag. Sie begeisterte alle, und Ritchie gab wieder das Grundthema vor, das wir mit meiner Bridge verbanden. In diesem Song erhielt ich die Gelegenheit, mit meinem Timbre zu spielen. Aus dieser spontanen Aktion zehrte ich für »Stormbringer«
"What's Goin' On Here": Cooles Ding und typisch für jene Zeit.
"Mistreated": Am Songwriting war ich nicht beteiligt, aber für den Schmiss bin ich definitiv verantwortlich.
"A 200": Stückwerk und damit für mich der Schwachpunkt des Albums. Uns fehlte noch ein Lied, also pfriemelten wir dieses Füllsel zusammen.

hin. Die Frage, wer was auf dem Album singen sollte, beantwortete sich mehr oder weniger von selbst, weil wir uns schon beim Schreiben der Texte gegenseitig Blicke zuwarfen, David und ich: *Soll ich an dieser Stelle, oder willst du?*

Die Bridge übernahm in fast jedem Song ich, obwohl ursprünglich nicht vorgesehen war, dass ich oft den Schnabel aufmachte. Allerdings hatte ich schon bei meinem Eintritt klargestellt, dass ich mich nur als Basser nicht wohlfühlen würde. Ähnlich sinnlos wäre es gewesen, hätte man George Best als Rechtsverteidiger auf den Platz gejagt. Als wir das Titelstück schrieben, kam es mir gleich stimmig vor, an bestimmten Stellen zu singen, also arrangierten wir die Passagen unter diesem Gesichtspunkt.

Vergleicht man »Burn« mit seinem Vorgänger »Who Do We Think We Are«, merkt man sofort, dass sich die Neuen provokant in den Vordergrund drängten, aber mit gutem Recht, denn wir standen im vollen Saft. Allen kam es vor, als spielten sie in einer frischgebackenen Band, selbst Jon, Ian und Ritchie. Dass sie den Sänger ausgetauscht und die Rhythmusgruppe zum Teil umbesetzt hatten, kam einer Verjüngungskur gleich.

David Coverdale: *"Glenn war und ist in vielerlei Hinsicht ein viel besserer Sänger als meine Wenigkeit. Ich stehe ehrfürchtig daneben, wenn er sich aufplustert. Oh, das klingt jetzt fies, ist aber nicht so gemeint. Wir haben eben beide dramatisch klingende Stimmen, und weil uns damals praktisch die Sonne aus dem Hintern schien, klappte es zwischen uns wie am Schnürchen. Davon abgesehen langte er bemerkenswert kräftig in die Basssaiten, und im Vergleich zu dem, was ich bis dato von Purple gehört hatte, groovte das neue Material wesentlich satter. Er legte gemeinsam mit Ian einen extrem fetten Teppich aus, auf dem wir anderen frei walten konnten. Glenn ist ein total natürlicher Musiker. Ich sah ihn nie üben; er musste nur seinen Bass aus dem Koffer nehmen, ihn umhängen und das Kabel in den Amp stecken, schon sprudelten geile Ideen aus ihm heraus, wunderschön gegenläufige Melodien bei einem Sound, der die Erde erzittern ließ."*

Während der Aufnahmen erhielt ich einen parfümierten Brief von einer ehemaligen Freundin, in dem eine Plombe weißes Pulver steckte. Kokain war mir mittlerweile nicht mehr fremd, da ich es ein-, zweimal probiert hatte. Als ich dieses Zeug nun in meinem Zimmer sniefte, musste ich feststellen, dass es gottverdammter Angel Dust war – Tranquilizer, die jeden Elefanten umhauten.

Der Wirkstoff Phencyclidin verursacht Halluzinationen. Als ich hinterher zu den Jungs wollte und auf Ian Paice stieß, hatte er einen Wasserkopf mit einem Umfang von grob geschätzt 20 Fuß. Ich bekam Angst, und wie ich Ritchie grinsen sah, war sein Mund gut acht Fuß breit. Dazu sollte man wissen, dass Drogen bei Purple keine große Rolle spielten, oder um Klartext zu sprechen: Niemand von ihnen hatte vor meinem Einstieg die Nase in Schnee gesteckt. Bei Ian Paice verbat es sich von selbst, weil er Asthmatiker ist und mit nur einer Niere lebt, also trank er höchstens ein bisschen. Ritchie mochte Scotch mit Cola, während Jon Wein und Brandy schätzte, insbesondere Remy Martin. Auch ich war im Grunde genommen kein Trinker und nippte bestenfalls spanischen Weinbrand. Gras hat während meiner Zeit in der Band niemand geraucht, und so kam es, dass sie mich auslachten, da sie mich noch nie durchgeknallt erlebt hatten. Ritchie muss mich in den Garten begleitet haben, während ich ihn bequatschte – in perfektem Deutsch, wie ich glaubte. Als ich Wasser lassen wollte, bekam ich mein bestes Stück nicht zu fassen. Ulkig, nicht wahr?

Später fand ich heraus, dass mit PCP gestreckte Joints in Los Angeles der letzte Schrei waren. Ich hasste das Zeug und rührte es nie wieder an, einfach furchtbar. Die Jungs durften sich am nächsten Tag mein reuiges Gejammer anhören. Gott, was war ich grün hinter den Ohren – allerdings nicht mehr lange, wie ihr sehen werdet.

Für die Presse machten wir Riesenstaat im Schloss, indem wir Diener in mittelalterlichen Klamotten aufwarten ließen. Blackmore freute sich wie ein

Kleinkind, denn das war genau seine Schiene. Die Aufnahmen fanden in Montreux in der Schweiz statt. Mit Produzent Martin Birch kam ich sehr gut aus. Wir spielten alles live ein; patzte jemand, versuchten wir es einfach wieder. Die Scheibe klingt deshalb sehr roh und direkt. Als Bassist zockte ich abgefeimter denn je, nachdem ich so lange mit Trapeze durch Amerika getingelt war. Purple benutzten das mobile Studio der Rolling Stones, mit dem bereits »Machine Head« entstanden war. Ich stand meistens neben David am selben Mikrofon und leistete Beistand, weil er sich noch nie im professionellen Rahmen präsentiert hatte. Dass wir uns als Sänger verstanden und auf persönlicher Ebene übereinkamen, war sehr wichtig.

Beim Endmix in den Londoner Olympic Studios waren wir alle zugegen. Ich empfand den Bass als zu leise, ein leidiges Thema: Von jeher hadere ich mit Soundmischern, denn in allen Bands, mit denen ich spiele, sollten die tiefen Frequenzen sehr präsent sein. Ich konzentriere mich auf den Groove und die Bassdrum, denn das bringt den Hörer in Bewegung. Deswegen muss man den Bass beim Mixen in den Vordergrund rücken.

Dass wir die Welt mit »Burn« dem Titel gemäß in Brand setzen würden, war uns von vornherein bewusst.

Sprechen wir über die Beiträge der einzelnen Musiker zu »Burn«: Mit Trapeze hatte ich bei einem anderen Verleger unterschrieben, wo ich weiterhin unter Vertrag stand, als ich Purple beitrat, also schlug ihr Management mir einen höheren Prozentsatz der Tantiemen vor, wenn ich quasi als Ghostwriter agierte. Deswegen führte man mich nicht namentlich auf, was erst für die Neuauflagen geändert wurde. Den Papierkram hätte besser ein Anwalt geprüft, aber mir Jungspund fehlte eben die Erfahrung. Jeder erhielt ein Fünftel der Konzerteinnahmen, und damit gab ich mich vollends zufrieden.

Der Auftakt zur begleitenden Tour fand in Kopenhagen statt und gelang perfekt. Lars Ulrich, der später Metallica gründete, war mit seinem Vater dort. Er erwies sich als Riesenfan und meinte neulich, ich sei der Einzige gewesen, der ihm ein Autogramm gegeben habe. Ich selbst bat als Kind Gordon Waller von Peter & Gordon darum, mir etwas zu unterzeichnen, woraufhin er meinte, ich solle Leine ziehen. Da schwor ich mir, so etwas niemals zu tun, falls mir einmal Ruhm zuteil werden würde. Ich käme nicht im Traum darauf und habe diesen Fehler von jeher vermieden. Bis heute unterschreibe ich, was man mir vorlegt.

Elf bestritten das Vorprogramm der »Burn«-Tour, und ihr Sänger Ronnie James Dio wurde mein Freund. Nach den Shows und im Flugzeug verbrachten wir viel Zeit miteinander. Gesanglich war er eine Macht, vor allem in mittleren Tonlagen, also schien es angemessen, ihm Respekt zu zollen, den er mir umgekehrt ebenfalls entgegenbrachte. Als er später bei Rainbow sang, pflegten wir noch regeren Kontakt. Nachdem er die Band verlassen hatte, meldete er sich mit seiner

Frau Wendy bei mir und kündigte an, sie würden nach L.A. ziehen. Damals war ich noch mit Karen verheiratet, und Ronnie suchte ein ähnliches Haus wie unseres. Schließlich kauften sie eins in Studio City, was dazu führte, dass die Familien Hughes und Dio unzertrennlich wurden. Wir gingen gemeinsam aus, teilten Freud und Leid. Die beiden waren ein unheimlich liebes Paar.

Als Ronnie 1980 bei Tony Iommi, Geezer Butler und Bill Ward einstieg, um Black Sabbath weiterzuführen, war ich begeistert. Ozzy zu ersetzen, kam einem Kraftakt gleich, aber Ronnie passte super, wie ich finde. Karen schneiderte seine Bühnenoutfit für Sabbath, und die Band kam zum Feiern zu uns nach Northridge, was für gewöhnlich damit endete, dass sich Bill Trauben in die Nase steckte.

War Ronnie da, genierte ich mich, Lines zu ziehen, also dämmte ich meinen Konsum ein, so gut es ging, zumal auch Wendys Eltern Reg und Ivy viel Zeit mit uns verbrachten. Dadurch wurde es fast unmöglich für mich, Mr. Hyde herauszulassen. Mit Ronnie verbinde ich unzählige tolle Erinnerungen, und dass er 2010 an Krebs starb, ist eine Schande.

Der Deutsche Ossie Hoppe arbeite als Konzertmanager für Purple. Er passte auf mich auf, weil ich der Paradiesvogel der Band war und unweigerlich auf mich aufmerksam machte. Ich muss blendend ausgesehen haben, wie ein strammes Kerlchen also, das eine Menge Girls anzog. Ständig geriet ich in Versuchung, obwohl ich Vicky sehr liebte. Ich betrachtete mich als vergeben und musste die Tauben sprichwörtlich mit dem Stock verscheuchen. Die eine oder andere ließ sich jedoch nicht abwimmeln, und Rockstars bleiben am Ende Schwerenöter. Hängten sich zwei, drei Groupies an mein Revers, kam ich auf dumme Gedanken. Es ließ sich nicht vermeiden, denn ich war mit 22 kein Mönch. Coverdale erlebte ein Freudenfest, wie man sich unschwer vorstellen kann.

> **David Coverdale:** *"Wir galten als die Neuen und verstanden uns Gott sei Dank von Anfang an gut. Glenn war ein Einzelkind wie ich – natürlich total verzogen von Frau Mama – und teilte meine Vorliebe für Soul und seine Protagonisten. So entstand eine innige Verbindung. Wir quatschten Tag und Nacht über bestimmte Songs und Musiker."*

Auf einmal prangte mein Konterfei auf Zeitschriften wie Melody Maker und NME. Purple präsentierten mich auf breiter Ebene, also gab es Bilder von mir gemeinsam mit je einem anderen Bandmitglied. Schon hatte man den Ruf als Neuling weg.

> **Peter Makowski, Journalist:** *"Wenn ich an Glenn denke, dann immer zuerst an seine aberwitzigen Pelzstiefel, mit denen er aussah wie eine fusselige nordische Gottheit. Fellmantel, Sonnenbrille und wallende Locken sorgten für die notwendige Prise Rock 'n' Roll. Seltsamerweise erinnerte er mich an Bob Hope, dem er von der Nase und dem Kinn her ähnelte."*

Von heute auf morgen gehörte ich zu einer der bekanntesten Bands des Planeten, spielte ein Album ein und ging auf Tournee, wobei ich eines betonen möchte: Mir ging es nicht ums Geld. Nie habe ich mir vorgenommen, Millionen zu scheffeln oder im Akkord Frauen flachzulegen, geschweige denn Drogen zu nehmen.

Die Tournee war mit immensem Aufwand verbunden. Die Crew bestand aus 40 Personen, und ich machte gleich zu Beginn deutlich, dass ich mit jedem gut Freund sein wollte, ob Zimmermann oder Cheflogistiker. Für uns alle erwiesen sich diese Shows als bahnbrechend. »Burn« wurde im Frühjahr 1974 veröffentlicht, da mussten wir einen Gig absagen, weil Jon Lords Blindarm herausoperiert wurde.

Hier nun stahl sich das Kokain nachdrücklich in mein Leben. Ich kaufte nur geringe Mengen, die über Wochen hinweg ausreichten, doch als ich mit Ian, Jacky und Vicky in Miami Urlaub machte, geriet ich zum ersten Mal an einen amerikanischen Dealer. Mit seinem Stoff machten wir die Nacht zum Tag, was mir nicht ungewöhnlich vorkam. Ein bisschen Johnny Walker, ein paar Lines Kokain schadeten doch niemandem, nicht wahr? Und ob. Diese Droge versetzt den Konsumenten in den Glauben, er könne die Welt aus den Angeln heben. Man möchte mit Hotelpagen und Bardamen anbandeln. Kokain ist eine Lüge; es bringt dich dazu, deinen Besitz zu verschenken und unkontrolliert in Tränen auszubrechen.

In den Augen der Öffentlichkeit genoss man als Rockstar zu jener Zeit freie Liebe und kostenlosen Alkohol in rauen Mengen. Nichts schien etwas zu kosten, aber das tat es sehr wohl. Man zahlte einen Preis, der mich vor allem auf spiritueller Ebene schröpfte, aber noch nicht während der 74er Tour, denn da verstand ich noch damit umzugehen. Fast alltäglich mutete es an, sich auf einem Hotelzimmer einzusperren und Schnee rieseln zu lassen. Ich sniefte mit Lordy oder David, die allerdings nie abhängig waren. Jon stieg schon früh morgens aus den Federn, wenn alle anderen noch eine ruhige Kugel schoben. Ich hingegen konnte nie abschalten.

Nach dem erfolgreichen Start lief es wie geschmiert. Als wir zu den ersten US-Dates aufbrachen, flogen wir mit der berühmten Boeing Starship, die bereits Elvis, Elton John und Led Zeppelin befördert hatte. Man sprühte unseren Namen an die Bordwand, und drinnen gab es einen Fernseher mit einer Auswahl Videos, eine Bar sowie Duschen. Ich fühlte mich pudelwohl mit meiner neuen Aufgabe. Es war fantastisch.

An manchen Abenden waren wir eine Offenbarung. Ritchie leistete Unglaubliches, wenn er wollte. Hatte er aber schlechte Laune, lief nichts, wohingegen ich ständig an meine Grenzen ging. Manchmal spielte ich ein Solo mit Wah-Wah und sang dabei, doch kein Gig verlief gleich. Ich wollte und will stets mehr herauskitzeln. Noch benutzte ich einen Rickenbacker, um Purples charakteristisch dumpfen Basssound zu wahren, später aber einen Fender Precision Baujahr 1962.

Vor den Hotels warteten Mädchen, obwohl wir oft unter falschem Namen eincheckten, und ich konnte gewissermaßen frei wählen. Unsere Groupies waren ausnahmslos hübsch, wobei ich glaube, dass es sich mitunter um die gleichen handelte, die Led Zeppelin vernaschten. Jedenfalls begegnete ich manchen, die Robert Plant und John Bonham kannten oder mir bereits bei Trapeze aufgewartet hatten. Einmal spielten wir in Buffalo, und ich stand morgens auf, um zu frühstücken, da stieß ich auf ein Girl, das gerade Jon Lords Zimmer verließ, in Hotpants trotz der Minustemperaturen draußen. Kaum zu fassen.

1974 galt es als schick, sich auf eine Toilette zu verdrücken und Lines zu ziehen. Im März spielte sich aber noch alles im gemäßigten Rahmen ab. Man stelle sich folgende Szene vor: Ossie und ich warten gemeinsam mit Purples Sicherheitsleuten Jim Callaghan und Pasty Collins auf einen Dealer. Der trifft ein und richtet eine Viertelunze Koks auf einem Spiegel an, woraufhin einer von uns niest wie Woody Allen in »Der Stadtneurotiker«. Jetzt bräuchten wir einen Staubsauger, um das Pulver aus dem Zotteltеppich zu kriegen. Ich lache und schlage vor, einen frischen Beutel aufzuschneiden.

Einer der Höhepunkte in jenem Jahr war natürlich der California Jam am 6. April auf dem Ontario Motor Speedway, wo ich meine alten Bekannten Tony Iommi und Ozzy Osbourne wiedersah. Nachdem wir uns Koks besorgt hatten, machten wir die Nacht vor dem Festival durch. Die Videoaufnahmen zeigen folglich einen übernächtigten Glenn Hughes, der dennoch einen fulminanten Gig abreißt. Damals funktionierte das noch, denn wie gesagt: Mit 22 kann man ein Fass nach dem anderen aufmachen und steckt es munter weg.

> **Ozzy Osbourne:** *"Glenn ist ein klasse Typ und guter Freund, der verflucht geile Musik macht. Mann, was für eine Stimme! Ich erinnere mich noch gut an dieses Open Air – California Jam, nicht wahr? Wir koksten schon im Flugzeug wie doof und waren so im Arsch, dass ich eher auf meinem Sitz lag als saß und dachte, ich müsse sterben, wenn wir landen. Glenn dackelte später an und meinte: 'Du brauchst wohl ein bisschen hiervon …' Ich kenne ihn schon seit Urzeiten. Er ist eine Seele von Mensch, und ich liebe ihn."*

Purple traten als Headliner auf, strichen den Großteil des Ertrags aus den Ticketverkäufen ein und besaßen die Filmrechte. Bei solchen Events wird es immer spät, aber wir bauten zur Sicherheit dennoch eine Vertragsklausel ein, die uns einen Gig nach Sonnenuntergang zusicherte – und vermutlich zum ersten Mal in der Geschichte des Rock 'n' Roll begann ein

Konzert eine Dreiviertelstunde zu früh! Der Promoter rauschte in einen unserer Wohnwagen und proklamierte, wir müssten 45 Minuten vorher antanzen, also noch im Hellen. Natürlich weigerten wir uns. Ritchie sperrte sich gleich in seinem Wagen ein und schaltete auf stur, weshalb die Ordnungshüter anrückten und die Tür aufbrachen, denn schließlich waren 250.000 Karten verkauft worden und insgesamt sogar 400.000 Zuschauer vor Ort. Die Security musste uns richtiggehend zur Bühne durchpeitschen.

Den berühmten weißen Anzug, den man in der Aufzeichnung bewundern darf, hatte Russ Shaw besorgt, der Chef der Werbeabteilung von Warner Brothers. Ihm schwebte vor, ich solle einen Kontrastpunkt zu Ritchies schwarzem Zwirn setzen, doch dass diese Aktion legendär werden sollte, sah ich natürlich nicht voraus. Ein Hemd trug ich nicht, weil es einfach zu heiß war, und Coke ließ die Körpertemperatur weiter ansteigen.

Ritchie stand neben sich. War der Mann schlechtgelaunt, durfte man mit allem rechnen, und dass es zum Eklat kommen sollte, zeichnete sich früh genug im Vorfeld ab. Wir wussten zwar nicht, was genau geschehen würde, behielten aber die Augen offen. Wie wir durch "Burn" pflügten, trug ich der Aggression des Songs Rechnung und mimte die Rampensau nach dem Motto: Komme wer wolle, ich bin der King auf dieser Bühne. Dabei fühlte ich mich wohl wie der sprichwörtliche Schneekönig. Zu der Zeit war David vor Publikum noch nicht sonderlich gesprächig, also übernahm ich den Großteil des Geplänkels. Schließlich hielt mir niemand eine Pistole vor die Brust.

Ich lief zwischendurch an den Bühnenrand und zog eine nicht eben kurze Line, ehe ich zurückkehrte, das Oberteil abnahm und ausflippte. Genau darauf ist man als Abhängiger abonniert, und steht man mit reichlich Pulver im Schädel vor 400.000 Leuten, verstärkt dies den Effekt. Das Chaos war allerdings vorprogrammiert.

Im Konzertfilm sieht man ganz gut, wie die Pyros hochgingen. Die Explosion war so heftig, dass Paicey die Brille abhanden kam. Anscheinend kannten die Sicherheitsleute – die Bühnentechniker sowieso – den genauen Zeitpunkt des Donnerwetters, aber ich dummerweise nicht, und das war allein Blackmores Schuld, der den Aufwiegler spielen wollte. Auch hasste er es, wenn ihn linker Hand jemand ablenkte, egal ob Roadies, oder sonst jemand, und jetzt wuselte ausgerechnet ein Filmteam mit Kamera herum. Er warnte es vor, sich zu verpfeifen, ehe er den Hals seiner Gitarre ins Objektiv rammte. Wir mussten den Schaden hinterher bezahlen, obgleich sich Ritchie kein Unrecht zumaß. Der Kameramann war in sein Revier eingedrungen und bekam prompt die Strafe dafür. Wir waren ohnehin ein stressiges Häufchen auf den Brettern, denn auch ich schleuderte freudig Sachen durch die Gegend. Stöpselten Purple ein, ging man besser in

Deckung. Ich ließ die Zügel zumeist gegen Ende des Sets schießen, wenn mich die Erschöpfung noch einmal zum Äußersten trieb.

Um vom Gelände zu gelangen, bekam ich einen Hubschrauber für mich allein. Ich war verdammt high, weil ich im Wohnwagen weitere Lines gezogen hatte. Ich behielt den weißen Anzug an, und in der Maschine saß eine Schnitte in Polizeiuniform, die so tat, als wolle sie mich festnehmen. Als wir abhoben, zog sie die Mütze aus und schüttelte ihr Haar, fummelte am Reißverschluss meiner Satinhose und schickte sich an, mir einen zu blasen. Ich war komplett von der Rolle, weil mir Autoritätspersonen schon immer ein wenig unheimlich vorkamen.

Ich glaubte wirklich, alles sei eine einzige Party, die sich ewig fortsetzte. Die Zeit steht still, wenn man auf diesen Zug springt. Wir gingen ins Bett, falls vorhanden, und kamen irgendwann zu uns – genau dies: Wir wachten nicht auf, sondern setzten uns einfach wieder in Bewegung, manchmal angezogen, manchmal nackt, hier allein und dort in Gesellschaft. Mitunter schlug ich die Augen auf und fragte mich: *Wo bin ich? Wie heißt diese Stadt?* So und nicht anders sah es aus. Wir zogen eine großangelegte Tournee durch, und der California Jam geriet zum i-Tüpfelchen. Überhaupt räumten wir in den USA nach allen Regeln der Kunst ab, denn dort fraß man David Coverdale aus der Hand. Wir eroberten das Land regelrecht.

Ich wurde zum reißenden Wirbelwind: Stimmungsschwankungen waren eher die Regel als eine Ausnahme, und Koks begleitete uns ununterbrochen. Darauf lief es unterwegs mit einer großen Rockband unabänderlich hinaus, denn Drogendealer, der Abschaum der Menschheit, hefteten sich allerorts ans Revers der Produktionsteams, und der Wahnsinn nahm seinen Lauf. Irgendwo bekam man immer etwas, also plagten mich zu keiner Zeit Beschaffungssorgen.

Auf einem Abstecher zurück nach Großbritannien spielte ich mehrmals mit Trapeze, ein wunderbarer Nostalgietrip. Sie hatten gerade die Scheibe »Hot Wire« aufgenommen, auf der ich gern gesungen hätte. Die Songs klangen auch ohne mich aberwitzig funky, was mich stolz machte. Ich freute mich für die Jungs genauso wie über mich selbst und Deep Purple. Was Trapeze machten, verfolgte ich aufgeregt mit. Pete Wright war mein Nachfolger, Rob Kendrick zweiter Gitarrist.

In England hatte meine alte Band nie jemandem die Wurst vom Teller gezogen, also fand ich es umso cooler, mit Purple dort und in Schottland einzufallen, um große Hallen zu knacken. Wenn ich mir die Tourdaten von damals anschaue, fällt mir ein, dass ich Mom und Dad in meiner Limo mit zum Konzert in Birmingham nahm, wo man uns Goldene Schallplatten für »Burn« überreichte. Zur Berichterstattung ließen wir Londoner Journalisten einfliegen. Ritchie trug seinem Gehilfen Ian Broad auf, meinen Eltern den nackten Hintern zu zeigen, worüber sie herzlich lachten.

Der Irrsinn ging weiter. An den 16. März 1975 in Belgrad erinnere ich mich noch genau: Nach dem Auftritt dort besuchten wir einen Nachtclub. Sogar Ritchie kam mit, und die männlichen Gäste hatten Schiss, wir würden ihnen die Frauen ausspannen. Es gab eine Menge Getue, was mir Angst einjagte, obwohl wir souveräne Bodyguards hatten.

Kapitel 4: Gewitterstimmung

»Stormbringer«

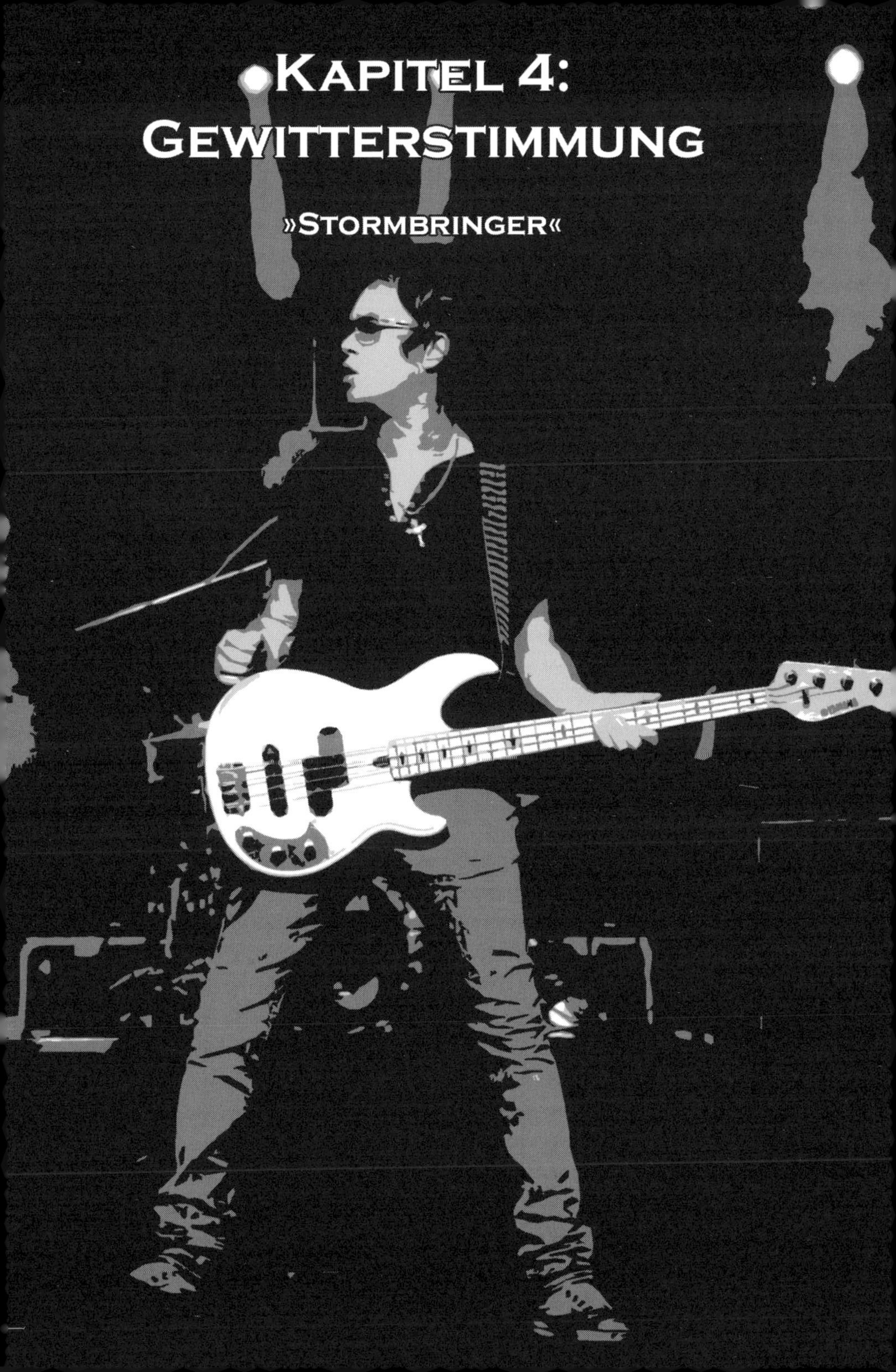

Unser zweites gemeinsames Album spielten wir im August 1974 ein, doch gegen Ende des Jahres fand praktisch keine Kommunikation mehr zwischen Blackmore und dem Rest der Band statt. Sonderlich gesprächig war er ohnehin nie. Fraß ihn etwas an, schickte er einen Roadie mit einer schriftlichen Nachricht zu uns. Ich hätte es wissen müssen nach allem, was mir vor dem Einstieg über ihn untergekommen war. Jon verwandelte sich nach ein paar Drinks in den David Niven des Rock, vollzog Kartentricks und erzählte Schwänke. Er unterhielt uns also bestens, wohingegen Ian manchmal einsamer Wolf spielte, Ritchie noch häufiger. Abgesehen von David und mir waren Purple keine gesellige Band, was mich irritierte, weil Trapeze aus einem Klüngel dicker Freunde bestanden hatte.

Das Komponieren von »Burn« auf Clearwell Castle war ein unvergessliches Erlebnis, auch weil David und ich die Presse angezogen hatten – Sounds, NME und Chris Welch, die alte Schule also. Die Atmosphäre blieb damals sehr angenehm, doch nun hatten wir unseren Bonus als Neulinge verspielt, zumal David und ich einen eigenen Kopf besaßen, den es durchzusetzen galt. Als wir zurückkehrten, hatten wir uns vorab kaum ein Lied zurechtgelegt. Einzig "Stormbringer" von Ritchie war annähernd fertig, während David und ich den Rest mit Jon aushecken mussten. "Holy Man" schrieb ich am Klavier.

Während der Aufnahmen im Münchner Musicland mussten alle verschwinden, wenn Ritchie ein Solo einspielte. Nur mich duldete er, wohl meines Humors wegen. Ich machte einmal den Vorschlag – wohlgemerkt, es war keine Anweisung – er solle ein Slide verwenden. Sein Röhrchen lag etwa vier Fuß neben ihm auf dem Mischpult, doch statt sich dafür zu erheben, griff er zu einem Schraubenzieher direkt vor seiner Nase. Damit spielte er dann, während er mir einen Blick zuwarf, der ausdrückte: *Dann muss es auch so klappen.* Das meinte er nicht einmal vorwurfsvoll, und das Solo saß natürlich gleich beim ersten Versuch. Typisch Blackmore.

Spaß hatten wir durchaus. Zogen wir durch die Pubs, führten wir uns auf wie normale junge Männer in ausgelassener Stimmung. Zur Aufteilung der Gesangspassagen schloss ich mich wieder mit David kurz. Am Ende sang ich mein Stück "Holy Man" und er sein "Soldier Of Fortune". Knickrig waren wir nie, auch bei »Come Taste The Band« nicht, als meine Nase permanent im Schnee steckte. Während ich dazu neigte, Songs in einem Rutsch aufs Band zu bringen, nahm er sich etwas mehr Zeit. Müsste ich abwiegen, schätzte ich »Burn« als lebhaftes Zeugnis einer hungrigen, neuen Band ein, während »Stormbringer« zu Gehör bringt, dass wir als Einheit zu uns selbst gefunden hatten. Deep Purple schrieben richtig geniale Songs. Wir fühlten uns überaus inspiriert.

Eine interessante Randnotiz: Wir mussten unsere Zelte in München abbrechen, weil die Rolling Stones das Studio gemietet hatten, also nahmen wir den Gesang größtenteils im Record Plant in L.A. auf. Zudem fehlten uns zwei Stücke, weshalb wir schnell "High Ball Shooter" und "The Gypsy" schrieben. Drittens standen die Vocals für "Hold On" und "You Can Do It Right" noch aus. Im Grunde genommen war ich mit David allein, da sich Blackmore zunehmend rar machte. Einmal ging ich zur Toilette, und als ich gerade Wasser ließ, kam Stevie Wonder mit seinem Cousin herein, stellte sich neben mich und erleichterte sich ebenfalls.

Wer bisher aufmerksam gelesen hat, weiß Bescheid: Stevie ist mein Held. Als er nun die Hose zumachte und daraufhin seine Hände wusch, ging ich zu ihm, stellte mich vor und gab an, dass ich bei Purple spielte. Dabei gestand ich, mich aus seinem Fundus bedient zu haben: "Stevie, ich habe diesen Song 'You Can Do It Right' geschrieben, der total auf Ihren Stil gemünzt ist. Sie müssen ihn hören!'" Ich überspielte den Track rasch und ging mit meinem Idol in einen kleinen Schnittraum.

Dort bekam er das Ding auf die Lauscher, seine Melodie mit einem anderen Text. Ich erwartete nichts Besonderes, sondern wollte mir nur ein Okay einholen, aber Stevie war hin und weg: Zuerst tastete er mein Gesicht ab, dann die Haare. "Du hast meine Alben gehört", staunte er. Meiner Matte wegen nannte er mich Leo, ehe wir einander umarmten. Stevie ist ein unheimlich einfühlsamer Kerl. Wir saßen noch gut eine Stunde zusammen und unterhielten uns über Rockmusik, falls ich nicht gerade von seinen Platten schwärmte. Dann schlug ich ihm vor, Coverdale Hallo zu sagen.

Ich ging zuerst in den Abhörraum, wo Martin Birch mit seinem Tontechniker saß. David stand mit seiner dicken Brille in der Kabine und sang gerade "Hold On", als ich Stevie am Arm hereinführte. Er sah nur, dass ich nicht allein war, also ereiferte er sich: "Glenn, ich hab dir schon einmal gesagt, dass ich niemanden hier haben will, wenn ich singe, verdammt! Haut ab!" Ich wollte einlenken, aber er unterbrach mich. Seinen Gesichtsausdruck, als ich dann "Ist bloß Stevie Wonder" bemerkte, werde ich nie vergessen. Als Soul-Fanatiker stürmte er sofort heraus und benahm sich natürlich supernett. Den Abend verbrachte ich bei Stevie, um ihn Klavier spielen und singen zu hören.

Zugabe gefällig? Nachdem ich David Bowie im Beverly Wilshire kennengelernt hatte, lud ich ihn ins Record Plant ein, während wir die letzten Songs fertigstellten. An jenem Tag war ich mit "Hold On" an der Reihe. Der Thin White Duke befand sich damals mit »Soul Train« in seiner Rhythm-and-Blues-Phase und tänzelte herum, während ich hinterm Mikro stand. Das spornte mich natürlich an. "Hold On" groovt erbarmungslos, und der Vibe im Studio setzte dem Stück die Krone auf.

»Stormbringer«

"Stormbringer": Einer von Blackmores wenigen Geistesblitzen für diese Platte. Das Stück ist sehr straight und programmatisch für Purple. David wirft "Your mother sucks cocks in hell" ein, das bekannte Zitat aus »Der Exorzist«, den wir in einer Privatvorstellung gesehen hatten. Schwänze in der Hölle lutschen, sehr charmant …
"Love Don't Mean A Thing": Eines meiner Lieblingslieder. Ritchie gabelte in Chicago einen Straßenmusiker auf und nahm ihn mit auf die Starship, wo der Kerl ein Lied über Geld sang. Ritchie rief David und mich in die Videoecke des Fliegers. "Daraus sollten wir etwas machen", schlug er vor, und wenn mich nicht alles täuscht, bekam der Mann Geld für seine Idee. Was den Gesang angeht, gaben David und ich auf dieser Scheibe alles.
"Holy Man": Diese Schote liebe ich ebenfalls. Dabei ließ man mir freie Hand, und die passenden Akkorde fand David eines Abends im Studio.
"Hold On": Die Geschichte mit David Bowie habt ihr gerade gelesen.
"Lady Double Dealer": Wieder Blackmore, wieder ohne Schnörkel. Schlichter Rock und demnach in Ordnung.
"You Can Do It Right (With The One You Love)": Volltreffer, nicht zuletzt dank Stevie Wonder.
"High Ball Shooter": Das Stück hängten wir im Record Plant an, wozu Jon die berühmte Orgel von Studio A spielen durfte.
"The Gypsy": Ich mag die spukhafte Stimmung, die Ritchie auf der Gitarre erzeugte. Ferner fühlt man sich an Lennon und McCartney erinnert. Die Fans mochten den Song sehr gern.
"Soldier Of Fortune": David hatte es sich selbst auf den Leib geschneidert, und ich höre ihn am liebsten in dieser Tonlage. Er lädt zum Schwelgen ein.

Falls jemanden das Finanzielle interessiert, so lief es bei Deep Purple folgendermaßen: Bill Reid führte Buch, und Richard Bagehot kümmerte sich um rechtliche Belange. Bill flog vierteljährlich durch die Weltgeschichte, um sich mit jedem Bandmitglied zusammenzusetzen und über die Geldlage zu sprechen. Ich war zufrieden, solange ich meine Kreditkarte zücken konnte und wusste, dass sowohl meine Rechnungen als auch Steuern gezahlt wurden. Genaugenommen wanderten alle Erträge auf ein Auslandskonto, und wir kauften Anlagemünzen. Die Kohle arbeitete also für uns. Für Tantiemen, die alle ordnungsgemäß verrechnet wurden, existierte ein gesondertes Konto, und eine Musikgruppe als solche lebt auch nicht allein von Luft und Liebe. Ich vertraute den Zuständigen weitgehend, während sich etwa Ian Paice vor allem an Bill Reid hielt.

Dass ich unbesonnen mit Geld umging, würde ich zwar nicht behaupten, doch wenn man viel verdient, macht man sich vergleichsweise selten Gedanken darüber. In lauen Zeiten sorgte ich mich durchaus um die Zukunft, wohingegen ich dachte, alles sei eitel Sonnenschein, wenn vorübergehend die Kasse klingelte. Wollte ich ein neues Auto, legte ich mir eins zu. So kam ich zu meinem Jaguar. Allerdings musste man solcherlei vorher mit Reid abklären, auch den Kauf meines Hauses. Er nannte mich "Boyo", ein biederer Ausdruck, ungefähr wie "Jüngelchen". Obwohl man uns zur Umsicht mahnte, kam es vor, dass wir den Zimmerservice der Hotels strapazierten und dergleichen. Dies führte zu saftigen Rechnungen, aber deshalb machte ich mir keinen Stress. Brauchte ich Geld, trabte ich einfach zum Tourmanager und ließ mir etwas geben.

Ritchie suchte nie dauerhaft Anschluss. Irgendwann sickerte durch, ihm seien unsere Ausschweifungen zuwider, aber deswegen hielt uns niemand eine Standpauke oder so. Im Mai 1974 war es okay. Ich glaubte, einen Freifahrtschein zu haben, also leuchtete mir die Problematik noch nicht ein. Der California Jam verlief großartig; ich zog eine Line, während Jon beziehungsweise Ian Solos spielten, und oh Wunder – pünktlich zu Ritchies Gefiedel waren die Nasenlöcher wieder frei für einen weiteren Stüber. Schießt man sich auf eine Droge ein, kommt man eine Zeitlang damit durch, ihr exzessiv zuzusprechen, verpasst jedoch den Moment, in dem das Leben aus dem Ruder läuft. Im Rahmen eines Gigs im Bezirk Lewisham im Londoner Süden, zu dem es auch Videomaterial gibt, erhielt ich von einem Bekannten Kokain. Im Bild sieht man David und mich während eines Interviews, doch ich verschwinde mehrmals, um zu sniefen. Mit etwas Scharfsinn – und den habt ihr jetzt, da ich euch darauf hinweise – stellt man fest, dass ich von der Rolle war und nicht richtig sprechen konnte. Ich bekam Zuckungen wie der englische Comedian Jack Douglas. Im Film wirkt es lustig, was es in Wirklichkeit ganz und gar nicht war.

Ich reagierte allergisch auf Kokain, milde umschrieben mit Nervenflimmern. Die Leute bekamen Angst oder lachten, und mein Körper spielte mir derart üble Streiche, dass man mich ins Krankenhaus bringen wollte. Nie habe ich jemanden gesehen, der so auf Kokain anspricht wie ich. Gott riet mir auf diese Weise davon ab. Andere Drogen, Speed etwa, wirkten nicht so heftig, aber ich bin sowieso eine hibbelige Person. Als Eddie Van Halen einmal meinte, Trinken ginge bei ihm mit dem Spielen einher, hielt ich dies für ein Gesetz der Branche, ob bei Keith Richards, Bowie oder Sly Stone. Alle schossen sich die Lampen aus, es war quasi die Norm.

Als die Scheibe im Kasten war, kehrte ich mit Tony Ashton, David und Lordy nach München zurück, um an dessen Album »Windows« zu arbeiten. Jons Musik ist ein völlig anderes Kaliber, weil er für Orchester komponieren kann, aber ich bewies gern Wandlungsfähigkeit. Zudem zählte ich ihn zu meinen Freunden und suchte seine Gesellschaft, weil er eben Esprit und Manieren hatte.

Im Deutschland lernte ich eine professionelle Eisläuferin kennen, mit der ich kurz liebäugelte. Sie war bildhübsch und hatte lustigerweise, wie ich von Jon erfuhr, der sie einmal zu Hause besuchte, ein Riesenposter von mir über ihrem Bett aufgehängt.

Ein Auftritt im Münchner Kursaal ist mir besonders deutlich im Gedächtnis geblieben, weil ich davor eine Viertelunze Kokain gekauft hatte, das ich in einem Stück Zeitungspapier in eine meiner Socken steckte. Als ich es nach einer Stunde auf der Toilette herausnahm, hatte es sich aufgelöst. Ich ärgerte mich, obwohl der Stoff mein Leben zu jener Zeit noch nicht zur Gänze bestimmte.

Zum Problemfall entwickelte ich mich eher schleichend. In der Droge sah ich einen Schlüssel: Sie schenkte mir Gefühle, nach denen ich mich sehnte, und fehlte zur Vollendung meines Glücks. Ich fand, jeder müsse drauf sein: *Was, du kokst nicht? Verzieh dich, denn wieso sollte ich mich mit dir abgeben, wenn du nur besoffen bist und ich mich wie neugeboren fühle?*

Im Schnitt zogen wir nun 50.000 bis 60.000 Zuschauer pro Abend und waren bombig aufeinander eingespielt. Als wir am 24. August in Connecticut auftraten, war es drückend heiß. Aerosmith, die ich damals nicht kannte, gingen vor uns auf die Bühne, und Elf zuerst. Ronnie kam beim Soundcheck zu mir und beschwerte sich, Perry und Tyler gestünden ihm zu wenig Platz auf der Bühne ein, woraufhin ich ihrem Tourbetreuer zu verstehen gab, er solle dies schleunigst ändern.

Ronnie hielt überhaupt nichts von Drogen, weil er auch ohne vergnügt war, also begnügte er sich mit ein, zwei Drinks. Sein Drummer Gary Driscoll, der 1987 ermordet wurde, kam auch mit auf mein Zimmer. Die Jungs von Aerosmith habe ich seit ihrem Entzug ebenfalls kennengelernt, wirklich nette Menschen. Wer am Rande des Wahnsinns schrammt und die Kurve kriegt, verdient Anerkennung. Bob Timmons, mit dem sie Therapien machten, half auch mir, Nikki Sixx und Ozzy.

Am 30. August 1974 fanden wir uns im Astrodome in Houston ein, wo einst der Siegeszug von Trapeze begonnen hatte. Ohne jenen Gig wäre ich nie zu Deep Purple gelangt. Natürlich kamen viele der 40.000 speziell meinetwegen. Als ich mich mit der ersten Reihe abklatschte, stahl man mein türkisfarbenes Armband, woraufhin unser Techniker Magnet in die Menge sprang. Nach zwei Minuten tauchte er wieder über den Köpfen auf. Er hatte das Teil herausgefischt, aber wie, weiß nur der Teufel. Über Magnet könnte man übrigens Romane schreiben. Einmal kam er zu mir nach Penkridge und bat mich, ihm meinen Aston Martin zu leihen, weil er zu sich nach London musste. Später rief er mich an und erklärte, die Kiste sei gestohlen worden. "Shit", fluchte ich, aber er versprach, unseren Sicherheitschef Patsy Collins heißzumachen. Nach einer knappen Stunde hatte ich den Wagen wieder – gewaschen obendrein. Magnet kannte den Tross von Led Zeppelin sehr gut, also mischte in diesem Fall wahrscheinlich deren Manager Peter Grant mit. So kam die Karre über welche Kanäle auch immer zurück.

Am Tag nach dem Gig in Houston flogen wir wieder mit der Starship nach Los Angeles, um "High Ball Shooter" und "The Gypsy" den letzten Schliff zu verleihen. Coverdale und ich mussten zudem "Hold On" vollenden, doch danach stand eine kurze Pause in Aussicht. Umdisponiert hatten wir ja nur wegen der Stones, die in München eingefallen waren; Mick und Charlie lernte ich übrigens als coole Typen kennen. An der Westküste quartierte ich mich in meiner Stammsuite im Beverly Wilshire ein, einem Eckzimmer im Obergeschoss. Als wir uns die paar Tage Freizeit genehmigten, lieferte mein Dealer zwei Sorten Dope. Bei der einen handelte es sich um reines Kokain, von dem ich eine Viertelunze kaufte, dazu das Doppelte von dem anderen Stoff für Gäste. Den schüttete ich in eine Obstschale, glaube ich. Jimmy Pages Freundin Lori Maddox schaute vorbei, eine atemberaubende Schönheit. Wir hätten wohl miteinander geschlafen, aber ich wollte keinen Streit mit Jimmy, der nichts über seine Beischlafzelle in L.A. kommen ließ.

Eines Morgens – ich hatte die ganze Nacht kein Auge zugetan – klopfte es an der Tür. Davor standen Ron Wood, Keith Moon und Mal Evans, der die Beatles auf Tournee begleitete und 1976 von der Polizei erschossen wurde. Keith hatte eine vollständige Nazi-Uniform an, ein Pfundskerl immer noch wie 1969, als wir uns in Carlisle begegnet waren. Wenn er trank, sorgte er für manchen Lacher, warf Fernseher aus Fenstern und stellte jeden Unsinn an, den man in den Annalen der Rockgeschichte liest. Als Alkoholiker – er war nicht nach Kokain süchtig – machte er vor allem in späteren Jahren schwere Turbulenzen durch, aber mir ist er angenehm in Erinnerung geblieben.

Wir stellten uns vor die Bücherschränke, wo ich vier gut einen Fuß lange Lines ausstreute. Dass Woody oft kokste, wusste ich, wohingegen Keith und Mal für gewöhnlich beim Alkohol blieben. Den Wettstreit, den wir abhielten, gewann ich. Dass ich Ron dabei schlug, machte mich stolz. Er teilte sich den Rest, den Keith nicht verputzt hatte, mit mir.

An dieser Stelle müsste man hellhörig werden: Genau, Glenn bildet sich nichts auf seine Stimme und sein Bassspiel ein, sondern auf einen Wettbewerb im Koksen ... Nachdem ich mir selbst auf die Schulter geklopft hatte, zogen wir los in die Stadt. Keith Moon war der wahnsinnigste Motherfucker, der mir je untergekommen ist. Zu jener Zeit hatte er Spaß, die Sucht war noch handhabbar, und sein Witz nahm für ihn ein. Was Ronnie betrifft, so habe ich vermutlich niemals einen netteren Menschen im Rockgeschäft getroffen.

Aus dem Lager von Purple sah und hörte ich wenig, also lud ich meine alte Freundin aus Trapeze-Zeiten, Yvonne Dupree, ein. Vicky hatte mir noch nicht den Rücken gekehrt, und in meinem Buch will ich bei der Wahrheit bleiben, also gebe ich zu: Ich war spitz wie Rettich. Trotzdem glaube ich nicht, dass Yvonne und ich miteinander pennten, denn dazu war ich schlicht zu high. Kokain forderte einen ersten Tribut; ich war dermaßen im Arsch, dass ich keinen hochbekam. Vielleicht versuchte ich aber auch gar nicht zu vögeln, weil ich in anderen Sphären schwebte.

Im Haus von John Mayall auf dem Mulholland Drive fand eine Riesenparty statt, wo ich es mir ebenfalls gutgehen ließ. Dabei bemerkte ich, dass ich, so man mich vor die Wahl zwischen Sex und Drogen stellte, letzteren auf jeden Fall den Vorrang gegeben hätte. Ein Fick im Kokainrausch ist durch nichts auf der Welt zu toppen, und obwohl ich das Zeug nun tagtäglich brauchte, verkannte ich den Ernst der Lage und ließ keine Gelegenheit aus, mich wie ein Trottel aufzuführen. Dabei stand ich mehr oder weniger allein da.

Am dritten Abend brachte Ron Wood Bowie mit, doch da mein Zimmer voll war, gingen wir hinauf zu ihm. David lebt generell zurückgezogen. Seine damalige Frau Angie war neben ein paar Tänzerinnen zugegen, und er zeigte sich beeindruckt von unserer Performance beim California Jam, die er sich am vorangegangenen Abend im Fernsehen angeschaut hatte. Er meinte, ich sei eine Bereicherung für Purple und erwärmte sich für meine Wurzeln Soul und Rhythm and Blues, was sich schließlich im Album »Young Americans« widerspiegelte, an dem er gerade werkelte. Wir verstanden uns sehr gut, obwohl er ein eigentümlicher Gastgeber war. Aufgrund seiner Scheu widmete er sich selten mehr als einer Person zur gleichen Zeit. Ron Wood trudelte ein und verschwand wieder, während die Stunden dahinzogen. Bowie ist eigentlich ein sehr umgänglicher Typ, der mit jedem klarkommt, und so leistete ich ihm die ganze Woche über Gesellschaft. Dabei erlebte ich drei seiner Konzerte und begegnete Iggy Pop, der einmal auf die Bühne sprang. Leider erkannten ihn Davids Sicherheitsleute nicht und hauten ihn um. Daraufhin ging es ihm ziemlich dreckig, und nachdem sie ihn im Krankenhaus verarztet hatten, übernachtete er auf meiner Couch. Bowie versuchte seinerzeit, Iggy von den harten Drogen wegzubekommen.

Ich tat mir keinen Zwang an, indem ich Deep Purple den Funk beibrachte. Ritchie zeigte sich damals nicht sonderlich kreativ, was man auf seinen Interessenverlust zurückführen kann. Mit etwas Abstand betrachtet ist »Stormbringer« kein typisches Album für die Band, aber trotzdem geil. Die Songs sind stark, angefangen beim Titeltrack, der zum Klassiker wurde, bis hin zu Coverdales Sternstunde “Soldier Of Fortune”. Ich wollte nur spielen und vorwärtskommen. David und ich waren keine Abziehbilder von Gillan beziehungsweise Glover. Wir taten einfach, wonach uns der Sinn stand. Vielleicht hätte die Platte mit Blackmore hinter den Reglern eher nach Mark II geklungen. Weder nötigte ich Jon Lord dazu, ein Fender Rhodes zu kaufen, noch legte ich Ian Paice ans Herz, Al Green zu hören. Ich landete bei Purple, nachdem ich bei Trapeze gespielt hatte, einer Band zwischen Funk und Rock. Jeder wusste das. Jene Musik lebte vom Groove, und Stücke wie “Speed King” – klaglos gespielt, also nichts gegen die vorige Besetzung – stellten das exakte Gegenteil dar.

Keine der Erfahrungen im Rahmen der Produktion – Ron Wood zu begegnen, David Bowie und Stevie Wonder – möchte ich missen. Auch Alice Cooper kam einmal und betrank sich, aber ohne die Sau rauszulassen. Dieser Aufgabe hatte ich mich angenommen. Fans hatten mir einen langen Kimono geschenkt, den ich zur Schau stellte, wobei ich ansonsten nur Unterwäsche trug. Kokain machte mich spielgeil, also nahm ich meine Akustikgitarre von Yamaha mit zu Bowie. Ich war reif für die Anstalt, noch überdrehter als ohnehin schon. Nachdem ich 40 Leute in meinem Zimmer eingeschlossen hatte, erhielt ich eine Rechnung von 8.000 Dollar wegen zerstörter Möbel. Das war schon damals eine Menge Geld, und heute käme ich wohl nicht davon, ohne den zehnfachen Betrag abzudrücken. Dass Leute auf meinen Namen Champagner und Essen bestellten, war bezeichnend für meinen Kontrollverlust. Wie jeder Kranke aber kümmerte ich mich nicht ums Geld. Ich war nicht wirklich geistesgegenwärtig und weiß auch nicht, ob ich überhaupt irgendwann geschlafen habe, höchstens ein Stündchen hier und dort. Wir trafen übrigens John Wayne im Beverly Wilshire, als wir in unsere Wagen einsteigen wollten und seine Limousine vorfuhr. Er war schwer sympathisch und ließ sich für seine Tochter Autogramme auf einen Stiefel geben. “Sie würde sterben, wenn sie jetzt hier wäre”, behauptete er.

Im Anschluss gaben wir Konzerte in Deutschland, wo Deep Purple Superstars waren. Blackmores Ex Babs stammt ja von dort; sie hielt Ritchie seit den Anfangstagen der Band die Treue, doch zu jener Zeit stand ihre Ehe vor der Zerreißprobe. Ihn sah ich nur während der Soundchecks, weil er sich mit niemandem mehr abgab. Als wir nach San Francisco flogen, nahm er eine junge Französin mit. Mich begleitete mein Dealer, und der hatte neben seiner Frau, die keine Drogen anrührte, einen dicken Beutel

Kokain dabei. Vom 12. auf den 13. November machte ich mit ihm durch. Jemanden wie ihn mitreisen zu lassen war natürlich verantwortungslos.

Im Hotel in Seattle mussten wir unser Handgepäck um alle Sünden erleichtern, damit uns die Kanadier ins Land ließen. Dass man uns letzten Endes nicht kontrollierte, ärgerte uns, aber mein Dealer meinte, er werde frischen Stoff besorgen.

So langsam störte es mich, nicht high werden zu können, weil ich singen und spielen musste. Ich vertraute meinem Dealer die Zimmerschlüssel an, damit er mich jeweils eine Stunde vor Aufbruch belieferte. Jagger und Richards von den Stones gaben ihm Spoons für mich, Keith einen deutlich längeren als Mick. Nachdem mein Mann eine Doppelunze Kokain ausgepackt hatte, fragte er, welches Röhrchen ich wolle. Ich wählte das von Keith und sniefte schon zum Frühstück einen ganzen Berg. Wer tat das nicht? War das nicht normal? Ich glaubte, jeder erfolgreiche 23-Jährige täte es, zumal ich es ja klasse wegsteckte. Aufstehen und rein in die Rübe damit, auch wenn ich sichtlich abgemagert war. Auch das nahm ich in Kauf. Ehrlich, mir dämmerte nicht, wie schädlich es war.

Bald brachte ich es fertig, das Zeug mit einem Strohhalm zu ziehen, was tödlich sein kann, wenn man sich mit der Menge verschätzt, die man ansaugt. Ich ließ nur reinsten Stoff an meine Nase, denn etwas Wichtigeres gab es nun nicht mehr in meinem Leben. So tief war ich in kaum mehr als einem Jahr gefallen. Kokain maß ich absolute Priorität zu, noch vor der Nahrungsaufnahme oder meiner Freundin. Ich bildete mir ein, besser auszusehen, fühlte mich wohler und traute mir zu, alles zu schaffen, aber man nenne mir einen Menschen, der es auf Koks zu etwas gebracht hat. Man verprasst sein ganzes Geld und sieht aus wie der lebende Tod. Als wir irgendwo eine weitere goldene Schallplatte für »Burn« einheimsten, ging ich zum Schnupfen aufs Klo, wo bereits einer der Angestellten von Warner über dem Waschbecken hing. Es gehörte in diesem Umfeld wirklich zum Alltag; mittlerweile ist es zumindest nicht mehr selbstverständlich.

Obwohl die Hirngespinste noch auf sich warten ließen, zweifelte ich allmählich an meinem Geisteszustand – verständlich nach drei aufeinanderfolgenden Nächten ohne Schlaf. Ich wurde also wankelmütig und leicht reizbar, ein typisch launenhafter User. Im Hotel in Milwaukee beschwerte sich mein Zimmernachbar wiederholt über den Lärm. Gegen 6.00 Uhr stand er vor der Tür: Yul Brynner! Ich schämte mich, war mir aber nicht zu schade, nach einem Autogramm zu fragen.

Nach der letzten Show vor Weihnachten reiste Vicky nach Hause, während ich und Magnet noch ein paar Tage blieben. Im Fahrstuhl stießen wir einmal auf drei hübsche Girls, die ohne langes Geplänkel blankzogen; unter ihren Mänteln trugen sie nichts als Strapse, denn sie hatten auf mich gewartet. Natürlich nahm ich sie mit auf mein Zimmer, während Magnet sich in seines verzog, also war ich allein mit ihnen. Da ich keine Erfahrungen mit Gruppensex hatte, zierte ich mich ein wenig. Schließlich geraten selbst Mathematiker ins Grübeln, wenn auf einen Schwanz drei Muschis und drei Paar Brüste kommen. Letztendlich schob ich die Bedenken beiseite, weil sich die Chance vermutlich nie wieder auftat, und zog es passabel durch. Unterdessen schlich Magnet herein und entwendete eine Handtasche, ging damit ins Bad und legte ein Ei hinein ... Die Besitzerin kaute mir hinterher am Telefon ein Ohr. Eine der drei schickte mir erst neulich ein Bild von damals; Gabi hat herzlich darüber gelacht.

Wie ich herausfand, dass Ritchie Deep Purple den Rücken kehren wollte, weiß ich nicht mehr. Es muss unmittelbar nach dem Sunbury Festival in Melbourne gewesen sein, also Ende Januar 1975. Unser Management rückte Stühle, ehe mit Rob Cooksey ein neuer Mann auf der Bildfläche erschien, ein ziemlich tougher Kerl, der sich nichts gefallen ließ. Ritchie glaubte wohl, die weitere Entwicklung der Band allein beeinflussen zu können. Ihm schwebte eine von Bach beeinflusste Melange aus Klassik und Rock vor, die er schließlich bei Rainbow umsetzte. Dank meines anhaltend abgefuckten Zustandes erinnere ich mich heute nicht mehr daran, wie ich dazu stand. Langsam aber sicher verirrte ich mich im Schneegestöber.

Purples Zukunft ohne Ritchie blieb ungewiss. Dass ich mich an Davids Seite zum Hauptkomponisten aufschwingen würde, sah ich voraus, derweil ich schon mit dem Gedanken an ein Soloalbum spielte, indes ohne rechten Drang, mich an die Arbeit zu begeben. Ich zerstreute mich auf Orgien in meinem Haus in Beverly Hills und stellte mir die Frage, ob ich nicht ebenfalls die Biege machen sollte. In erster Linie wollte ich koksen; ich steckte so tief drin, dass Musik zur Nebensache wurde, da sie meinem Wunsch im Weg stand, eine Dauerparty zu veranstalten. Meinen Hintern zu bewegen, um Show zu spielen, wurde zur Qual: *Wer wagt es, mich aus meiner Höhle zu jagen?* Eine solche Frage nimmt sich nur ein Kranker heraus, ein verfluchter Süchtiger. Der eine oder andere blieb als solcher auf der Strecke: John Bonham trug die Konsequenzen genauso wie Bon Scott und Chris Farley.

Eine böse Vorahnung bezüglich Ritchie hatten wir jedoch alle. Im April 1975 stand er im Pariser Palais des Sports zum letzten Mal mit uns auf der Bühne. Dabei schnitten wir »Made In Europe« mit, eine starke Scheibe. Und hinterher sniefte ich in einer Toilettenkabine. Als ich die Tür aufmachte, stand Blackmore grinsend vor mir. "Mann", sagte ich, "es war verdammt genial, mit dir spielen zu dürfen." Zur gleichen Zeit war mir, als wisse er von meinen Drogenproblemen, also fühlte ich mich mies, denn ich hatte ihn in gewisser Hinsicht im Stich gelassen.

Sowieso schämte ich mich ständig, falls ich mich nicht in meinen eigenen vier Wänden oder Hotelzimmern aufhielt. Von Edeldrogen, so fand ich, sollten wir uns eigentlich fernhalten, selbst wenn sie zu den Grundnahrungsmitteln von Film- und Rockstars gehörten, aber Kokain vermittelte mir ein Hochgefühl, dessentwegen ich gern über die allergische Wirkung hinwegsah. So wurde ich zum öffentlichen Ärgernis, über das dennoch niemand sprach. Waschechte Kokser erfreuen sich in der Abgeschiedenheit an ihrem Stoff, und das tat ich im großen Stil Nacht um Nacht, bis ich erschöpft zusammenbrach. So sah mein Leben zu jener Zeit aus, und ich zahlte Dealern aus London Flugtickets, damit sie mir auf Tournee Nachschub lieferten.

Kapitel 5: Eine neue Ära

»Come Taste The Band«

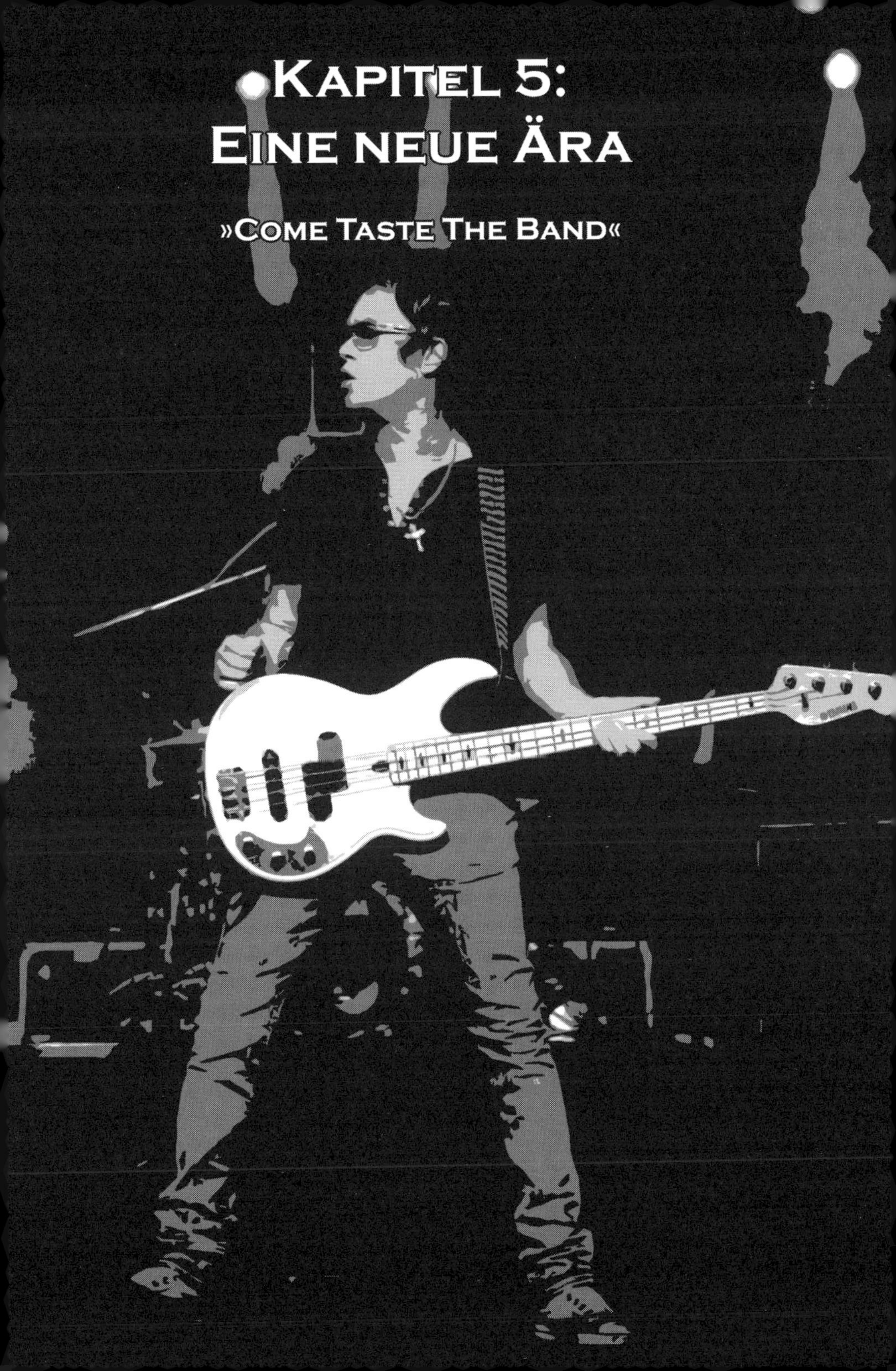

Als Ritchie den Koffer packte, war ich drauf und dran, es als Wink mit dem Zaunpfahl zu betrachten und mich nach L.A. zu verpissen, denn wer sollte in seine Fußstapfen treten? Wäre Jimmy Page bei Led Zep ausgestiegen, hätten sie schon früher die Schotten dichtgemacht.

Zu der Zeit kamen David Bowie und ich einander noch näher. Wir hatten vieles gemein, nicht zuletzt die Vorliebe für Kokain, also wurden wir dicke Freunde. Seine Musik war und ist bis heute eine Klasse für sich, egal welche Phase man heranzieht. Neben Ron Wood kannte ich auch Freddie Sessler, der den Stones während der Sechziger und Siebziger pharmazeutisch pures Kokain zukommen ließ. Er ist 1999 gestorben. Einmal, als ich mit Bowie und Woody in einer Art Club war, wo nur gesnieft wurde, wartete er mit einem ganzen Teller Stoff auf, glitzerndem Zeug vom Feinsten. So prollig das klingt, entsprach es der Realität innerhalb der Rockszene. Die Droge war allgegenwärtig, und nun zu einem ganz wichtigen Punkt: Ich *dachte* bloß, ich hätte Spaß und verhielte mich professionell, weil ich immer noch pünktlich sein konnte, wenn auch als Nervenbündel. Erst 1976 entgleiste mein Zug.

Am 10. Januar des Vorjahres flog ich mit Vicky nach Los Angeles. Das Beverly Wilshire war zu meinem zweiten Zuhause geworden, doch ich suchte nach einer festen Bleibe. Während jener Zeit begegnete ich Phil Daoussis, einem Hippie wie aus dem Bilderbuch, den ich bis heute zu meinen liebsten Freunden zähle.

> **Phil Daoussis:** *"Ich lernte Glenn 1974 auf einer Party kennen, als ich gerade auf Jobsuche war, weil die Großschreinerei, in der ich arbeitete, eine Flaute durchmachte und Angestellte entließ. Ein Kumpel aus der Modebranche war zu der Feier eingeladen, fühlte sich aber krank und bat mich, an seiner Stelle hinzugehen. Als ich ins Hotel Beverly Wilshire kam, wimmelte es dort vor bekannten Gesichtern aus dem Musikbusiness. Alice Cooper fehlte genauso wenig wie Ron Wood. Ich wusste nicht, was mich erwartete, zumal mir Glenn fremd war, weil ich andere Bands als Deep Purple hörte. Trotzdem: Was für ein Abend! Zwischen mir und ihm entwickelte sich eine dicke Freundschaft. Er wirkte relativ fit während der Party; richtig krank machten ihn die Drogen erst etwas später. Sein Humor gefiel mir, denn ich stand schon immer auf britischen Klamauk, also lagen wir auf einer Wellenlänge. Zwielichtige Gestalten mischten sich unter die Anwesenden – Dealer, die die ausgelassene Stimmung zu ihrem Vorteil nutzten. Ich kam mir ein wenig wie Glenns Aufpasser vor, der große Beschützer oder so. In einem solchen Umfeld war ich bis dato nicht gelandet, also überraschte mich, dass auch dort geheuchelt und geschmiert wurde. Ich ließ es mir eine Lehre sein."*

Zuvor hatte ich die Drogen, die man für mich organisierte, nie bezahlt. Dealer verlangten kein Geld, sondern wollten entweder dauerhaft für mich arbeiten oder einfach nur dasitzen und zuschauen, wie ich Songs schrieb und sang. Ich glaubte, ihr Interesse sei meiner Begabung geschuldet, doch in Wirklichkeit war es reine Strategie: Man machte dir den guten Stoff schmackhaft und hörte dann auf, ihn dir gratis zu geben. Ich war von Qualitätsware abhängig und fing an, Unsummen dafür auszugeben. Nachdem mich Phil am Flughafen abgeholt hatte, übernachtete ich bei ihm am Hermosa Beach. Am Morgen – er nahm kaum Drogen, und begann den Tag wie jeder normale Mensch mit einem Frühstück – fuhren wir dann ins Hotel.

Phil Daoussis: *"Kokain war vor allem deshalb problematisch, weil alle Welt es nahm, bloß konnten manche besser damit umgehen als andere. Zu Anfang fiel mir nicht auf, wie Glenn damit kämpfte, doch im Laufe des Jahres verstörte mich seine Gier danach zusehends, ganz zu schweigen von seinem Benehmen, wenn er drauf war. Er hätte, wie er selbst sagt, die Hauptrolle in einer der zahlreichen Verfilmungen von »Dr. Jekyll und Mr. Hyde« übernehmen können, ohne sich verstellen zu müssen: Als Mensch war er sehr unterhaltsam und voller Tatendrang, doch steckte er die Nase in dieses Zeug ... Zehn Minuten bis eine Viertelstunde lang schaukelte er sich höher und höher, dann ging es rapide bergab – mit Angstzuständen und eingebildeten Stimmen. Es ließ sich vorhersehen, lief also stets auf die gleichen Symptome hinaus, aber so unbehaglich es war, sah er nicht davon ab. Ich riet ihm, einen Punkt zu machen und sich hinzulegen, weil er nicht noch higher werden konnte, aber wenn man mit jemandem in diesem Zustand spricht, stößt man auf taube Ohren. Gewalttätig wurde er nicht, aber seine Exzesse waren mir gelinde gesagt suspekt und äußerten sich durchweg auf negative Art."*

Eine Woche später fand ich ein Haus in Beverly Hills, von dem aus man nur einen kurzen Fußweg zu Ian Paice auf sich nehmen musste. Als Zwillinge wollten Vicky und Jacky einander stets nahe sein. Der Schuppen war in den Sixties gebaut worden und würde heute wohl umgehend mit »Austin Powers« in Verbindung gebracht werden. Wir kauften Möbel, und ich besorgte mir neben einem Fender Rhodes eine Bandmaschine von Teac, um meine Soloideen auszuarbeiten.

Phil Daoussis: *"Wir kamen in einem Haus in der Siedlung Benedict Canyon in der Nähe von Beverly Hills unter, wo Glenn mich bat, Küchen- und Kleiderschränke zu durchstöbern, weil er irgendwelche Geräusch zu hören glaubte. Seine Befürchtungen nahmen bizarre Ausmaße an, bis er einschlief. Wenn er am nächsten Morgen oder besser gesagt nachmittags aufwachte, war er wieder ruhig. Dass wir wie Vampire hausten, entsprach nicht unbedingt meinem Lebensstil, weil ich am Strand wohnte. In der Welt des Rock 'n' Roll lief einiges anders ab."*

Bevor ich zum Sunbury Festival nach Australien aufbrach, betraute ich Phil mit der Verantwortung fürs Haus. Er hatte ein eigenes Zimmer und sah in der Zwischenzeit nach dem Rechten.

Phil Daoussis: *"Glenn brauchte jemanden, der ihm im Alltag half, auf ihn aufpasste und wusste, wie man in Los Angeles von A nach B kam. Schließlich musste er Geschäftstermine einhalten und mehr. Ich nahm mich der Aufgabe an, weil ich gerade arbeitslos war, und wurde quasi zu seinem Handlanger. Sicherlich hatte ich mein eigenes Päckchen zu tragen, aber im Gegensatz zu ihm blieb ich halbwegs bei Verstand, zumal ich mich nicht von den Drogen vereinnahmen ließ wie er. Als ich ihnen vor fast 30 Jahren abschwor, blieb es dabei. Ich machte keinen Entzug, sondern hörte einfach auf, bin damit aber natürlich eher ein Ausnahmefall.*
Aufklärungsbedarf bestand seinerzeit dringend. Man hörte mehr von der glamourösen Seite und wusste nicht, dass Kokain gesunde Menschen aus der Bahn wirft, so dass sie alles in ihrem Leben verlieren. Diesbezügliche Stimmen wurden erst einige Jahre später laut, doch Mitte der Siebziger war es schick, wenn man es sich finanziell wie zeitlich leisten konnte. Rückblickend würde ich Kokain als kostspieliges Mittel bezeichnen, um sehr, sehr nervös zu werden. So ging es den meisten Konsumenten; man glaubte, sie hätten mehrere Kannen Kaffee getrunken."

Vor Australien standen ein paar Tage Urlaub auf Hawaii an. Ironischerweise stammte die Idee von Ritchie. Ich erhielt einen Anruf von David Bowie, der mich bat, nach New York zu kommen, um auf »Young Americans« zu singen. Außer Blackmore hatte niemand etwas dagegen. Er sprach sich entschieden dagegen aus und behauptete, es sei keine gute Idee. Damit verschaffte er seiner Meinung zum ersten Mal ausdrücklich Luft, wenngleich wir nicht lange diskutierten. Sein Nein genügte, also machte ich einen Rückzieher mit eingezogenem Schwanz und nahm es hin. Es tat mir weh, aber dass ich angefressen war, würde ich nicht sagen. Vielmehr ärgerte ich mich darüber, dass mir eine solche Gelegenheit durch die Lappen ging.

Im Honolulu Hilton bewegte ich mich fünf Tage und Nächte lang nicht aus dem Zimmer. Ich saß nur da, schwitzte Kokain aus und schaute zu, wie der Rest am Strand Cocktails schlürfte. Okay, einmal oder so ging ich zu ihnen, und zwar in voller Rockstar-Montur. Ich hielt mich für verdammt cool, wo andere Leute ein halbes Leben lang auf solche Ferien sparten. Ein Armutszeugnis …

Mittlerweile merkte ich selbst, dass sich Vicky einen besseren Freund vorstellen konnte, denn sie war nur eine willige Geisel meiner Drogensucht. Harte Zeiten brachen für sie an, derweil mein Befinden zwischen himmelhochjauchzend und zu Tode betrübt schwankte. Ich hasste mich abwechselnd selbst und wetterte gegen andere. Zieht man 72 Stunden am Stück Lines, verändert man sich, selbst wenn man ansonsten kein Wässerchen trüben kann. All dies gehört zu einer ausgewachsenen Kokainpsychose, gleichwohl ich damals keine Ahnung davon hatte. Vor Zwangsvorstellungen hatte mich Phil allerdings schon gewarnt.

Phil Daoussis: *"Vicky war bei ihm, eine Frau wie ein Engel. Ich hielt große Stücke auf sie, aber leider verließ sie ihn, weil er zu weit über die Stränge schlug. In Glenn taten sich Abgründe auf, die man nicht erwartete. Dass er neben sich stand, war offensichtlich. Fast schien es, als sei ein Dämon in ihn gefahren und habe Besitz ergriffen, wirklich unheimlich. Wenn man so etwas eine Zeitlang aus nächster Nähe nachvollzieht, malt man sich ein böses Ende aus, und aus diesem Grund streckte ich bald die Waffen. Indes trug ich eine gewisse Verantwortung: Er gelangte so oder so an Drogen, doch ich konnte ihn zu Dealern lotsen, die ihn nicht mit gestrecktem Stoff übers Ohr hauten. Diese Leute waren ungefährlich und hielten ihm nicht sofort eine Knarre an die Schläfe, wie es anderswo passierte. Hätte ich die Folgen früher abgesehen – klar, hinterher ist man immer schlauer – wäre ich strikter dagegen vorgegangen, aber wir steckten beide zu tief in der Misere. Ich schnupfte ja auch, aber was Kokain mit ihm anstellte und mit mir, waren zwei verschiedene Paar Schuhe.*

Nur eines Abends nach ungefähr einem Monat in dem Haus platzte mir der Kragen, als Glenn Vicky Unterstellungen machte, die jeglicher Grundlage entbehrten. Er dachte nicht mehr klar, hatte alle Vernunft fahrenlassen. Ich hielt mir vor Augen, dass die Droge schuld war und ein anderer Mensch vor mir stand. Tagsüber, wenn er kein Kokain nahm, wäre das nicht passiert. Solche Verhaltensweisen stießen mich ab und griffen mein eigenes Nervenkostüm an. Er tat mir ja leid. Was kann ich tun, dachte ich, damit dieser Kerl andauernd so happy ist wie am Morgen oder Nachmittag? Wie gesagt: Wir hatten uns zu sehr verstrickt."

AC/DC waren als Vorgruppe angedacht und wurden aus Gründen, die mir entgangen sind, sehr wütend. Die dräuende Spannung äußerte sich bereits während der freien Tage vor dem Festival in Melbourne. Einmal spielte ich in einer Kneipe mit meinen Leibwächtern Patsy und Jimmy Billard, wobei ich mehrmals gegen einen Einheimischen gewann, weil ich recht gut mit dem Queue umgehe. Während der letzten Runde zog er mir seines mit voller Wucht übers Kreuz, woraufhin ich ihm aufs Maul haute. Er trug nur eine Schramme an der Wange davon, doch dies war das erste Mal in meinem Leben, dass ich die Beherrschung verlor und jemanden mutwillig verletzte. Es war unnötig, gerade weil ich zwei ehemalige Einzelkämpfer hinter mir wusste, aber der Kerl ging mir wirklich quer. Es dauerte nicht lange, da bedauerte ich den Hieb zutiefst. Ich war untröstlich, jemandem wehgetan zu haben. Generell halte ich nichts davon, Mitmenschen körperliches Leid zuzufügen, auch wenn ich angegriffen werde. Als die Polizei eintraf, entschuldige ich mich. Übrigens kann ich keine Drogen vorschieben, um diese Aktion zu rechtfertigen, denn Kokain war in Australien nicht aufzutreiben. Allzu sehr sehnte ich mich nicht nicht danach, denn was den Grad meiner Abhängigkeit betraf, gab es immer noch Luft nach oben.

Nachdem wir den Kontinent verlassen hatten, ließ ich mir gleich wieder allerfeinsten Stoff liefern.

Phil Daoussis: *"Wir standen so manches gemeinsam durch. Hätte man während jener Nächte eine Kamera mitlaufen lassen … Irrenhäuser sind nichts dagegen. Wir beschafften die notwendige Menge Kokain und bestellten harten Alkohol bei einem Getränkehändler, der auch lieferte. Auf der Liste stand teurer Cognac, für den Glenn eine Schwäche hatte. Tags darauf haderte ich stets mit einem Kater. Wir hatten einen Billardtisch, und Szeneprominenz gab sich die Klinke in die Hand."*

Mit David Bowie konnte ich mich stundenlang unterhalten. Als er in New York war, rief er an und fragte, ob ich etwas Zeit für ihn hätte. Ich gab gemeinsam mit Lordy Interviews, die uns später nach Philadelphia führen sollten, während Bowie fünf Abende hintereinander die Radio City Music Hall beschallte. Wir standen auf der Gästeliste und wohnten in der Nähe seines Hotels. Auf seinem Zimmer klatschte sich die Prominenz quasi ab, so auch Bianca Jagger. Dass David und Angie eine recht freie Beziehung pflegten, war augenscheinlich, weil im Stundentakt Männlein wie Weiblein ein- und ausgingen. Was nebenher abging, wusste ich nicht, aber den Austausch mit ihm genoss ich sehr, wenngleich es nicht nur geistreich zuging; wir schauten auch Filme oder erzählten Witze.

Angie Bowie: *"Das Leben auf Tournee mit David kam mir vor wie eine Fahrt auf einem Karussell mit der ständigen Frage im Hinterkopf, wann es an der Zeit zum Abspringen sei. Einstweilen wusste ich nicht, ob wir in Europa waren oder an der amerikanischen Ostküste. Deep Purple erlebte ich einige Male live, in London und Los Angeles, wenn mich nicht alles täuscht. Dass ich mich gut mit Glenn verstand, lag vor allem daran, weil er mich stark an einen Kerl aus Doncaster erinnerte, mit dem ich aufs College ging; er ähnelte ihm wirklich sehr. Glenn hatte ein niedliches Gesicht, glatt wie ein Baby. Ich glaubte, ihn schon ewig zu kennen, und hätte ihm liebend gern geholfen, die Unzulänglichkeiten in den Griff zu bekommen, deretwegen er sich in die Drogenhölle flüchtete. Wenn er sich nicht im Umfeld der Band aufhielt, war er ein guter Junge, also fühlte er sich dort wohl gestresst und unter Druck gesetzt. Als er den Kontakt zu David suchte, stand er kurz vor einem Kollaps, aber die beiden unterhielten sich sehr gut und hatten eine Menge Spaß zusammen."*

Mit Angie gab es noch ein Nachspiel: Einmal suchte sie mich im Hotel auf, wobei ich wusste, dass sie mit mir aufs Zimmer gehen und vögeln wollte. Ich zauderte, denn obwohl sie attraktiv war und bisexuell, was mich reizte, hatte ich Gewissensbisse, die Frau eines Freundes zu pimpern. David war es jedoch egal; er kümmerte sich einen Dreck darum. Mir kam das scheel vor, und vielleicht war ich bloß altmodisch, aber ich wäre nie darauf gekommen, die Alte eines Bekannten zu nageln.

Angie Bowie: *"Glenn war sehr zärtlich und ruhig, was sich auch beim Sprechen äußerte, denn einen leiseren Kerl gab es weit und breit nicht. Wenn man so will, bot ich ihm eine Freundschaft mit gewissen Zulagen an. Ich bin nicht darauf aus, der Gefälligkeit halber mit jemandem zu schlafen, sondern tue es mit Wonne. Ich wollte Glenn als Freundin beistehen und keine große Affäre lostreten."*

Nun ja, Angie übernahm das Heft - womit wir wieder beim Thema Selbstbeherrschung wären. Für meinen Geschmack war sie einen Tick zu abgehoben. Der Sex mit ihr war sehr laut und aggressiv. Damals jedenfalls mochte ich es etwas sachter, also stieß sie mich böse vor den Kopf. Wir waren zugekokst bis unter die Schädeldecke, aber Angie tat es anders als David und ich nicht zwanghaft. Danach nahm ich ein paar Valium, um einschlafen zu können, was mir schlussendlich auch gelang. Ich weiß noch genau, wie ich splitterfasernackt aus dem Schlaf- ins Wohnzimmer der Suite kam, und vor mir saß Angie mit einer Freundin der Bowies. "Freut mich, dich kennenzulernen", grüßte ich. Wenn das nicht Rock 'n' Roll war … Ich erzähle die Wahrheit.

Angie Bowie: *"Als ich Glenn zum letzten Mal sah, stritt er sich gerade mit einem Freund, der sein Haus bewachte. Danach reagierte er unwirsch auf meine Frage, wie es ihm gehe, also konnte er mich kreuzweise. Ich hatte genug mit mir selbst zu tun, bewies also relativ wenig Geduld."*

Manche meiner Erlebnisse sind wirklich kaum zu fassen. Einmal wollte Bowie allein mit dem Zug von New York nach L.A. kommen. Ich fand dies ein bisschen heikel, aber er wollte komplett anonym bleiben und die Stadt sehen, um sich auf seine Rolle in »Der Mann, der vom Himmel fiel« vorzubereiten. Purple spielten gerade Konzerte, aber er hatte sich dieses Vorhaben so fest in den Kopf gesetzt, dass ich die Jungs beinahe gebeten hätte, unsere Termine zu verschieben - nicht dass dies möglich gewesen wäre natürlich.

Vorübergehend waren wir beide wie Pech und Schwefel. Er outete sich als Fan meiner Musik und hing Abend für Abend über mehrere Stunden hinweg am Hörer, um mit mir zu reden. Als wir auf Tournee durch Europa im Pariser Hotel George V wohnten, schlug meine Telefonrechnung dem Fass den Boden aus. "Old Big Head" nannte er mich immer, doch weshalb, fand ich nie heraus. Eventuell hielt er mich für arrogant, aber es war eher so, dass ich eine Menge Wut im Bauch hatte und auf Koks noch fahriger wurde. Durch den Stoff verlor ich sowohl die Achtung vor mir selbst als auch vor Gott und wähnte mich im Zuge meiner Paranoia von aller Welt angegriffen.

Phil Daoussis: *"Bowie wohnte zeitweilig im Haus. Ich traf ihn zum ersten Mal, als Glenn in England war. Er hatte ihn mir zuvor angekündigt, von wegen David sei an der Westküste und frage, ob er dort aufschlagen könne. Er traf an einem Sonntagnachmittag ein und wirkte recht entspannt. Nach einer kurzen Unterhaltung kamen wir unvermeidbar aufs weiße Gold zu sprechen, also* *tätigte ich einen Anruf und blieb, ehe ich mich versah, bis ungefähr 3.00 Uhr mit ihm wach. Jene erste Nacht war ziemlich schräg, weil wir Besuch von einer jungen Schwarzen bekamen. Claudia hieß sie und hatte, wie sich herausstellte, die High School meiner Heimatstadt Pomona besucht. Sie kam wegen Bowie. Er gab eine Menge interessanter Ideen zum Besten und wusste zu jedem Thema etwas zu sagen. Derweil ich ihn später in armseliger Fassung erleben sollte, war er damals soweit gefasst. Ich wusste um seine Abhängigkeit, doch die nahm nie Ausmaße wie bei Glenn an."*

Auch Bowie spann herum, weshalb er unter seinem Bett in meinem Haus Küchenmesser bereitlegte. Die Morde der Manson Family, die in der Nähe geschehen waren, hatten ihm einen Schock versetzt, wie er mir gestand, also sperrte er sich ein, wenn Partygäste kamen, was eigentlich andauernd passierte. Er war zu jener Zeit sehr nachdenklich, weil ihm nicht gefiel, wie sich seine Karriere entwickelte. Dabei hatte er just nach »Diamond Dogs« eine Tournee als Headliner durch die Staaten bestritten. Wenn es dunkel war, ließ er sich mit einem großen Hut blicken, und dann war da natürlich noch Angie.

Angie Bowie: *"Glenn nahm mich zu einem der Konzerte von Deep Purple mit. Sie fingen an, und er spielte eine Weile vor sich hin, bis er ans Mikrofon trat. Da kam mir seine Stimme wie ein Hochseil vor, auf dem man im Traum balanciert. Er sang, ich stand mit Tränen in den Augen neben einem Boxenturm und ließ mich von seinem Timbre an einen unwirklich schönen, friedlichen Ort tragen. Dadurch wurde mir klar, dass er zu empfindsam ist, um nicht Musik zu schreiben und zu spielen, die von Herzen kommt. Das Rudel oder die Gruppe – auch abseits der Musik – sind nichts für ihn."*

Es wurde zur Sitte, dass ich im Rausch zur Gitarre griff oder mich ans Fender Rhodes setzte. Einmal in London rief ich deshalb sogar im Musikhaus John Henry's an und orderte ein E-Piano für Angies Zimmer im Hotel Hyde Park. Nachdem ich einen Beutel Dope besorgt hatte, haute ich 24 Stunden lang in die Tasten, und wir sangen gemeinsam mit einer Reihe anderer Freaks. Die Bowies waren ein schräger Haufen.

Heute ist es für mich unvorstellbar, aber leidet man unter einer solchen Krankheit, tut man alles zur Befriedigung seiner Gelüste. Die einen werden euphorisch beim Sichten fliegender Untertassen, andere entwickeln abartige sexuelle Neigungen, und ich bekam eben Bock aufs Jammen. Aufs Ficken und seine spannenden Randgebiete schoss ich mich viel später ein. Gut 20 Jahre lang klemmte ich mich nur hinters Keyboard. Im Grunde genommen habe ich erst auf Kokain spielen gelernt – eine bescheuerte Methode, sicher.

Kehren wir zurück zu Tover Grove 1290 in Beverly Hills, wo ich mich mit Vicky zwischen Hausbar und Billardtisch einnistete. Hier fanden immerzu Gelage statt, gelegentlich auch mit meinen Bandmitgliedern, wobei David Coverdale, der seine Julia geheiratet hatte, stets wusste, wann es reichte. Mein Vorrat an Koks –

besseres sollte ich im Leben nicht mehr schnupfen – ging nie zuneige. Der Großteil stammte aus Südamerika und knallte gewaltig. Dass es so rein war, wirkte sich nachhaltig auf meine Sucht aus. Mit dem Gedanken an höhere, womöglich zu hohe Dosen spielte ich nie, weil ich zu sehr danach trachtete, wieder die Begeisterung meines ersten Rauschs zu spüren. Statt mir etwas zu essen zwischen die Kiemen zu schieben, kombinierte ich Koks ausschließlich mit Bier. Dann nahm ich Lieder mit meinem Equipment auf oder bildete es mir ein.

Eines Abends im Februar, als mich Purples neuer Manager Rob Cooksey besuchte, klingelte das Telefon: Ritchies Gitarrentechniker Ron Quinton hatte auf dem Weg zu mir mit einem Fender Rhodes im Wagen einen tödlichen Unfall gebaut. Ob er auf dem Freeway hinterm Steuer eingeschlafen war, werde ich nie erfahren, aber jene Stunde gehört zu den finstersten Kapiteln in der Geschichte von Deep Purple. Da er sich für mich ins Auto gesetzt hatte, fühlte ich mich elend. Wir alle waren am Boden zerstört, und ich wurde schlagartig nüchtern. Ausgerechnet Ron … Ich versuchte, der Erschütterung Herr zu werden, indem ich noch mehr trank und kokste. Es war genug vorhanden, ein nie versiegender Quell. Dass ich fünf, sechs Nächte am Stück wach blieb, war aufgrund der hohen Konzentration meines Stoffes obligatorisch.

Mein Dealer warnte mich einmal: "Glenn, pass gut auf mit dem Zeug, denn etwas Stärkeres gibt es nicht." Ich nahm ihn mit auf eine Spritztour in meinem brandneuen Lincoln Continental, den ich bislang nur einmal gefahren hatte, weil ich vor lauter Highs nicht dazu kam. Wir sausten am Pazifik entlang, und ich fühlte mich einmal mehr unzerstörbar. Weil ich meine Hunde dabei hatte – und einen Kofferraum voller Kokain – fühlte ich mich sicher, also gab ich Phil für den Rest des Abends frei.

Mein Bekannter Michael, den mir Yvonne Dupree vorgestellt hatte, bot mir die Stirn. Ich liebte ihn und habe nie jemanden kennengelernt, der vor so wenig zurückschreckt wie er. Er besaß eine Schrotflinte und feierte eines Tages eine Party, als einer der Gäste austickte. Der Kerl legte sich mit Michael an, doch der riet ihm, halblang zu machen. Daraufhin nahm der andere ein Gewehr aus seinem Auto und fing an, damit herumzufuchteln. Wie wir ihn fragten, was das solle, wurde er noch aggressiver, also nahm ihm Michael das Teil ab, stapfte hinaus und ballerte auf den Wagen. Nachdem er seine Fingerabdrücke sorgfältig von der Waffe gewischt hatte, ging er seelenruhig ins Haus. Ich hab es mit eigenen Augen gesehen, eine Szene wie aus »Starsky & Hutch« und surreal ohne Ende. Das Letzte, was man im bedröhnten Zustand hören möchte, sind Schüsse und Polizeisirenen. Über jenen Vorfall hüllten wir den Mantel des Schweigens.

Ich schlug Clem Clempson von Humble Pie als Nachfolger für Ritchie vor, einen brillanten Gitarristen und Landsmann aus Birmingham. Während wir mit ihm probten, nahm ich ihn bei mir auf. Er schlug sich ausgezeichnet, besaß aber nicht das notwendige Charisma, um Blackmore vergessen zu machen. Als ich

Clem mit zu David nahm, kriegte er wegen irgendetwas einen Rappel und wollte ihm ernsthaft ans Leder, was mich erschreckte, also zerrte ich ihn aus dem Haus, und wir kehrten zu mir zurück. Schätze, Clem vertrug keinen Alkohol im Verbund mit Koks.

Tommy Bolin testeten wir danach, und er zog mir glatt die Stiefel aus. Als ich in den Proberaum kam und diesen Typen mit gelben und grünen, roten und lila Haarsträhnen sah, nahm ich ihn sofort ins Gebet: "Ob wir dich einstellen oder nicht, komm heute Abend mit in meine Hütte!" Auf der Toilette ließ er sich eine Nase Koks aus der altbewährten Ampulle gefallen, die ich stets in der Tasche hatte - sieh an, sieh an. Obschon Coverdale ordentlich feiern konnte, hatte er anders als ich keine Sucht entwickelt, also war ich froh, mit Tommy einen Gleichgesinnten um mich zu wissen. Ich redete mir tatsächlich ein, ich könne jederzeit mit dem Sniefen aufhören. Er erwies sich als extrem charismatischer Kerl, der hin und wieder ein bisschen übermütig war, weil er eine Menge Selbstbewusstsein hatte. Dass wir ihn nehmen würden, war noch am selben Abend beschlossene Sache. Am nächsten Tag gaben wir ihm Bescheid.

Mit Tommy im Boot machten wir uns unverzüglich an die Arbeit, um gegen Mitte des Jahres mit einem Album zu Potte zu kommen. Manches, was ich für »Come Taste The Band« schrieb, verwendete ich letztlich auf meinem Solodebüt »Play Me Out«, weil es schlicht zu funky für Deep Purple war, wobei Tommy wohl damit klargekommen wäre.

Zum Aufnehmen kehrten wir ins Musicland nach München zurück, einmal mehr als neue Band, die mit einem jungen und spielstarken Gitarristen Zähne zeigen wollte, ohne Blackmore nachzueifern. Die Session verlief sehr relaxt, obwohl sich die Band anstrengte, um mich von den Drogen fernzuhalten, was unmöglich war; ich langte mit der Hand zwischen die Polster des Sofas im Studio und zog eine Bubble heraus. Das Einspielen ging etwas unübersichtlich vonstatten, so dass ich beispielsweise mitten in der Nacht mit Martin Birch an "This Time Around" schraubte. Dass ich es sang, als sonst niemand zugegen war, sah mir überhaupt nicht ähnlich; diesmal nahmen David und ich die Vocals separat auf.

Ich glaube, ich habe während der Sitzung nur einmal geschlafen. Dabei dämmerte ich am Keyboard weg. Ich trank Wein, um vom Kokain herunterzukommen, statt mir sein Bouquet munden zu lassen. Zu den Leuten, die beim Goutieren den kleinen Finger ausstreckten, gehörte ich nicht. Gab man mir eine Flasche 1964er Château Lafite, kippte ich sie wie Mineralwasser. Ein Dealer kreuzte einmal mit diesem Tropfen, dessen Preis durchaus im dreistelligen Bereich rangieren konnte, bei mir auf. Als er zum Pinkeln im Bad verschwand, trank ich die halbe Flasche, und kaum war er zurückgekehrt, erbrach ich mich über ihm. Ich vertrug nicht viel.

Die Zeit zwischen dem 8. April, als wir nach Ritchies Abschiedskonzert in Paris in den Flieger stiegen, und der Reise nach München, um im Musicland mit

»Come Taste The Band« anzufangen, kommt mir im Nachhinein vor wie eine einzige lange Nacht. Ich glaube, ich habe währenddessen kein einziges Mal Tageslicht gesehen. Stattdessen hetzte ich dem besten Kokain nach, das ich kriegen konnte. Verschnittenen Dreck ließ ich mir nicht aufschwatzen, und in meiner Liga spielten in ganz Amerika vielleicht vier oder fünf Dealer. Deswegen flogen diese Kerle auf meine Kosten hin und her, ob nach Honolulu oder Los Angeles.

Meine Beziehung mit Vicky ging in die Binsen. Man kann sich in trauter Zweisamkeit nicht herausnehmen, drei Nächte lang ununterbrochen zu koksen. Die Arme wollte manchmal einfach nur nach Hause zurück und Ruhe finden. Fand sie sich hinterher wieder an meiner Seite ein, hatte ich nach wie vor weder geschlafen noch geduscht. 1971 waren ein paar Joints und Händchenhalten genug, vielleicht noch etwas Brandy mit Cola, und sie hätte wohl nie gedacht, am Ende mit einem Wichser dazustehen, der nicht genug Kokain schaufeln konnte. Ich hatte mich von Grund auf verändert, war zum Wüterich mutiert und schrecklich selbstgerecht geworden, ein überhebliches Charakterschwein. Bill Reid predigte mir: “Glenn, bei aller Liebe, so kann es nicht weitergehen.” Da er mein einziger Kritiker blieb, fürchtete ich mich ein bisschen vor ihm. Er kam mir altväterlich vor und wusste zudem, wohin mein Geld sickerte, ein beklemmendes Gefühl.

Anfang Mai markierte einen wegweisenden Moment: Bowie bildete sich ein, die Mansons seien ihm auf den Fersen, aber ich hatte die Dokumentation »Cracked Actor« gesehen, die seine Abhängigkeit dokumentierte, und wunderte mich über nichts. Wir hockten bei mir zu Hause auf einer halben Unze Koks. Ich wohnte in Höhenlage auf einem zugigen Grundstück, und in jener Nacht wehte ein kräftiger Wind. Irgendwann gegen 3.00 Uhr hörte ich eine Stimme, die ununterbrochen meinen Namen wiederholte. Ich hatte Gegensprechanlagen installieren lassen und diejenige an der Auffahrt eingeschaltet, damit ich mitbekam, wenn jemand im Anmarsch war. Psychosen und dergleichen waren mir fremd wie jedem Unbedarften; man muss sie erst selbst mitmachen. Wie aus heiterem Himmel sprang meine Dänische Dogge Tosh auf und lief durchs Zimmer zum Fenster, weil sich draußen am Pool Schatten bewegten. Wahrscheinlich waren es nur die Palmen, doch dann knallte die Tür des Schlafzimmers hinter mir zu. Dort stand die abgesägte Schrotflinte, die ich zusammen mit einer Magnum von Michael bekommen hatte. Da ich dachte, jemand wolle mich umbringen, eilte ich hinein und lud das Gewehr, wobei ich nichts außer einer kurzen Hose trug, in deren Tasche mein Koks steckte. Immer noch schwirrte mein Kopf: *Glenn, Glenn* … Nachdem ich ein langes Beinmesser aus der Küche genommen und in den Bund der Shorts gesteckt hatte, wurde ich laut: “Komm raus, ich mach dich kalt!”

Daraufhin tat ich etwas Bizarres; erst legte ich die Flinte auf den Billardtisch, dann zog ich das Messer und kletterte aufs Dach, um dem mutmaßlichen Einbrecher und Mörder zu entfliehen. Dabei entging mir, dass der Morgen graute.

»Come Taste The Band«

"Comin' Home": Dies ist der schwächste Song, ein typischer Filler gleich zu Beginn, und das behaupte ich nicht bloß, weil ich nichts damit zu tun hatte. Ich war bereits nach England zurückgekehrt, um einen halbherzigen Entzug anzutreten. Als Opener taugt das Ding nichts, sondern enttäuscht auf ganzer Linie.
"Lady Luck": Hier kokettierten wir mit klassisch melodischem Rock der Marke Bad Company. David leistete Beachtliches.
"Gettin' Tighter": Hierfür steckten ich und Tommy spät nachts bei mir zu Hause in Beverly Hills die Köpfe zusammen. Ich denke, es spricht für sich selbst.
"Dealer": Die Story dahinter ist lustig. Obwohl ich mich während einer spätabendlichen Session mit Martin Birch auf Band verewigte, derweil David pennte, schnitten sie am Ende doch seine Vocals hinein. Beleidigt war ich aber nicht; wir beide gingen nach wie vor zwanglos miteinander um.
"I Need Love": Das Lied mag ich wegen Ians Motown-Groove sehr. Es klingt bezeichnend für Tommy, bringt seinen Stil auf den Punkt.
"Drifter": Auch fein. Hört man auf die Gitarre, könnte man durchaus auf ein Stück der James Gang tippen. Zu Davids Stimme passte es sehr gut.
"Love Child": Einmal mehr eine großartige Leistung von Coverdale.
"This Time Around/Owed To G": Es war spätnachts, als Jon diese Akkorde anspielte. Ich rannte sofort in den Aufnahmeraum und rief Stopp. 30 Minuten später stand der Text, und nach einer weiteren Stunde war der Song im Kasten. Außer uns beiden hört man folglich niemanden. Für einen jungen Mann tönen die Lyrics ziemlich reif. Offensichtlich ging mir während des Schreibens ein Licht auf. Nach Deep Purple klingt es eigentlich nicht, weshalb ich den anderen Mitgliedern zum Dank verpflichtet bin, denn ich durfte dabei ganz ich selbst sein. Der Anhang stellte Tommys Tribut an George Gershwin dar.
"You Keep On Moving": David und ich schrieben es 1973 in seiner Wohnung und kamen nicht dazu, es Blackmore zu zeigen, weshalb es kein Anwärter für »Burn« wurde. Hier zeigt sich, wie toll wir als Gesangsduo harmonieren. Selbst drei Dekaden später sucht es seinesgleichen.

Das einzige Haus in Sichtweite gehörte dem alten Schauspieler Fibber McGee; Ryan O'Neal wohnte ein gutes Stück weiter unten am Berg. Wie auf dem Silbertablett stand ich nun da, mit Augen dick wie Basketbälle und einer sechs Zoll langen Klinge in der Hand, während die Sonne aufging. Dies war der maßgebliche Augenblick, in dem ich die Grenze überschritten hatte – vom Klugscheißen und Schulterklopfen, Koksen und Feiern in die Freakshow. Von nun an gab es kein Halten mehr. Nach anderthalb Stunden stieg ich vom Dach und tat was? Genau, ich zog Lines.

Dann sprang ich auf und rannte durch die Haustür, über die Auffahrt Richtung Tower Grove und schnurstracks in einen Park mit hohem Gras. Ich hätte schwören können, darin verstecke sich jemand. Als ich mit rasendem Puls ins Grün stakste, fragte ich immer wieder: "Wer bist du?" Da ich das Messer vor mich hielt, hätten mich nervöse Polizei erschießen können. Erst zwei Tage später realisierte ich, dass ich klinische Paranoia durchgemacht hatte. Phil kam nämlich zurück und erklärte es mir. An diesem Punkt verwandelte die Droge mein Leben in einen Höllenstrudel, denn der Konsum war kein Genuss mehr, sondern ein Muss. Kokain ergreift Besitz von dir wie ein Dämon. Der Teufel muss es erschaffen haben, und ich war besessen.

Es kam noch dicker: Phil war mein Benehmen leid, denn ich zerschmetterte Teller im ganzen Haus, wurde müde und gleichzeitig fuchsteufelswild, weil ich keinen Schlaf fand. Gott und die Welt mussten mich verfolgen, wie ich meinte. Einzig das E-Piano spendete mir Trost, und nicht zuletzt deswegen fiel »Play Me Out« so herbe aus. Musikalisch stellte es mich vor eine Herausforderung, und der Schmerz, den ich beim Komponieren und Aufnehmen empfand, kommt klar zum Ausdruck.

Ich ging die Sache trotzig an: *Denen werde ich es zeigen!* Im Übrigen fand ich Paice Ashton Lord, das gemeinsam Projekt von Ian und Jon mit Tony Ashton, ziemlich kacke und fasste es als Steilpass auf. Wenn sie es auf ein Tauziehen anlegten – bitteschön. Ich wollte beweisen, dass ich musikalisch mehr aussagen konnte als sie, wobei ich meine Verbitterung darüber nicht verhehlte, dass einer der drei etwas mit meiner Freundin anfing. Das ginge jedem Mann so, täte ihm ein Kumpel so etwas an, ob unverhohlen oder hinter seinem Rücken. Andererseits obliegt es Gott, ein Paar verheimlichen zu lassen oder zur Offenheit zu bewegen. Es machte mich nicht sehr wütend, Jon mit Vicky zu sehen, sondern tat weh. Sie hätte wirklich mit jedem anderen anbandeln können – weshalb ausgerechnet mit einem meiner Mitmusiker?

Am Tag, bevor wir im Musicland loslegen sollten, hatte ich acht oder neun schlaflose Nächte hinter mir. Kurz nachdem ich im Flieger nach Deutschland endlich eingeschlafen war, wachte ich ruckartig auf. Mein Schweiß erfüllte vermutlich alle Kriterien, um als Gefahrenstoff auf eine Giftmülldeponie zu wandern. Alsdann verzog ich mich zum Sniefen auf eine Bordtoilette. Den Rest der Flugzeit verbrachte ich in der ersten Klasse, wo auch Ozzy Osbourne saß. Wir führten uns unmöglich auf. Freundschaft hatten er und ich im Frühjahr geschlossen, als Sabbath zum Aufnehmen nach Los Angeles gekommen waren. Dabei kannte ich die

Jungs schon seit ihrer ersten Hitsingle »Paranoid« 1970, traf sie aber selten und stets nur flüchtig, Geezer und Tony etwa bei Purple-Gigs. Erst am Abend vor unserem Auftritt beim California Jam im April 1974 war ich Ozzy nähergekommen, der genauso gern trank, wie er kokste. Allerdings hatte er auch eine sehr ernste Seite und stellte eine Menge Fragen, wenn er high war.

Jahre später dankte er mir öffentlich dafür, dass ich sein Leben rettete, was er vor folgenden Hintergrund stellte: Ozzy ist auf der Straße groß geworden und durch eine härtere Schule gegangen als ich, doch als er sich unbedingt eine Schusswaffe zulegen wollte, riet ich ihm strengstens davon ab: "Sei nicht so bescheuert, Mann." Das wäre heikel geworden. In Sachen Koks stand er mir in nichts nach. Wenn wir die ganze Nacht über schwatzten, lief es zumeist auf typisches Drogengelaber hinaus. Nach dem California Jam flogen unsere Bands zurück nach Großbritannien, wo er und ich gemeinsam mit dem Auto in die Midlands fuhren. Er lebte mit seiner damaligen Frau Thelma ungefähr zwölf Meilen von mir entfernt. Ich schlief zwei Nächte lang in meinem Elternhaus. Mom und Dad wussten, dass etwas im Busch war, schwiegen sich jedoch aus.

Als ich zu den Aufnahmen für »Come Taste The Band« in Deutschland eintraf, ließ ich einen Dealer aus London einfliegen, der in München zusammengeschlagen wurde, nachdem er mich beliefert hatte. Die Band erkannte meinen Drogenkonsum mittlerweile einhellig als schweres Problem an, also sollte ich zurückstecken - nicht aussteigen, sondern nur die Reißleine ziehen. Ich entgiftete meinen Körper daraufhin ein wenig, indem ich Orangensaft trank und im Hotelpool schwamm, während wir das Album produzierten.

Eines Abends, als uns Tommy im Rausch eine Szene machte, stellte ich fest, dass die anderen versuchten, mich von seinem Kokain fernzuhalten. Irgendjemand in Denver hatte ihm eine Unze zukommen lassen, die er in einem Buch mit Hardcover versteckte. Als die Jungs ausgingen, besorgte ich mir an der Rezeption den Schlüssel zu Tommys Zimmer, öffnete seinen Koffer und stahl etwas von dem Stoff, etwa zwei bis drei Gramm. Bist du von dem Zeug abhängig, fängst du zu lügen und betrügen an, wirst zum Dieb und so weiter. Diese Gebaren verselbständigen sich: Man snieft und leugnet es. Als ich auf mein Zimmer ging und die Beute verköstigte, wurde ich nach ein paar Lines reumütig. Deshalb klopfte ich bei unserem Roadie Nicky Bell an, der friedlich mit seiner Freundin schlummerte. "Nicky", begann ich, als sie wach waren, "ich fühle mich beschissen, weil ich Tommy Koks geklaut habe." Damit übergab ich ihm den Rest - eine seltsame Wandlung, nicht wahr? Es lag daran, dass es Tommys Eigentum war. Ich liebte den Knaben einfach zu sehr, ... stand jedoch eine Stunde später wieder vor Nickys Tür und verlangte es zurück!

An Tommys 24. Geburtstag, dem 1. August 1975, tranken wir in einer Münchner Kneipe und fragten, ob jemand Coke habe. Im Nu trat ein Dealer auf den Plan und streute aus, doch just als ich das Pulver in der Nase hatte, wusste ich nicht, wie mir geschah: Mir wurde ganz warm, und ich musste hinauslaufen. Tommy war es gewohnt, aber ich erlitt einen glatten Schock. Nachdem man mich in eine Sauna gebracht hatte, schwitzte ich es drei Stunden lang aus. Danach rührte ich es nie wieder an. Während sich Tommy damit über die Wolken katapultierte, wurde mir furchtbar übel davon. Unser Crew verprügelte den Dealer nach allen Regeln der Kunst. Es war Heroin.

David Coverdale: *"Für mich wurde es richtig haarig, als Tommy hinzukam und ganz offen Drogen genommen wurden. Wir waren keine Kinder von Traurigkeit, auch ich nicht, aber Glenn und Tommy trieben es besonders bunt. Es war beängstigend und schwierig für mich, damit umzugehen. Anscheinend ließ sich diese Erfahrung aber nicht vermeiden, und wir mussten sie gemeinsam machen. Gott sei Dank hat Glenn es durchgestanden und überlebt. Tommy tragischerweise nicht."*

Nach der Session zu »Come Taste The Band« begab ich mich zum ersten Mal in ärztliche Obhut. Das hatte ich bitter nötig, denn ich ging auf dem Zahnfleisch.

Sheila Hughes: *"Bill Reid, der Buchhalter der Band, setzte mich über die Entwicklungen in Kenntnis. Wir hatten nichts davon mitbekommen. Ich wusste ja, dass ich Glenn beizeiten nicht erreichen konnte, und hing mitunter die ganze Nacht am Telefon, weil ich mir Sorgen um ihn machte, aber dass die Lage so verzwickt war, wusste ich ehrlich gesagt nicht. Er konnte es gut vor uns verbergen. Bill kündigte an, der Junge komme nach Hause und müsse behandelt werden, also verständigte ich sofort unseren Hausarzt, bei dem er sich dann gleich einfand. Glenn wurde an einen Spezialisten verwiesen und zog dann zu Vicky Gibbs. Offensichtlich ging es ihm bei ihr besser, aber wir besuchten ihn regelmäßig. Auf dass, was mit ihm geschah, hatten wir keinerlei Einfluss. Man stellte ihn ruhig; er ging also nie die Wände hoch oder so. Von Drogenmissbrauch hörte und sah man nirgendwo etwas, also kannten wir die Auswirkungen nicht. Ich wollte stets auf dem neusten Stand sein, was Glenns Befinden anging, und das ist auch heute noch so. Mit Einmischen hat das nichts zu tun, aber man möchte eben im Bilde bleiben, mehr verlangte ich auch damals nicht. Ich hätte gerne mehr von seiner Seite aus erfahren, aber er schien sich ja zu erholen."*

Mom und Dad wussten nun, dass ich einen Knacks hatte. Ich war der Wirklichkeit im Wahn entflohen. Süchtige mögen das Hier und Jetzt nicht, sondern träumen von einer tollen Zukunft und schießen sich mit ihrem Stoff ab. Ich glaubte, jede reiche Rockikone, ob in Amerika oder Europa, müsse sich mit Drogen vollpumpen. Wer das nicht tat, war in meiner Gegenwart unerwünscht. Ohne Rausch kein Plausch sozusagen.

In England gab es damals keine gesonderten Entziehungskliniken. Man hatte bereits Mühen, das Wort Kokain richtig auszusprechen, und die Behandlung beschränkte sich auf eine dreiwöchige Fütterung mit starken Sedativa, die eine Entwöhnung erleichtern sollten. Natürlich war man nach drei weiteren Wochen in freier Wildbahn wieder voll dabei.

Was mir eigentlich guttat, war der Aufenthalt im Gasthaus von Vickys Eltern, während mich Psychiater ruhigstellten. Die würden heute Alkohol- und Drogenexperten den Vorrang geben. In den Siebzigern wusste man nicht allzu viel darüber, wie man den Absprung von hartem Zeug schafft, also schlief ich viel und machte im betäubten Zustand Spaziergänge übers Anwesen. Eine begleitende Beratung fand nicht statt, wenn man davon absah, dass sie mir ans Herz legten, mich sowohl beim Management der Band als auch meinen Mitmusikern zu entschuldigen. Die Krankheit wartete unterdessen in der realen Welt, suchte mich heim und sprach mir zu, ich sei bloß schwach und nicht abhängig.

Falls jemand eine eindeutigeres Statement braucht: Der Versuch, dem Kokain zu entsagen, schlug fehl. So musste es kommen, besonders Mitte der Siebziger, als man es noch nicht als Suchtmittel kannte, und weil ich ein Rotzlöffel mit zu viel Geld war. Also nein, ich wurde nicht clean.

Die Abhängigkeit kostete mich beinahe den Posten bei Deep Purple. Unser Manager meinte: "Du bist dermaßen ausgezehrt, dass die Tournee auf dem Spiel steht. Such dir Hilfe." Man ließ es auf den Auftritt im Rahmen von Roger Glovers Albumprojekt »The Butterfly Ball And The Grasshopper's Feast« in der Royal Albert Hall am 16. Oktober ankommen. Zeigte ich mich dort klaglos, durfte ich in der Band bleiben.

Ich war nervös, zumal ich nicht Bass spielte und das Konzert praktisch eröffnete. Ich schlurfte mit den Händen in den Hosentaschen auf die Bühne, glaubte aber bei aller Befangenheit nicht, jemandem gegenüber zurückstecken zu müssen. Am Ende machte ich Roger keine Schande und ballerte mich zu, kaum dass es vorüber war – was auch sonst? Als Vicky Wind davon bekam, war sie verständlicherweise nicht erbaut.

Die darauffolgenden Neuseeland-Konzerte fanden im Namen der Abstinenz statt, weshalb ich nicht wagte, mich nach Dealern umzuschauen. Entzugserscheinungen bekam ich nicht. Vorab machte ich mich darauf gefasst, es drogenfrei hinter mich zu bringen. Umso ausgiebiger genoss ich die gemeinsamen Abendessen mit den Jungs und die Kameradschaft allgemein. So fand ich quasi zu meinen Wurzeln zurück und entdeckte den alten Glenn wieder. Tommy und ich alberten auf Parkplätzen herum, indem wir uns gegenseitig jagten und ansprangen wie Schulbuben. Die Shows fielen allesamt klasse aus, auch in Australien, wo man heute noch darüber spricht, etwa in Melbourne. In Perth begegnete ich Ian Walker, einem alten Kumpel aus Cannock, der mit seiner Familie übergesiedelt war. Ich verlebte sechs Wochen lang eine großartige Zeit in einem gesunden Limbus. Die Crew rekrutierte sich aus lieben Leuten, und untereinander verstanden wir uns nie besser. Es war die Ruhe vor dem Sturm.

Kapitel 6: Tod im fernen Osten

Das Unglück von Jakarta und Purples Abgesang

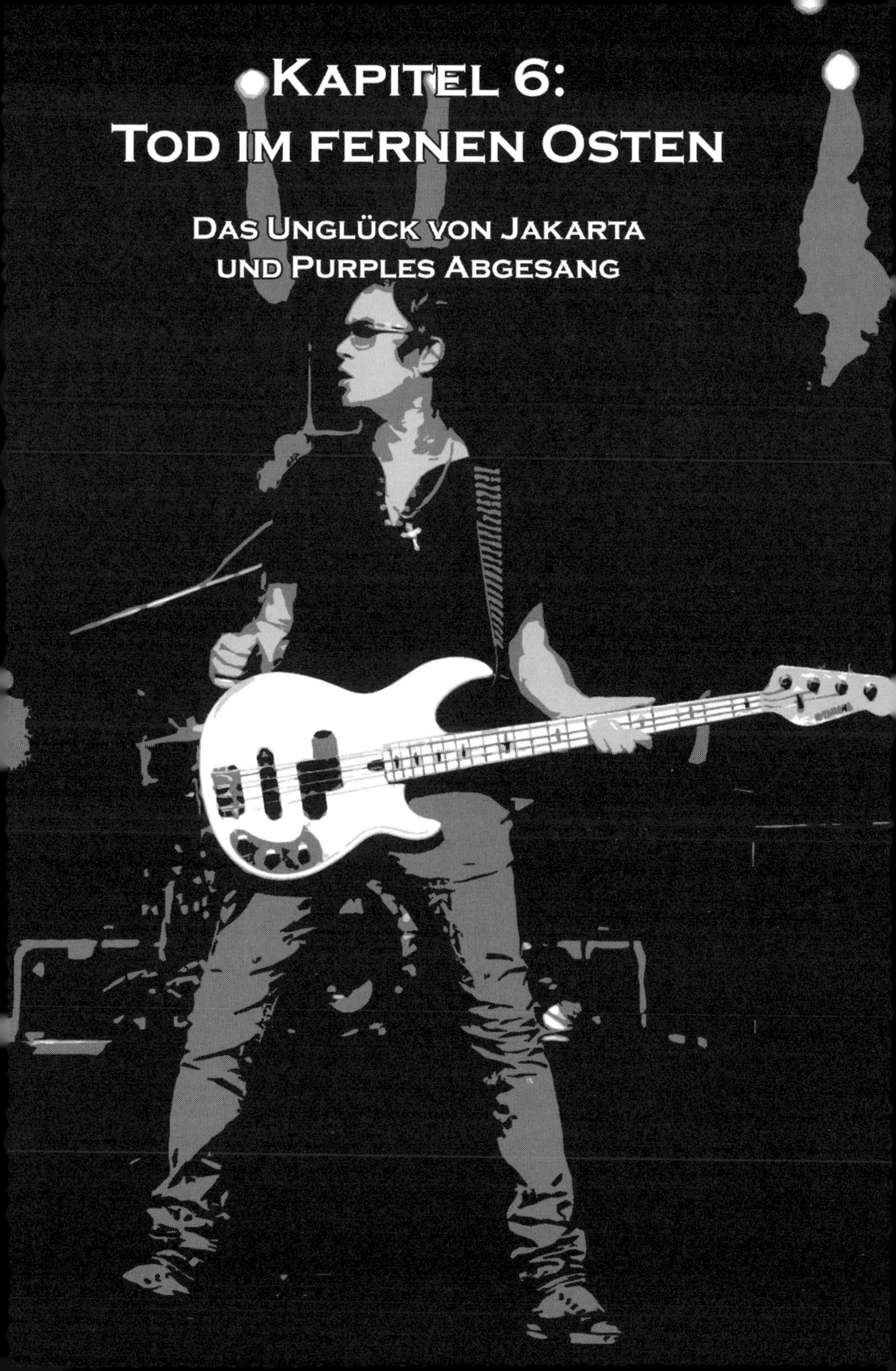

Die besagten Dates in Neuseeland fanden im November 1975 in Rahmen der ersten Tour mit Tommy statt, die uns von Honolulu ausgehend nach Australien und in mehrere asiatische Länder führen sollte. Das frische Blut stärkte die Band während der ersten Gigs, und wir flogen im eigens gecharterten Vogel durch eine Welt, die wieder perfekt zu sein schien.

Beim Soundcheck auf Hawaii war ich aus irgendeinem Grund abkömmlich. Als Tommys Freundin Karen Ulibarri auf mein Zimmer kam, konnte ich die Hände nicht bei mir behalten. Dies war einer jener Augenblicke im Leben, in denen man schlicht das Gehirn ausschaltet. Ich dachte nicht: *Jetzt rammelst du die Taube deines Gitarristen.* Karen war mir sympathisch und ich ihr wohl auch, zumal ich nicht glaube, dass die beiden eine züchtige Beziehung pflegten, denn Tommy hatte noch eine Freundin in Los Angeles. Ich fand Karen verführerisch und redete nicht um den heißen Brei: Es gab wohl niemanden, der nicht mit ihr in die Kiste gesprungen wäre.

Am 4. und 5. Oktober traten wir in Indonesien auf. Das Management hatte für diese Tournee Neil Slaven angestellt, unseren Producer damals bei Trapeze, mit dem ich auch als Mitglied von Purple befreundet blieb. Er war ein mustergültiger, wohlerzogener Mensch und urbritisch.

> **Neil Slaven:** *"Ich sollte mich an Glenn heften und ihn von Leuten mit Drogen abschotten. Wir hatten schon während seiner Zeit bei Trapeze zusammengearbeitet und waren Freunde."*

Neil war geerdet, kein Trinker oder Drogensüchtiger, und wurde auf die Leute in meinem Umfeld angesetzt, die mich in Versuchung führten. Letzten Endes bedeutete er mir aber mehr als dies, weil er mein Kumpel war und mir Respekt abtrotzte: Das wilde Leben auf Tournee reizte ihn absolut nicht. Er war ein unheimlich braver Kerl.

> **Neil Slaven:** *"Schon in Neuseeland und Australien fungierte ich praktisch als weiterer Roadie, weil ich Glenns Bass schleppte. So etwas nennt man wohl Personaleinsparung."*

Da wir privat flogen, trafen wir in Jakarta auch an einem gesonderten Gate ein. Der Promoter vor Ort hieß Danny Sabri. Wir freuten uns darauf, dort zu spielen, weil das Land so exotisch anmutete. Cooksey hatte, wie ich annahm, eine Arena in der Größenordnung des Forum in L.A. gebucht, die schätzungsweise 15.000 Zuschauer fasste.

> **Neil Slaven:** *"Die Band mietete eine Boeing 707 und nahm 21 Tonnen Bühnenausstattung mit. Als wir in Jakarta landeten, saß ich auf einem freien Platz im Cockpit. Der Pilot sah den Flughafen nicht, sondern nur Urwald. Trotzdem fand er die Bahn und landete, weil sie arg kurz war, mit quietschenden Reifen."*

Als wir den Flughafen verließen, begrüßten uns ohne Übertreibung Zehntausende auf den Straßen der Stadt. Die Bevölkerung war sehr arm.

Neil Slaven: *"Nach der Landung stiegen wir in einen Geländewagen voller Soldaten mit Maschinengewehren. Vor dem Gebäude warteten sechs Nobelkarossen, eine für jedes Bandmitglied sowie Rob Cooksey, Ossie Hoppe und mich. Dazwischen fuhren wiederum Jeeps mit bewaffneter Besatzung. Ich sagte Cooksey, dass mir die Atmosphäre an diesem Ort ganz und gar nicht gefiel."*

Am ersten Abend hatten wir frei, also checkten wir entspannt im Hotel ein. Der Organisator lud uns zu traditionell indonesischem Kabarett in einen Nachtclub ein. Dort gab es Feuerschlucker zu bestaunen, reichlich Getrommel und alles weitere, was man in einem solchen Land erwartete.

Neil Slaven: *"Der Indonesier, der für die Konzerte verantwortlich zeichnete, hatte die Band schon in L.A. beim Proben besucht. Jetzt drängte er sich Glenn auf und versprach, gleich am ersten Abend in der Stadt für ihn zu sorgen – in Anführungszeichen, womit er sich auf weibliche Gesellschaft bezog. Wir trafen mittwochs ein, und die Konzerte fanden an den beiden folgenden Tagen statt. Wir ließen uns auf eine Einladung hin mit den Limos zu einem Club chauffieren. Kaum hatten wir uns drinnen niedergelassen, ging das Licht aus, und ein leichtbekleidetes Paar kam auf die Bühne, um einen sehr aufreizenden Tanz zu vollführen, der sexuelle Praktiken andeutete. Dabei zitierte der Typ Passagen aus Shakespeare, wirklich lachhaft. Wir wussten uns keinen Reim auf dieses Possenspiel zu machen, und nach fünf Minuten grölte ein Roadie im breitesten Industriearbeiter-Englisch: 'Zeigt uns eure Pissnelken!' Daraufhin verkrümelten sich die Tanzenden."*

Unser Tross war zwischen 40 und 45 Mann stark, also Band inklusive Roadies. Wichtig wurden vor allem Patsy Collins und Paddy Callahan, der Bruder meines ehemaligen Bodyguards Jimmy, der nun den Kopf für Mick Jagger hinhielt. Paddy und Patsy waren eng miteinander befreundet, zwei toughe Kerle aus dem Londoner East End.

Ich hatte keine Berührungsängste, was Fans anging, und mischte mich unters Volk. Autogramme gab ich immer schon sehr gern, also musste Patsy überall Schatten spielen, wohin ich mich trollte, auch an freien Tagen beim Shoppen etwa. Ging nach den Konzerten im Hotel die Post ab, fand sich entweder er oder Paddy ein, was in einem für uns neuen Land wie Indonesien viel wert war.

Wo ich mit höchstens 15.000 Zuschauer gerechnet hatte, stieß ich stattdessen auf Vorverkaufszahlen, mit denen man fast drei Stadien der Kategorie Wembley füllen konnte. Am Ende kamen pro Abend 125.000 Menschen, insgesamt eine Viertelmillion also. Die beiden Tage brachten rund eine Million Dollar ein, worüber wir uns in Erwartung eines saftigen Schecks freuten.

Nun solltet ihr wissen, dass der Promoter die Armee als Security angesetzt hatte. Die Leute sahen sich also mit Männern konfrontiert, die Gewehre und Macheten zur Schau stellten, mit scharfen Klingen herumspielten und bissige

Kampfhunde führten. Obwohl wir zwei eigene Sicherheitsleute dabei hatten, war das sehr, sehr einschüchternd und kratzte uns alle auf. Beim Soundcheck nachmittags versuchten Tausende das Gelände zu stürmen. Ich hatte Angst, auch vor den Dobermännern – gut 200 Tiere – der Soldaten, die zwar angekettet waren, aber dafür umso imposanter. Die Arena war eine herkömmliche für Fußballspiele und fasste eigentlich nur 50.000 Zuschauer, doch da man über doppelt so viele auf die Ränge quetschte, bestand von vornherein ein Sicherheitsproblem. Rob Cooksey gab man zu verstehen, wir müssten spielen, da es andernfalls zu Ausschreitungen komme. Zum Glück gehörte Blackmore nicht mehr zur Band, denn der hätte einen Krieg angezettelt, weil er nicht zu einem solchen Eierlauf bereit gewesen wäre.

Wir spulten also unser Programm ab, allerdings in geraffter Form. Wo wir in Australien 15 oder 16 Lieder gelistet hatten, brachten wir in Indonesien nur elf, wenn ich mich recht erinnere. Vor uns erstreckte sich ein Meer von Menschen, darunter überall Militärs als vermeintliche Ordnungshüter. Vom Aussehen her hätte es sich auch um Auftragskiller handeln können.

Die Hunde fletschten ihre Zähne, und mitunter hob man Gummiknüppel, aber Gewaltausbrüche bemerkten wir am ersten Abend nicht. Als wir ins Hotel zurückkehrten, veranstaltete ich wie immer eine kleine Party auf meinem Zimmer. Ich weiß noch genau, dass ich im fünften Stock wohnte. Man fand sich also ein und trank etwas. Der Organisator hatte zwei Girls geschickt, reizende Einheimische, die höchstens Anfang zwanzig waren, vermutlich auch Prostituierte. Damals konnte ich so etwas schwerlich abschätzen. Gebeten hatte ich nicht darum, weil mir käufliche Liebe von jeher gegen den Strich geht, aber sie waren offensichtlich aus gutem Grund anwesend.

> **Neil Slaven:** *"Es muss kurz vor Mitternacht gewesen sein, als Glenn mit Patsy und diesen beiden Mädchen auf dem Bett plauschte. Da ich ihn gut kenne, glaube ich nicht, dass es in meiner Abwesenheit schlüpfrig wurde. Man war guter Laune und flachste, rief den Zimmerservice an und bestellte einen Servierwagen Alkohol."*

Ich hockte mit Neil, den beiden jungen Dingern und Patsy Collins zusammen. Paddy Callahan war auch da, aber sonst niemand. Neil und ich sprachen mit einem Girl, die Bodyguards mit dem anderen. Nach einer Stunde oder so bekam ich am Rande mit, dass sich die zwei stritten. Ich wollte schlichten, da hatte Patsy schon ausgeholt und Paddy eine verpasst.

> **Neil Slaven:** *"Anscheinend hegte Patsy strikte Moralvorstellungen und mochte nicht, wenn jemand despektierlich mit Frauen umging. Im Zuge der angeheiterten Stimmung muss Paddy vorgeschlagen haben, er solle sich das Mädchen mit ihm teilen, was Patsy ihm krummnahm. Er sprang vom Bett auf und drückte mir die Faust aufs Brillengestell, wobei die Gläser kaputtgingen. Dann schlug er seinem Partner die Nase blutig. Wir waren sofort nüchtern,*

wussten aber nicht, worum es ging. Patsy gab Aufschluss: 'Behandelt diese Leute nicht so, wir sind hier immerhin zu Gast.' Er begriff nicht, dass die Mädchen Nutten waren – unglaublich, nicht wahr? Lange Rede, kurzer Sinn: Er stürmte hinaus, und eine, vielleicht auch alle beide folgten ihm."

Ihr Gespräch war mir entgangen, doch als es handgreiflich wurde, schritt ich ein, und dann überschlugen sich die Ereignisse: Patsy verzog sich wutentbrannt mit einem schlichten "Ihr könnt mich mal." Paddy beschwichtigte mich, keinen Staatsakt daraus zu machen, weil sein Kumpel darüber schlafen werde oder so etwas in der Art. Er nahm es ihm wirklich nicht übel. Kaum eine halbe Minute später trat ich auf den Flur, um nach ihm zu schauen, aber seltsamerweise war dort keine Menschenseele, und über allem lag unheimliche Stille. Der Gang maß gut 30 Fuß, doch ich sah niemanden, auch nicht beim Blick um die Ecke auf den Fahrstuhl. Ich hatte einen klaren Kopf; auf der Etage hielt sich Patsy definitiv nicht mehr auf.

Nun war die Party zu Ende. Eine der Indonesierinnen blieb noch ein paar Stunden. Wir hatten Sex miteinander, ganz normal und nicht weiter erwähnenswert, ehe sie noch vor Sonnenaufgang abhaute.

Zwischen 6.30 und 7.00 Uhr, als es draußen hell wurde, klopfte jemand – eine ganze Schar Leute, wie sich herausstellte, nachdem ich geöffnet hatte. Ich war noch nackt, streifte mir also rasch ein Shirt über und sprang in eine Jeans. Man schilderte mir, was passiert war.

Neil Slaven: *"Gegen 7.30 Uhr hämmerten Cooksey und Ossie an meine Tür. Ich hatte natürlich Kopfschmerzen, machte aber auf. 'Was fiel gestern Nacht vor?', fragten sie. 'Patsy ist tot!'"*

Rob trat ein und erzählte, Collins sei im fünften Stock in einen Fahrstuhlschacht gefallen, den das Hotel nicht mehr verwendete. Er muss noch aufgestanden und in die Lobby gestolpert sein, ehe er starb. Ich war zwar schlaftrunken und schockiert, ahnte aber, dass etwas faul war. Patsy hatte mein Zimmer nicht im Taumel verlassen, weil vergleichsweise wenig gesoffen worden war. Als Bodyguard fiel er zudem nicht einfach so in ein augenfälliges Loch. Man spielte uns übel mit.

Neil Slaven: *"Der Fahrstuhlraum auf der Etage war recht breit. Auf einer Seite gab es zwei oder drei Aufzüge mit Liftboy, auf der anderen drei oder vier, die man selbst bedienen musste. Links hinter diesen gelangte man durch zwei Türen ins Treppenhaus, wo wiederum gleich links eine pneumatisch verriegelte Luke in den Schacht führte.*

Genau dort ist Patsy hineingefallen, wobei er an Rohren auf Höhe des Zwischengeschosses hängengeblieben sein muss. Schließlich schleppte er sich heraus, nahm die übrigen Stufen und schaffte es bis vors Hotel, wo er einen Taxifahrer bat, ihn in ein Krankenhaus zu bringen. Auf dem Weg dorthin verlor er das Bewusstsein."

Die Polizei führte uns ab und brachte uns mit einem Einsatzwagen ins Gefängnis. Die Bullen steckten uns zusammen in eine Zelle, ohne uns ein Haar zu krümmen, aber die hündische Spöttelei in ihrer Muttersprache machte mir Angst. Ich war völlig verstört, genauso wie Neil, der beinahe in Tränen ausbrach. Außer uns verstand niemand Englisch.

Dann wurden wir getrennt – Paddy und Rob hatten sie ebenfalls festgenommen – und bekamen Schreibzeug vorgelegt, um die Vorgänge der Nacht zu beschreiben. Dabei stand ein Wachmann mit einem verdammten Gewehr neben uns; als Brite war ich solch kriegerisches Gebaren nicht gewohnt.

> **Neil Slaven:** *"Man hätte uns sofort abgenommen, Patsy sei im Kampf wegen Meinungsverschiedenheiten in den Schacht gestoßen worden, denn alle Indizien sprachen dafür. Wir hingegen wussten, dass dies nie passiert wäre, denn mich etwa hätte Patsy ungespitzt in den Boden gerammt."*

Dann wurden wir wieder zu viert eingepfercht. Man hatte unsere Taschen leergemacht, und jetzt trugen wir Handschellen.

> **Neil Slaven:** *"Wir brüteten eine Weile, bis man uns in ein Büro führte– das des Chefinspektors vermutlich."*

Was dann passierte, brachte mich gänzlich aus der Fassung: Vor uns saß irgendein Obermotz mit allerlei Abzeichen an der Brust. Seine eine Hand lag ruhig auf dem Tisch, während die andere eine Pistole auf der Arbeitsfläche drehte. Als Kind hatte ich genug Krimis gesehen, um zu wissen, dass wir in Gefahr waren. Der Augenblick gehört zu den schlimmsten, die ich je erlebt habe.

> **Neil Slaven:** *"Die Situation war heikel, weil ich nicht wusste, was Paddy und Glenn ausgesagt hatten, also gab ich den Sachverhalt wahrheitsgetreu wieder, ohne ins Detail zu gehen. So verkniff ich mir, auf die beiden Prostituierten hinzuweisen, zumal ich keinen Schimmer hatte, was bereits vorgefallen war, ehe ich in Glenns Zimmer kam. Im Grunde genommen beschränkte ich mich auf den Zwist, in dessen Zuge Patsy uns beide geschlagen und das Zimmer verlassen hatte."*

Als wir unsere Pässe abgeben mussten, flippten wir aus, denn ohne war man im Ausland geleimt.

> **Neil Slaven:** *"Nachdem wir unsere Ausweise gezeigt hatten, brachte man uns zurück ins Hotel. Jon Lord gab mir zwei Valium und den Rat, ich solle versuchen, ein wenig zu schlafen."*

Es war der 5. Dezember, und gegen Mittag stiegen die anderen Bandmitglieder aus den Federn. Man überbrachte ihnen die Hiobsbotschaft von Patsys Tod, derweil ich noch mit Jeans und T-Shirt im Knast hockte, ohne mit der Außenwelt kommunizieren zu können. Weitere Stunden vergingen, und allmählich wurde es Zeit, sich auf die zweite Show vorzubereiten. Siehe da: Zwei bewaffnete Wachmänner öffneten die Zelle für einen Übersetzer, der erklärte, man werde mich nun in Handschellen zu einem Wagen führen. Paddy musste sitzenbleiben, aber

Rob Cooksey kam ebenfalls frei. Nachdem man mich zum Fahrzeug gelotst hatte, wurde ich hinters Stadion gebracht und durfte aussteigen. Backstage drückte man mir den Bass in die Hand, und auf der Bühne beäugten mich Soldaten mit Knarre im Anschlag, während ich das Konzert hinter mich brachte.

Schaut man sich die Setlist von damals an, die nur acht Songs verzeichnete, schließt man unweigerlich auf Probleme. Diese verursachte die Armee, die während des dritten oder vierten Stücks ihre Köter losließ, als irgendwo Unruhe ausbrach. Leute wurden übel verwundet, in Arme und Beine gebissen; die Schreie dieser bedauernswerten Menschen übertönten sogar die Musik.

> **Neil Slaven:** *"Als ich samstags zur Polizei zurückbeordert wurde, sagte man mir, ich müsse drei weitere Wochen vor Ort bleiben, bis die Untersuchungen abgeschlossen seien. Wie aus dem Nichts tauchten die beiden Mädchen wieder auf und behaupteten, Patsy habe die falsche Tür erwischt und sei gestürzt. Sie machten ihre Aussage eine Stunde vor unserer geplanten Abreise und ersparten uns damit den Karzer."*

Die Girls hatten die Aufgabe, einen von uns aus dem Zimmer zu locken. Dazu provozierten sie einen Streit, und Patsy wurde zum Opfer, woraufhin die Behörden davon überzeugt waren, Purple hätten seinen Tod selbst verschuldet.

> **Neil Slaven:** *"Genau so sahen wir es damals. Die Band bekam keinen Cent für diese beiden Konzerte. Ich weiß nicht mehr, ob wir noch in Jakarta waren oder bereits in Japan, als Purples Manager meinte, die Indonesier hätten einen Grund gebraucht, der Band etwas anzukreiden, um nicht zu zahlen. Deshalb muss irgendjemand Patsy überwältigt und in den Schacht gestoßen haben, nachdem er aus dem Zimmer gelaufen war."*

Ich war erschuttert. Während Paddy Patsys Sarg nach England begleitete, bestieg ich den Privatjet gemeinsam mit Neil, Rob und den anderen Jungs. Als wir aufgrund der Misere einen Tag später als geplant in Tokio landeten, machte mir Vicky Vorwürfe. Ich hatte ihr den Flug spendiert, aber sie wusste nichts von Patsys Tod. Während ich ihr davon erzählte, brach sie fast zusammen, weil er auch ihr Freund war. Patsy hatte als Purples Bodyguard Nr. 1 zur Familie gehört.

Der Abstecher nach Japan wurde zum zweifelhaften Vergnügen. Tommy litt unter einem eingeklemmten Nerv, nachdem er auf seiner Hand eingeschlafen war, also gab der Promoter ihm Morphin, wenn mich nicht alles täuscht. Da die Mark-IV-Besetzung zum ersten Mal dort spielte, verkauften wir die Hallen bis auf die letzte Karte aus. Die japanischen Fans waren irre, weshalb wir uns vorkamen wie die Beatles. An den Abläufen gab es genauso wenig zu beklagen wie an der Öffentlichkeitsarbeit im Vorfeld. Wir tranken Unmengen in den Hotels, vornehmlich Cocktails, Mai Tai und was nicht alles. Meistens waren wir in Hiltons untergebracht, wo es stets auch ein Trader Vic's gab, also hockte die Band jeden Abend in der Bar, bevor sie auf die Bretter stieg, und kostete Mixgetränke, zumeist widerwärtiges Zeug mit Sirup, Apfelsaft und anderen Zusätzen. Alles war übertrieben süß, und Drogensüchtige stehen auf Zucker. Am liebsten trank ich damals Piña Colada.

Im Video »Last Concert In Japan« sieht man, wie mir übel wird, weil ich betrunken bin. Dass diese Show für die Ewigkeit auf Band konserviert wurde, ist ärgerlich. Obwohl wir grottenschlecht spielten, kam man überein, den Mitschnitt auf den Markt zu werfen. Als Zeitzeugnis ist er schlicht grässlich, und ich schäme mich, wenn ich ihn sehe oder nur die Tonspur höre. Hatten wir das Geld so bitter nötig? Zumindest David und ich legten unser Veto ein. Mann, Tommy konnte die Finger nicht richtig bewegen! Vom künstlerischen Standpunkt gesehen begingen wir Selbstmord, weshalb ich bis heute empfindlich reagiere, wenn man mich auf dieses Kapitel anspricht. Wir hätten es den Fans nicht zugänglich machen dürfen – niemals. So formulierte ich es bereits, als ich den Film zum ersten Mal sah: "Wir können diesen Dreck nicht herausbringen."

Als Steuerflüchtlinge durften wir uns nur 30 Tage im Jahr in Großbritannien aufhalten, also flogen wir am 16. Dezember nach Thailand und gönnten uns eine kurze Pause. Da wir in einem üblen Hotel in Bangkok unterkamen, mieteten wir einen fahrbaren Untersatz und fuhren zur Küste, um uns in einem lauschigen Fünfsterne-Tempel einzuquartieren. Während jener vier, fünf Tage fanden wir wieder zu uns, so dass ich am Ende wieder relativ gut in Form war.

Nachdem ich meinen Eltern einen Besuch abgestattet hatte, fuhr ich nach Brewood zum Oakley House Country Club, um meine Klamotten bei Vicky abzuholen. Während ich die Weihnachtstage dort verbrachte, kamen Mom und Dad im Aston Martin oder Daimler Doube Six 12 vorbei. Sie brachten meine Windhündin Karma mit, und ich fand es schön, Dad am Steuer solcher Schlitten zu sehen. Zu Silvester lud ich Mel, Dave und ehemalige Roadies von Trapeze ein. Weil mein Verlangen nach Koks stieg, drückte ich jemandem Kohle in die Hand und schickte ihn im Aston nach London. Um Mitternacht kehrte er mit Stoff zurück. Während ich versuchte, den Rausch vor Vicky zu verbergen, bekam ich Zuckungen, fing zu stottern und zu schwitzen an. Schließlich kam es zum Streit. Auf Koks war ich selbstgerecht, egozentrisch und borniert, ein wütender Tornado oder ausbrechender Vulkan, also tat man gut daran, mir aus dem Weg zu gehen. Sodann sprang ich in den Aston Martin und fuhr zu Mel Galley. Wir puderten unsere Schleimhäute mit dem Rest von dem Zeug und machten die Nacht durch. Vicky blieb wohlweislich zurück, weil sie keinen Schlaf gefunden hätte. Nach der »Butterfly Ball«-Show hatte sie mich also zum zweiten Mal ertappt.

Ich glich nun sozusagen dem Elefanten im Raum, über den niemand zu sprechen wagt. Entziehungskliniken gab es damals nicht, und ich schätze, man hoffte einfach, ich käme aus eigenen Stücken von der Droge los. Die Beziehung zu meinen einstigen Weggefährten blieb freundschaftlich. Heute noch bezeichne ich Trapeze als mein Baby, und lange Zeit war mir danach, sie wiederaufleben zu lassen.

Als ich nach Los Angeles zurückkehrte, hielt ich mich eine Weile bei David Bowie auf, der gerade »Station To Station« produzierte. Ich war dabei, als er seine Texte noch auf dem Mischpult verfasste. Zu sehen, wie er arbeitete, fand ich interessant. Es war ein Privileg, ihm über die Schulter blicken zu dürfen. Sein Wandel von »Young Americans« zu »Station To Station« beeindruckte mich, weshalb ich mich in Zukunft daran orientierte und keinen kalten Kaffee aufwärmte. Eventuell wäre mehr Geld herausgesprungen, hätte ich mich auf ein Image und den ewig gleichen Sound versteift, doch wenn ich eines von David gelernt habe, dann dass Kunst Vorrang genießt. Diese Maxime nehme ich mit ins Grab.

Nachdem wir uns durch intensive Proben auf eine breitangelegte Tournee auf dem nordamerikanischen Kontinent vorbereitet hatten, stiegen wir einmal mehr in ein Privatflugzeug – dieselbe Douglas DC-9, mit der Lynyrd Skynyrd ein Jahr später abstürzten. Die Innenausstattung konnte sich sehenlassen. Auf der Reise von Fayetteville in North Carolina nach L.A. saß ich mit Tommy im hinteren Bereich, wo man unter sich sein konnte. Ich hatte keine Drogen mitgenommen, weil ich wusste, überall würden welche verfügbar sein. Als wir landeten war es eiskalt.

Da nie viel zu dieser Tour geschrieben wurde, möchte ich sie aufrollen, um klarzustellen, dass ich es liebte, zu Deep Purple zu gehören. Krankheitsbedingt machte ich mich jedoch rar, weil ich zu jeder Gelegenheit Roadies einspannte, um mit ihnen Kokain aufzutreiben. Jetzt sniefte ich auch unmittelbar vor Gigs. Als Blackmore noch zur Band gehörte, hatte ich es nur während des Schlagzeug- beziehungsweise Orgelsolos getan. Irgendwann musste ich mindestens eine Line stündlich ziehen, wenn ich nicht schlief. Am Gesang fiel dies wegen meiner sowieso hyperaktiven Natur weniger auf, aber von einer Glanzleistung konnte keine Rede sein. Mitunter sang ich eine andere Melodie oder schweifte ab; ich habe eine Menge Bänder von Anfang 1976 gehört, auf denen ich so hysterisch jaule, dass es eine Qual ist. Ich verhaute zwar keine Note, hielt mich jedoch nicht an die Tonfolge und improvisierte, gefiel mir also selbst viel zu sehr, statt anständig zu singen. In meinem Kopf klang es anders, weil die Droge mein Gehör beeinträchtigte. Umso unzufriedener wurde ich, wenn auch nicht alle Shows unerträglich waren.

Heruntergewirtschaftet hatte ich mich dennoch sehr weit. Tommy wollte nicht mehr gemeinsam mit mir high werden, weil ich nun mit ziemlicher Sicherheit jedes Mal paranoid wurde. Dann bekam ich wieder Zuckungen und bildete mir ein, die Cops seien hinter mir her. Ich muss ein menschlicher Alptraum gewesen sein. Auf jener Tournee beförderte ich mich also einsam in den siebten Himmel. Dealer machte ich entweder selbst ausfindig, oder Crew und Ordner in der jeweiligen Stadt stellten den Kontakt her. Dann schlug ich mir einmal mehr die Nächte auf meinem Zimmer um die Ohren. Niemand wollte mit mir schnupfen, geschweige denn überhaupt Kontakt haben, und so fühlte ich mich auch – allein.

Im berauschten Zustand führte ich mich auf wie ein Vollidiot, und hinterher verfluchte ich mich dafür. Aufhören war nicht drin, ich begehrte den Stoff, wie es sich wahrscheinlich kein Außenstehender ausmalen kann.

Unter allen US-Shows ragt diejenige in der New Yorker Radio City Music Hall am 22. Januar 1976 heraus. Die Jungs von Led Zep waren mir einige Male in Los Angeles über den Weg gelaufen, und sowohl Bonzo als auch Planty kannte ich schon ewig. Als ich im Warwick Hotel eincheckte, erhielt ich gleich einen Anruf von Ron Wood, der sich ebenfalls in der Stadt aufhielt. Freddie Sessler, der Dealer der Stones, war bei ihm im Plaza Hotel, also bat ich John Lord und Jim Callahan, mich dorthin zu begleiten. Ronnie empfing uns im Foyer, dann gingen wir hinauf zu Mick Jagger, den ich während der Aufnahmen zu »Stormbringer« kennengelernt hatte. Ich brachte eine Viertelunze Schnee mit, aber beim Koksen waren die Stones ziemlich eigen, weil sie ausschließlich ihren eigenen Stoff nahmen. Eric Clapton hatte sich eingefunden, und ich blieb gut zwölf Stunden dort, um mit Ronnie und Mick zu labern. Er horchte mich vor allem über David Bowie aus, von dem er offensichtlich fasziniert war. Zuletzt bot er mir an, »Play Me Out« in seinem Studio zu produzieren.

Auf die Bühne der Music Hall stieg ich nach drei durchgemachten Nächten auf Blow. Innerhalb von 15 Stunden hatte ich mir mindestens eine halbe Unze eingefahren, und jetzt wurde es knapp, zumal ich beim Soundcheck ohne auskommen musste, denn man hatte der Crew untersagt, auf meine Bitten einzugehen. Da kam John Bonham, der sich zum Beginn des Konzerts ankündigte, gerade recht. Ich gebe dies nun zum ersten Mal preis, und ja, es kommt einem Offenbarungseid gleich: Ich war so frustriert, kein Kokain zu bekommen, dass ich die Band auf der Bühne absichtlich herunterzog. Wir spielten zwei Stunden, aber ich sang kaum, sondern hielt mich die meiste Zeit über im Hintergrund. So etwas habe ich einmal und nie wieder getan. Es war schrecklich, nicht nur wegen der angerückten Presse, sondern weil man den Abend fürs Fernsehen mitschnitt.

Gegen Ende des Programms kam Bonzo mit einem Ballermann auf die Bühne. Er stellte sich neben mich, ich spürte etwas metallisch Hartes im Kreuz, und die anderen hielten inne. Dann nahm er das Mikrofon und kündigte Led Zeppelins Film »The Song Remains The Same« an. “Du kommst gleich mit mir, Hughesy”, flüsterte er noch. Als ich kurz darauf von der Bühne ging, schimpfte er mit Tommy. Da erst sah ich die Knarre. Ich kam nicht dazu, mir ein Handtuch zu greifen und mich umzuziehen, obwohl wir geplant hatten, ins Rainbow Bar and Grill zu fahren, wo eine Sause zu unseren Ehren stattfand. Stattdessen musste ich in Bonzos Schlitten steigen. Er nahm mit der Wumme neben mir auf dem Rücksitz Platz und stellte mich zur Rede: “Wie würdest du es nennen: Hausbesuch bei meiner Frau?” Er machte mir keinen konkreten Vorwurf, sondern ging einem falschen Gerücht auf den Grund, von wegen ich hätte etwas mit Pat. Wir sind uns nie nähergekommen, sondern verstanden uns als gute Freunde. John und sie waren schwer ineinander verliebt, wie ich betonen möchte, und dementsprechend furchtbar fühlte ich mich nun. Zum Glück ließ sich das Missverständnis aus der Welt schaffen, und als wir uns hinterher auf der Party gemeinsam die Nase puderten, war wieder alles in Ordnung. Den Rest der Nacht kutschierte er mich quer durch Manhattan, um eine geschlossene Gesellschaft nach der anderen zu unterhalten. Er trank zusätzlich, während wir Unmengen Kokain wegzogen. Erst um 7.00 Uhr fuhren wir am Plaza vor, und nachdem wir uns auf sein Zimmer verkrochen hatten, schlief Bonzo in Sessel ein, wie er noch mit mir sprach. Ich nutzte die Gelegenheit und zog Leine.

Im Herbst 1976, als Zeppelin ihren Streifen in Los Angeles uraufführten, traf ich ihn wieder. Die Band hatte mich eingeladen, und irgendjemand gab ihm die Telefonnummer des Hotelzimmers, das ich am Abend davor bezog. Er rief an und meinte, ich solle ins Rainbow kommen. Von dort aus fuhren wir ins Beverly Hilton, wo auch die anderen drei wohnten. Jimmy, Bonzo und ich ließen die ganze Nacht über die Sau raus und machten am nächsten Abend nach der Premiere weiter, wobei sich Ron Wood anschloss.

Kurze Zeit später, als ich gerade in England war, wollte mich Robert bei der Filmvorstellung in Birmingham sehen. Ich ging zum Empfang in den Nachtclub Opposite Lock, und auf wen stieß ich an der Theke? John. Sofort tigerte er auf mich zu. Die Gäste gingen auseinander, um ihn durchzulassen, während ich ahnte, was geschehen würde, weil ich ihn schon einmal in seiner eifersüchtigen Pracht erlebt hatte.

Als er mich erreichte, äußerte er seinen letzten Satz mir gegenüber: "Du rechnest dir also immer noch Chancen aus, was?" Daraufhin gab er mir einen Kinnhaken. Einer meiner Zähne zersplitterte, und ich ging unter einem Schwall seines Bieres zu Boden. Da man mich aufforderte, das Etablissement zu verlassen, bekam ich keine Gelegenheit mehr, mit John zu sprechen … Ich liebte ihn und dachte eigentlich, wir hätten die Angelegenheit in L.A. geklärt, doch Pat musste sich bloß im selben Raum wie ich aufhalten, und ihm brannten die Sicherungen durch.

Eines Tages im September 1980 weckte mich Karen aus dem Mittagsschlaf und sagte: "Du wirst nicht glauben, wer tot ist." Ich antwortete halbwach: "Klar, John Bonham." Er erschien mir und gab an, in den Himmel gefahren zu sein. Er habe Gott über sein Ausscheiden bei Led Zeppelin in Kenntnis gesetzt und versprochen, eine neue Band mit Glenn Hughes zu gründen. Zum Abschied bemerkte er noch: "Pat hat jetzt ausgesorgt." Wirklich, so habe ich es geträumt.

Bleiben wir im Januar 1976 in New York: Ich kehrte nach mehreren Tagen Dauerpower in mein Hotel zurück und klappte zusammen. Nicky Bell rüttelte mich gegen 16.00 Uhr wach, ich duschte und fuhr zum Soundcheck. Immer noch zwickte mein Gewissen, weil ich den Gig am Abend davor absichtlich vergeigt hatte. Es war über alle Maßen unreif, doch das Anschlusskonzert fiel umso besser aus, denn ich strengte mich nach Kräften an. Als ich mich auf der Bühne nach links umdrehte, standen dort Robert Plant und Karen Ulibarri, was mich ein wenig ärgerte, weil ich viel für sie übrig hatte. Am selben Abend suchte mich ein Freund mit Kokain auf, doch Rob Cooksey haute ihm aufs Maul, weil Drogen für mich tabu waren. So ging ich bei klarem Verstand ins Bett und entsann mich am folgenden Tag, welche Macht Deep Purple waren, wenn ich in Form blieb. Ich kam mir richtig gesund vor, natürlich fälschlicherweise.

Nachdem wir Lakeland im Herzen Floridas eine Harke verpasst hatten, stand am 6. Februar Miami auf dem Plan. Ich orderte eine Viertelunze bei einem Dealer, der sich jedoch mit der Kohle davonmachte. Erneut stand ich ohne Treibstoff da – oder doch nicht? Ich nahm zu jener Zeit so etwas wie Diätpillen, weil ich ein paar Pfunde zugelegt hatte. In hohen Dosen wirkten sie aufputschend, also schluckte ich mehrere Handvoll und erlebte einen Trip: Dem Hotelmanager wollte ich am Telefon weismachen, jemand versuche, durchs Fenster bei mir einzusteigen … im 23. Stock. Er meinte natürlich, dies sei unmöglich, woraufhin ich antwortete: "Doch, der Kerl trägt eine gelbe Mütze, Brille und einen roten Overall." Schlussendlich verabreichte man mir ein paar jener extrem starken Schlaftabletten, die sich nicht umsonst des Beinamens Red Bombers erfreuten: Ich schlief zwei Tage durch, konnte also von Glück reden, dass wir danach noch einen weiteren frei hatten. Vicky schloss sich wieder an und blieb auch für den Rest der Tournee bei mir. In Houston, der alten Trapeze-Hochburg, räumten wir nach allen Regeln der Kunst ab. Aufgrund der andauernden Wachzustände fing ich an, meinen Sinnestäuschungen Glauben zu schenken. Auf meinem Zimmer unterhielten sich Engel mit mir. Ich drohte, an der Psychose zu zerbrechen.

Etwa zur gleichen Zeit kam es zu dem Handel, den Jon Lord dramatisiert hat: Seinem Wortlaut zufolge stürmten Dealer das Flugzeug und wollten mich töten, doch das stimmt nicht. Ich schmiss eine Party im Hotel, zu der rund 20 Leute auftauchten, darunter auch mein Versorger. Sein Geld sollte er am Morgen erhalten, wenn unser Tourmanager aufgestanden war. Nach einer Mütze Schlaf ließ ich mich von der letzten Limo zum Flughafen bringen, wobei mich der Kerl begleitete. Niemand versuchte, mich zu verletzen; er betrat den Jet gemeinsam mit mir, ich bezahlte ihn und ließ ihn ziehen – Ende Gelände. Weder hantierte wer mit Waffen, noch wurde ich durch den Gang zwischen den Sitzen gejagt. Glaubt mir, ich hätte gemerkt, falls mich jemand hätte kaltmachen wollen.

In El Paso sah Kerrang!-Gründer Geoff Barton die Show – und mich vor einem Schneehaufen. Ich hatte eine halbe Unze ergattert und ackerte mich wie mittlerweile gewohnt vorher durch mehrere Lines. Danach flogen wir nach L.A. zurück und spielten einen weiteren Gig, derweil ich immer noch einen schrägen Film durchlebte. Dennoch rissen wir die Leute mit, wie man auf »On The Wings Of A Russian Foxbat« hört. Die Aufnahme klingt herrlich direkt und live. Mit meiner

Dekadenz nahm auch die Zahl der Leute zu, die mich umringten, denn ich war wie David Crosby weitläufig als Kokser verschrien.

Die übrige Zeit bis zum Abschlusskonzert in Tempe, Arizon, verging rasend schnell. Wir flogen über Los Angeles hin und zurück, alles in weniger als 24 Stunden. Ich hatte dort kein Haus mehr, also lebte ich im Sunset Marquis, bis man mich hinauswarf, weil mein Zimmer nach einer Party verwüstet war. Dabei blickte ich nicht, was ich Vicky antat, die durchaus gern feierte, solche Ausschweifungen aber bestimmt nicht freiwillig mitmachte. Mir entging, dass ich mich zu einem Schwein entwickelte. Mein Verhalten war barbarisch, und auch wenn ich Vicky nie misshandelte, musste sie einiges einstecken. Jeder bekam etwas ab. Ich war wütend, wusste aber nicht, auf wen ich abzielte. Es genügte, dass ich fest glaubte, irgendjemand komme mich holen: *Was wollen die von mir? Ich höre was, du nicht? Sie sind da, ganz bestimmt. Sieh im Kleiderschrank nach, auf dem Hof* ...So schreckte ich die Leute ab, was ich wiederum als Verschwörung gegen mich deutete. Ich war fraglos verrückt, stand auf Klippen vor dem Schlund der Hölle, wo mir keine Sau beistehen wollte. Dass ich bald den Löffel abgeben würde, sahen nicht wenige voraus. Meine Eltern erwarteten die Nachricht von meinem Tod, sobald ihr Telefon läutete. Grauenhaft.

In Salt Lake City saß ich wieder ohne Koks, aber zur folgenden Show in Denver ließ ich jemanden mit dem Flugzeug kommen, der eine Unze beschaffte. Der Gig sollte sich als letzter mit Tommy erweisen. Wir trafen gegen 4.00 Uhr am Flughafen Burbank in Los Angeles, woraufhin mich Ossie Hoppe im Sunset Marquis unter die Dusche stellte und eine Tasche packte, damit ich meinen Flug nach England erwischte. Damit schaffte er mich gewissermaßen auch aus der Schusslinie, denn L.A., diese wunderschöne Stadt, die ich so sehr liebte, war nun auch für mich zum Sündenpfuhl geworden. Dort gab es nur Dealer, Vampire und andere Nachtschattengewächse. Ossie ließ sich von niemandem ein X für ein U vormachen – auch nicht von mir, als ich versuchte, meinen Flug umzubuchen. Er schleifte mich sprichwörtlich an Bord. Ich reiste allein und kam am 5. März in Heathrow an, wo mich eine Limo nach Cannock brachte. Dort schlief ich drei, vier Tage lang sehr viel; ich muss grauenhaft ausgesehen haben. Üblicherweise wachte ich schweißgebadet auf und aß, was ich gerade fand, ehe ich mich wieder hinlegte.

Nach dem Konzert im Liverpooler Empire Theatre am 15. März 1976 brachen Deep Purple auseinander, und darauf sowie die vier vorangegangenen Gigs möchte ich kurz eingehen. Dass ich eine Woche am Stück ohne Schlaf auskam, verhalf mir zu zweifelhafter Berühmtheit, und so geschah es auch vom 10. März an bis zum Ende der Band. Zu der Zeit spielte ich miserabel, da die Droge meiner Motorik schadete. Ich bekam schlecht Luft und Halluzinationen, als wir am 14. nach Glasgow fuhren. Jon Lord musste mich schleppen, weil ich mich nicht mehr aus eigenen Stücken auf den Beinen halten konnte. Beim finalen Auftritt war ich zu nichts zu gebrauchen. Bei Purple stellte dies meinen absoluten Nullpunkt dar, neben der musikalischen Leistung vor allem als Mensch. Wirklich, ich habe im Laufe jener Tage nicht geschlafen, was mich körperlich wie geistig auslaugte und Zwangsvorstellungen heraufbeschwor. Ich war ein Drogenwrack und mutterseelenallein, auch weil die Jungs und sogar mein Assistent Nick Bell in einem anderen Hotel wohnten als ich. Dies wäre ins Auge gegangen, hätte ich beispielsweise in der Badewanne das Bewusstsein verloren. Heutzutage reist kein bekannter Künstler allein, sondern stets mit einem Gefolge von Sicherheitsleuten und dergleichen. Dass ich zu diesen Gigs gekommen bin, grenzt an ein Wunder. Ich weiß verdammt nochmal nicht, wie ich es auf die Kette kriegte.

Sex, Drogen und Rock 'n' Roll führten nach Liverpool zu Spannungen, provoziert von Tommy und mir auf dem Höhepunkt der Verwerflichkeit. Ihn piesackten obendrein die Blackmore-Fanatiker im Publikum; und dass er spielerisch zu wünschen übrigließ, kotzte Coverdale an. Er wollte mit alledem aufräumen, wofür ich heute volles Verständnis hege, und wandte sich nach dem Konzert resignierend ans Management. Leider erfuhr ich nichts davon.

Die Auflösung der Band überraschte mich dennoch nicht. Ich wollte ihre Musik sowieso nicht mehr spielen, sondern mein Soloalbum in Angriff nehmen. Die Macher hinter Safari, einem Unterlabel von Purple Records, hatten mir bereits zugesichert, es herauszubringen. Hätten wir David ersetzen und weitermachen können? Eigentlich nicht. Natürlich wäre ich dazu in der Lage gewesen, alle Gesangsparts zu stemmen, aber das wollte niemand von uns. Jon und Ian waren in Gedanken bei Paice Ashton Lord, und Coverdale wagte einen Alleingang, wie ich ihn vorhatte. War meine Sucht schuld am Zerfall der Gruppe? Bis zu einem gewissen Grad, doch Tommys Kampf mit einer anderen, noch heimtückischeren Droge tat das Übrige. Zum Split veröffentlichten EMI das Livealbum »Made In Europe«.

> **Tom Morello:** *"Ich stand auf »Made In Europe« und spielte das Vinyl wirklich kaputt. Die Klassiker 'Stormbringer', 'You Fool No One', 'Mistreated' und 'Burn' waren darauf vertreten, es klang fett und durchweg beeindruckend. Als Musiker und Songwriter hat mich die Scheibe stark beeinflusst, nicht zuletzt wegen Glenn. Das zupackende Moment im Sound von Purple während der Ära Hughes reizte mich und offenbarte sich hier besonders deutlich. Wenn sich Bass, Orgel und Gitarre verzahnen, schnalzt man mit der Zunge, und beim Schlagabtausch, den sich die beiden Fronter an den Mikros liefern, geht jedem Fan harter Musik das Herz auf."*

Niemand weiß, dass ich 1975 einen vergeblichen Entzug machte. Diese Krankheit hatte mich in die Enge getrieben, und es gab kein Entrinnen.

Kapitel 7: Herzschmerz

Vicky, Linda Blair und die Rückkehr von Trapeze

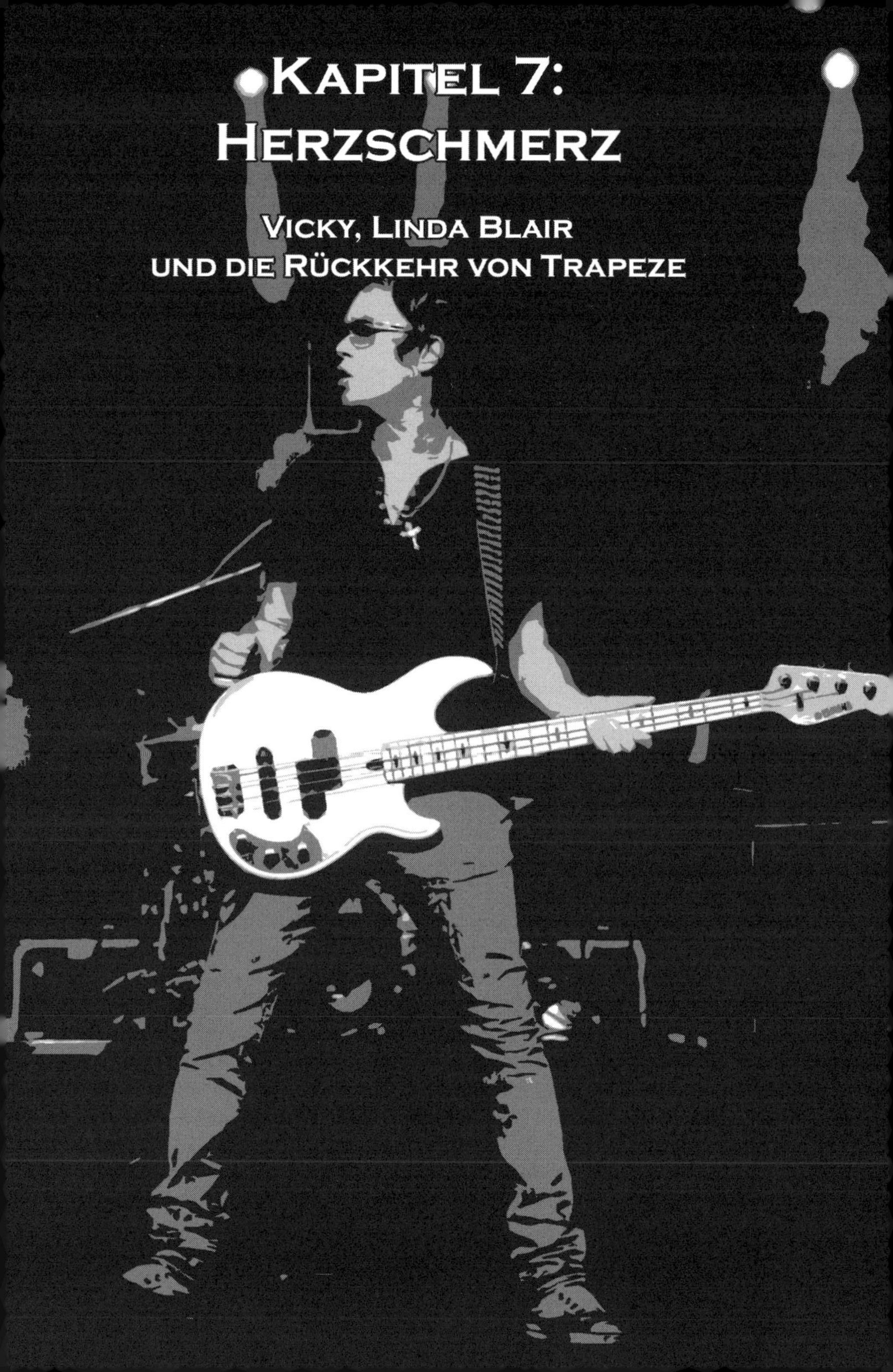

Viele Geschichten über mich bleiben Märchen, einige sind wahr oder entsprechen wenigstens im Ansatz den Tatsachen. Dieses Buch schildert alles aus erster Hand. Es ist die Story einer Sucht und zeigt den Alltag mit ihr.

Anfang 1976 besaß ich ein Haus etwa fünf Meilen vor Cannock in Penkridge, wo man mich aber selten antraf, weil ich meistens im nahegelegenen Gästehaus von Familie Gibbs bei Vicky und Jacky war. Als ich nach Liverpool dort einkehrte, hielten die beiden Modeschauen in Italien ab, also schlief ich mich zwei Tage lang aus. Vicky duldete meine Abhängigkeit nicht mehr, unsere Beziehung stand vor dem Aus.

> **Tony Perry:** *"1976 zerriss man sich in der Szene das Maul darüber, wie es um die Zukunft von Deep Purple bestellt sei. Ich weiß nicht, ob sie sich offiziell auflösten oder nur eine Pause im Sinn hatten, aber wie auch immer: Glenn war musikalisch ungebunden und erhielt Anfragen bezüglich einer Reunion von Trapeze als Trio, sowohl aus Übersee als auch aus der Nachbarschaft. Mit Hinblick auf die neuen Mitglieder Pete Wright und Rob Kendrick wurde dies logischerweise kritisch, denn die Gruppe hatte sich mit den beiden als Quartett bewährt. Immer noch rissen sie in Großbritannien wenig, während sie in den Staaten live abräumten, im Juli 1975 etwa im Cotton Bowl in Dallas bei einem Festival der Rolling Stones, wo auch die Eagles spielten und Montrose eröffneten."*

Trapeze arbeiteten als Vierer an ihrem nächsten Album und fragten, ob ich mich an ein paar Tracks beteiligen wolle. Dabei knüpften Mel Galley, Dave Holland und ich alte Bande neu. Ich steuerte ein paar Ideen bei, die mir noch in L.A. am Fender Rhodes zugeflogen waren, darunter "Smile" und "It's About Time". Trapeze nahmen in einem schmucken Studio mit 16-Spur-Konsole auf, dem Lea Sound in Pelsall in den West Midlands. Dort ließ sich, wie ich fand, trefflich den Drogen frönen, und da Mel und Dave gerade einspielten, schlug ich vor, mit meiner Les Paul sowie einer akustischen Gitarre vorbeizuschauen, um etwas gemeinsam auszubaldowern. Zu jener Zeit schwenkte ich von Kokain auf Speed um, eine typische Entwicklung. In Paris hatte ich es versucht und zum sichersten Glücksspender überhaupt erkoren, weil es mich nicht paranoid machte.

Ian Paice war bei Jacky und Vicky in Italien. Sie wohnten in einem possierlichen Hotel in Portofino, dem Il Pelicano. Die Zwillinge und ich hatten es Jahre zuvor entdeckt und waren Stammgäste geworden. Ich kündigten an, die drei in ein paar Tagen zu besuchen, schafft es ganz Speedfreak letzten Endes aber früher. Denkt daran, ein Süchtiger steht unter Strom, auch wenn er sich keine tägliche Dosis einfährt; so war es damals auch mit mir und den Amphetaminen. Mein Solodebüt »Play Me Out« fiel deshalb sprunghaft aus, doch die Fans lieben es. Ich driftete ab.

Fünf Tage hintereinander war ich aufgeblieben, ehe ich nach Rom flog und die 110 Meilen nach Portofino im Taxi zurücklegte. Ich schwitzte, sah aus wie ein Strolch und hatte Hummeln im Hintern. Kurz darauf lag meine Welt in Scherben: Zuerst war ich verblüfft, Jon Lord zu sehen. "Hey, was machst du denn hier?", fragte ich, und dann erschien Vicky hinter ihm. Jacky, Ian und die Eltern der beiden Mädchen tauchten nacheinander auf, dazu Purples zweiter Manager John Coletta.

Ich weiß noch, wie Lordy 1975 eines Morgens bemerkte, er stehe auf Vicky oder so etwas in der Art. Als junger Mann zu Beginn seiner Drogenabhängigkeit überhörte ich es oder dachte mir nichts dabei – erst im Nachhinein und spätestens, als ich Jon in Italien antraf. Ein Lämpchen leuchtete auf.

Vicky und ich haben uns über das ausgesprochen, was daraufhin passierte. Ich muss arg unverschämt geworden sein, auch weil die Wirkung des Speed nachließ und mein Nervenkostüm zerfetzt war. Jedenfalls packte mich der Zorn. Am nächsten Morgen, nachdem ich mit Vicky im gleichen Zimmer geschlafen hatte, fing ich einen lauten Streit an. Wie gesagt, ich hatte den Verstand verloren. Sie verließ das Zimmer, und ich lief mit nichts als meiner Armbanduhr am Leib hinterher. Ich hatte einen Tennisschläger im Gepäck, weil ich seit einiger Zeit spielte, schnappte ihn und hielt ihn vor mein bestes Stück. Falls euch also erzählt worden ist, ich wollte sie damit verprügeln, sah es vielmehr so aus, dass ich meine Scham hinter der Bespannung verbergen wollte. Noch einmal zum Mitschreiben: Ich beabsichtigte nicht, ihr wehzutun. Lordy gegenüber behauptete sie es später aber, und wer könnte es ihr verübeln?

Was Jon dort zu suchen hatte, hinterfragte ich nie. Ich war einfach sauer. Dass sie aus dem Zimmer rannte, war am besten, und ihr Vater Frank, ein bärbeißiger Kerl, tat das einzig Richtige, indem er dazwischenfunkte: Er machte mich zur Sau, denn ich lief schlichtweg neben der Spur, war abgefuckt bis zum Gehtnichtmehr. Ich zog mich gerade an, als jemand ins Zimmer kam und rief: "Sie ist zum Flughafen gefahren!" Ich wusste nicht, was ich tun sollte, packte dann aber meine Tasche, ließ mich nach Rom fahren und stieg in den Flieger, in dem ich sie wähnte – Pustekuchen. Sie war nirgendwohin aufgebrochen.

Die herbe Wahrheit sah so aus, dass Vicky mit einem Süchtigen lebte und erwog, eine Beziehung mit Jon Lord sei gesünder. Sie sollte Recht behalten, denn schließlich sind die zwei seit Jahrzehnten glücklich verheiratet. Nach der langen Zeit, die inzwischen vergangen ist, nehme ich an, die beiden fanden schon zueinander, als ich mich noch als Vickys Freund glaubte, doch das war und ist ihr Problem, falls überhaupt. So oder so traf es mich schwer, als sie sich wenige Wochen später als Paar ausgaben, und nachdem ich zwei und zwei zusammengezählt hatte, stand für mich fest, dass sie schon im Hotel miteinander ins Bett gegangen waren. Beim Gedanken daran drehte sich mein Magen um.

Deswegen hätte ich mich beinahe umgebracht. Dem Wort Schneesturm verhalf ich zu einer neuen Bedeutung, als ich zu Hause landete. Purple-Techniker Willy Fyffe, den ich später zu meinem Gehilfen kürte, holte mich ab. Immerzu ging mir durch den Kopf, wie lange ich mit Vicky liiert war, und um mir Linderung zu verschaffen, brauchte ich Stoff, den Willy besorgen sollte. Der Arme hatte nie etwas angerührt und lebte noch bei seiner Mutter, doch hier kam ich und kaufte eine Viertelunze Kokain. Ich heulte Rotz und Wasser, weil jedes Rauschmittel erhebliche Depressionen verursachen kann, falls man es in der falschen Grundstimmung konsumiert. So hüllte ich mich im Haus von Willys Mom in Watte und laberte ihn zu. Es war der schiere Wahnsinn. Ein Elefant hätte sich diese Menge nicht einverleiben können. Blackout.

Im Sommer arbeitete ich weiter an meinem Album. Texte fehlten noch, und was lag näher, als über Vicky zu schreiben? Hört man es heute, klingt es schon heftig, die Bitte "Come back to me" in "It's About Time" etwa, ganz zu schweigen von "Destiny", einem einzigen Klagegesang. Am Anfang des Stücks hört man mich weinen und lachen. Ich befand mich nicht auf diesem Planeten, war kein Mensch mehr.

»Play Me Out« entstand innerhalb von zehn Tagen ohne Schlaf. Kein einziges Mal ließ ich es ruhen. Die Instrumente, den Gesang und die dazugehörenden Backups nahm ich in dieser Zeit auf, wohingegen die Streicher im Anschluss hinzugefügt wurden, als ich in L.A. war. Im Studio von Island Records mischten sie es ab, und zwar in meinem Beisein.

Viele Hörer bezeichnen es als meinen Geniestreich. War Brian Wilson nicht auch high, als er »Smile« aufnahm? Er schwebte gewiss in einer Art Trance, was wohl auch auf Lennon und McCartney zutraf, als sie »Sgt. Pepper« ausheckten. So kaputt ich war, trotzte ich meinen Stimmbändern Laute ab, die sich unmöglich reproduzieren lassen. Mit dem Titel »Play Me Out« wollte ich ausdrücken, ich sei nicht aufzuhalten, außer man töte mich. Ich war ein Hagestolz Mitte 20, der sich anmaßte, alles zu schaffen. Nein, unterkriegen lassen durfte ich mich nicht. Erst Tommys Tod erinnerte mich daran, dass niemand unzerstörbar ist. Wir alle, auch Rob Cooksey, Mel und Dave erwarteten, »Play Me Out« werde mir massiven Schub verpassen und zu einer erfolgreichen Solokarriere verhelfen, doch durch meine Krankheit kam alles anders.

Ian Paice heiratete Jacky Gibbs im Frühjahr. Während der Feier im Oakley House starb seine Mutter, ein brutaler Schicksalsschlag, der auch mich entsetzte. Er blies das Bankett nicht ab, und auch wenn wir alle sehr viel tranken – ich nahm kein Koks an dem Tag – habe ich keine Ahnung, wie er es durchstand. David unterhielt sich mit mir über sein erstes Soloalbum.

David Coverdale: *"Ich flog zu Ians Hochzeit, wo ich Glenn wiedersah. Er behauptete ungefähr, er habe seine Fehler erkannt und könne kaum warten, bis wir erneut gemeinsame Sache machten. Ihm war entgangen, dass ich*

Purple verlassen hatte, oder niemand hatte ihn informiert. Ich schätze, er hatte große Schwierigkeiten, den Schwanengesang der Band hinzunehmen."

David Bowie spielte zur gleichen Zeit siebenmal hintereinander in Wembley und lud mich dazu ein. Er wohnte in der Londoner Siedlung Maida Vale, wo Filmstudios ihre Schauspieler unterbrachten. Ich kannte die Gegend ebenfalls. Einmal mehr traf ich Angie und Iggy Pop, den ich Jimmy nannte. Meine Fehltritte rissen nicht ab: Ich erbrach mich über meine Klamotten, und Bowie musste mir eine seiner Hosen leihen, die er bei Harvey Nicholls gekauft hatte. Als regelmäßiger Kokser neigt man zur Selbstüberschätzung und stößt konsequenterweise ab, was man mengenmäßig nicht verträgt. Solch unschöne Szenen leistete ich mir wiederholt.

David stattete mich also mit seiner eigenen Garderobe aus, aber ich hing in den Seilen. Er riet mir, mit Trapeze fortzufahren, denn ich war es, der ihn auf die Band aufmerksam gemacht hatte, und er liebte Funk. Tony Perry hatte sowieso bereits eine US-Tour anberaumt. Obwohl »Play Me Out« unter Dach und Fach war, fummelte ich noch planlos auf Speed bis Mitte August im Studio herum. Um weitere Feinabstimmungen vorzunehmen, bat ich Tony, die Termine abzusagen, wovon er natürlich nichts wissen wollte.

Während der Arbeit an »Play Me Out« – Amphetamine und Schlaflosigkeit, ihr wisst schon – sah ich eine Krankenschwester mit einem Pudel durchs Studio spazieren. Ich unterhielt mich sogar mit ihr und hielt das Band an. "Macht der Frau die Tür auf", verlangte ich. Da ich Speedbomben einnahm, schmerzte meine Gebiss, Zahnfleisch wie Zähne, und ich bekam Erektionsschwierigkeiten. Außerhalb Londoner Clubs wie dem Embassy nahm ich nur zu Hause oder in Hotels Drogen, und wenn ich eines nie tat, dann für Sex bezahlen. In Sachen Höhlenforschung bin ich recht eigen. Viele gute Bekannte von mir, erfolgreiche Männer obendrein, schlafen nur mit Nutten, die schlicht bezahlt werden und nichts weiter verlangen, aber ich kann das nicht. Einmal bestellte ich bei einem Begleitservice mehrere Hostessen, doch vorgefallen ist zwischen uns nichts.

Der erste Gig mit Trapeze fand am 18. August 1976 in St. Louis statt, gefolgt von einem Doppelkonzert am 20. und 21. in Austin. Ich sah dürr und krank aus. Meine Haare waren ab, nachdem mich Bowie von diesem Look überzeugt und sie selbst geschnitten hatte. Ich fand die Frisur cool und musste an Tommy denken, der "Mach die Funzeln ab!" zu wettern pflegte.

Beim Flug von Heathrow über Chicago nach St. Louis ließ ich erneut das Arschloch heraushängen. Neben meiner rechten Hand Andy Field stieg Terry Rowley mit ein, der den Hallensound mischte und bei einigen Songs Keyboard spielte. Er war ein begnadeter Instrumentalist in allen Fahrwassern, ein zweiter Roy Wood und in den Midlands ohnegleichen. Ich schaute zu ihm auf und schätzte nicht nur sein Talent, sondern auch seine Lebensfreude. Da die Amphetamine wieder einmal nachließen, hatte ich einen Hänger und bestand stur auf ein Sandwich, also stieg ich aus, als die Maschine in Kansas City oder so zwischenlandete. Andy und ich stellten uns an einem Imbiss an und verpassten den Start. Rowley war Gott sei dank an Bord geblieben, denn ich hatte das Mastertape von »Play Me Out« mitgenommen. *Dummer Wichser!*, fluchte ich innerlich, weil er auch auf meiner Tasche saß. Natürlich schmuggelte ich darin keine Drogen, aber meinen Kulturbeutel hätte ich durchaus gebrauchen können.

Als wir über kurz oder lang in St. Louis eintrafen, ging mir der Gaul durch. Ich hockte auf glühenden Kohlen, weil ich einen Dealer erwartete. In der Zwischenzeit rief ich Tommy an, der auf einmal meinte, er wolle mir jemanden vorstellen. Er reichte den Hörer weiter, und schon hatte ich die Schauspielerin Linda Blair an der Strippe.

Ich war schwer begeistert von »Der Exorzist«, und sie schickte sich gerade an, mit Richard Burton die Fortsetzung zu drehen. Seit meiner Trennung von Vicky zwei Monate vorher hatte ich keinen Kontakt mehr zu Frauen, nicht zuletzt aufgrund meiner Exzesse. Linda war damals 17 und klang anheimelnd. “Ich bin auf dem Weg nach New York, wo der Film in den Kasten kommt”, erklärte sie. “Darf ich mir eure Show in St. Louis ansehen?” Ich stimmte zu, und wir verabschiedeten uns.

Am nächsten Morgen endlich erhielt ich meinen Stoff und tat mich daran gütlich, doch kaum dass er zu wirken anfing, klopfte es an der Zimmertür. Es war Linda, und sie hatte neben ihrem Koffer einen Sattel dabei. *Interessant*, dachte ich da, aber man kennt sie ja auch heute noch als Pferdefanatikerin.

Nach dem Konzert hatten wir großartigen Sex. Das liest sich schnöde, aber so war es eben auf Kokain, wenn man ein Mädchen im Schlepptau hatte: Ich ließ alle Hemmungen fahren.

Linda war damals eine Rockerbraut und hatte bereits mit Rick Springfield angebandelt. Ich betrachtete sie nicht als Filmstar, obwohl sie ganz oben mitmischte. Tags darauf brach sie mit mir Richtung Austin auf. Das erste der beiden Konzerte fiel auf meinen Geburtstag, doch vor dem zweiten musste sie los nach New York, wo die Kameras warteten.

Die Runaways heizten dem Publikum an beiden Abenden ein, und ich schaffte es, ihre Schlagzeugerin Sandy West herumzukriegen, die eigentlich lesbisch war. Gott habe sie selig, sie starb 2006. Lita Ford ist zu einer guten Freundin geworden; damals wollten sie und Sandy vornehmlich feiern. Genaugenommen ging ich bereits mit ihr in den Clinch, ehe ich ihre Freundin vernaschte. Es waren einfach andere Zeiten.

Tony Perry: *“Obwohl die Wiedervereinigung mit Glenn großen Zuspruch erfuhr, setzten wir damit den Ruf aufs Spiel, den sich die Band als Quartett erarbeitet hatte. Wir hielten mehrere Meetings ab, mit und ohne ihn, bei Purples Managern und unter den Mitgliedern von Trapeze. Am Ende kamen wir überein, sie erneut als Trio antreten zu lassen, und zwar explizit mit dem Zusatz*

'Galley, Hughes, Holland', damit Fans wie Promoter wussten, was sie erwartete. Die New Yorker Agentur von Deep Purple, Thames Talent Unlimited, organisierte eine Tournee durch die USA, die vom 19. August bis zum 12. September 1976 dauerte. Los ging es im Keil Auditorium in St. Louis, und nach zwei Nächten in Texas spielte die Gruppe dreimal in Folge im Electric Ballroom Atlanta. Linda Blair begleitete Glenn vorübergehend. Sie wirkte sehr angenehm auf mich und zeigte sich besorgt um seinen Gesundheitszustand."

Als Linda in New York gelandet war, rief ich sie an. "Ich habe jetzt vier Tage frei", ließ ich sie wissen. "Die Band kommt in Austin ohne mich aus, also kann ich dich besuchen." Daran hinderte mich auch unsere knappe Reisekasse nicht; ich schwang mich einfach in die Lüfte und tat auch sonst, wozu ich Lust hatte. Lynn Everett, eine Verehrerin, schenkte mir einen Cowboyhut zum Geburtstag.

Lynn Everett: *"Ich lernte Glenn im Mother Earth kennen, einem Club in Austin. Er spielte mit Trapeze in Texas, und an dem Abend gab es eine Party im Haus des Besitzers, bei der es wild zuging, mit Einkaufstüten voller Gras und dergleichen. Ich hatte LSD genommen – Orange Sunshine, wie es in Tablettenform hieß. Glenn war im normalen Zustand, wenn man es so ausdrücken möchte, ein wunderbarer Mensch, aber von manchen Mitteln hätte er sich besser ferngehalten, weil sie wie Gift auf ihn wirkten. So verrückt, so paranoid habe ich noch niemanden erlebt, obwohl er nie gewalttätig wurde. Trotzdem verschlägt es dir die Sprache, wenn jemand anfängt, im Wahn Gespenster zu sehen, ob in Schränken, unter Betten oder wo immer sonst."*

Trapeze reisten nicht gemeinsam. Ich wollte einen eigenen Wagen, und dazu genügte nichts weniger als eine weiße Limousine, die ich Snowbird taufte. Im Bann der Droge war mit mir nicht gut Kirschen essen.

Es war widerlich, wie ich mich gegenüber Mel und Dave, Tony und Andy Attwood benahm, meinem Techniker und Freund seit Ewigkeiten. Er begleitete mich schon seit so langer Zeit und wäre für mich in den Knast gegangen. Durch jegliche Unbill hatte er mich bugsiert, ob auf Händen oder vier Rädern, und nie hielt er mit seiner Meinung hinterm Berg. Nicht zuletzt dank seiner entwaffnenden Ehrlichkeit erachtete ich ihn als treuen Ritter, und wohl niemand gelangte zu mir, ohne vorher an Toothy, wie wir ihn nannten, vorbeigekommen zu sein.

Tom Perry: *"Schon zu Beginn der Tour ahnten alle, dass mit Glenn etwas nicht stimmte, doch nach meinen Gesprächen mit Linda war ich der Meinung, die Situation überblicken zu können. Ich machte ihr wie ihm deutlich, dass ich erst nach dem letzten Konzert Bargeld herausrückte, seinen vereinbarten Anteil. Trapeze sollten ihm auf Reisen keine Drogen finanzieren. Essen, Trinken und andere Lebensmittel durfte er verrechnen; berauschen musste er sich aus eigener Tasche.*

Dieses Abkommen war nach wenigen Tagen nichtig. Roadies ließen mich wissen, Glenn drohe mit dem Verkauf von Gitarren und Equipment, um Drogen zu beschaffen. Mich weckten mitten in der Nacht Fremde und behaupteten, ich sei ihnen Geld für Lieferungen schuldig, die Glenn galten. Sooft dies vorkam, knickte ich nicht ein und wies diese Personen darauf hin, dass sie nur ihn dafür belangen sollten. Spätestens als sich Linda ihrer Verpflichtungen wegen vom Tross löste, eskalierte die Lage. Nachdem sich Glenn in Atlanta dermaßen unberechenbar verhalten hatte, dass wir zweimal – wenn nicht sogar öfter, ich weiß es nicht mehr – das Hotel wechseln mussten, erwogen Mel, Dave und ich ernsthaft, die verbleibenden Gigs mit einem anderen Bassisten zu absolvieren. Dies wäre umso heikler gewesen, da wir die Tournee mit seinem Namen beworben hatten. Wir schluckten die Kröte, aber es wurde immer schlimmer. Glenn stellte sich in Restaurants auf Tische und fragte die Gäste, ob sie ihn kannten, wollte kein Flugzeug besteigen, wenn wir nicht in der ersten Klasse saßen, obwohl dies von Vornherein kategorisch ausgeschlossen war, und benahm sich allgemein peinlich, um im Mittelpunkt zu stehen. Er verlangte eine Garderobe für sich, und da sie die letzten Konzerte in Texas spielten, besorgte ich nach Absprache mit dem Promoter ein Auto, mit dem er sich kutschieren ließ, damit wir ihn möglichst selten ertragen mussten."

Die Jungs von Trapeze sahen mich zum ersten Mal als Mr. Hyde, wie er im Buche stand, wo ich noch Ende der Sechziger immerzu als Dr. Jekyll aufgetreten war. Während der Aufnahmen zu »Play Me Out« hatten sie mich auf Speed erlebt – schlimm genug. Doch jetzt, da ich wieder kokste, war ich eine einzige Katastrophe. Ich zeigte mich ihnen gegenüber kurz angebunden und verbarrikadierte mich mit Linda Blair auf meinen Zimmern. Sogar Andy Field schmiss das Handtuch: "Ich kann das alles nicht mehr ertragen", klagte er. Wenn ich den Organisator bat, einen Dealer antreten zu lassen, und er mir sagte, dessen Einzugsgebiet liege 150 Meilen entfernt, schwang ich mich in die Limo und besorgte meinen Stoff selbst. So nötig hatte ich es.

In New York besuchte ich Linda am Set. In »Der Exorzist II« gibt es eine Szene mit ihr und Richard Burton am Bahnhof Pennsylvania Station, und die drehten sie gerade. Ich blieb im Aufenthaltsraum der Mitwirkenden und freute mich, diese Leute zu treffen. Später dachte ich daran, wie ich mit Burton gesprochen hatte, und ärgerte mich, weil ich zugedröhnt vor einen Leinwandhelden getreten war. Ich muss tierisch geschwitzt und den erstbesten Mist verzapft haben, der mir in den Sinn kam, alldieweil ich wusste, dass ich nicht zurechnungsfähig war und mich besser verzogen hätte. Von Anstand konnte keine Rede sein.

Ferner wurde ich extrem raffgierig. Zuvor hatte ich mein Kokain niemandem vorenthalten, doch aus einem schlichten Grund – ich wollte diese Tournee eigentlich gar nicht durchziehen, sondern weiter an »Play Me Out« feilen – gerierte ich mich jetzt als Geizkragen. Niemand bekam mein Dope.

Die Tournee dauerte ungefähr einen Monat und endete in Fort Worth. Wir zogen viele Zuschauer, 10.000 zum Beispiel allein in Houston. Mich graust noch heute, wenn ich daran denke, wie ich von der Bühne kam und zehn Lines legte, um mein gerade erwirtschaftetes Geld quasi vor versammelter Mannschaft zu schnupfen. Wie ich mich meinen Freunden gegenüber verhielt, ist unentschuldbar. Ihre Wunden verheilten langsam, wobei ich nicht damit rechnete, Vergebung zu erfahren.

Zum Schluss kam Tony Perry und schmiss mir meinen Pass ins Gesicht. "Jetzt verpiss dich, ich will dich nicht wiedersehen!", blaffte er. "Deinetwegen bin ich bestimmt um fünf Jahre gealtert." Ich sah und sehe ihn immer noch als Vaterfigur, also brach für mich eine Welt zusammen, als er das sagte. Von Mel und Dave verabschiedete ich mich gar nicht erst, als die Band auseinanderging.

Tony Perry: *"Allmählich beeinträchtigte sein Theater meine Gesundheit. Ich konnte meine Gliedmaßen nicht ruhig halten, zitterte von Tag zu Tag heftiger. Als ich ihn darauf hinwies, bot er mir tatsächlich Medikamente zur Entspannung an; der gleiche Typ, der die Symptome verursachte, wollte sie also behandeln! Nein, so etwas kann sich kein Romanautor ausdenken. Zuletzt behandelte Glenn jeden im Umfeld von Trapeze wie Bodensatz.*

In Arlington, Texas fiel der Vorhang. Danach nahm ich Glenns Papiere, die ich vier Wochen lang mitgeschleppt hatte, aus meiner Brieftasche und warf sie mit dem Hinweis, er solle sie irgendwohin schieben, nach ihm. Müßig zu erwähnen, dass jedwede Kommunikation zwischen ihm und dem Rest des Trosses im Laufe der Tour zum Erliegen gekommen war."

Linda hatte ein Haus in Beverly Hills, wo auch ihre Mutter lebte. Dort passierte richtig abgefahrener Scheiß: Ich kokste, während sich ihre Mom nebenan aufhielt. Ich kaufte ganze Unzen zu der Zeit und bewahrte sie überall auf. Indes hatte ich Riesenschiss, die Frau platze jede Sekunde herein und erwische mich. Der Altersunterschied – Linda 17, ich 25 – war mir bewusst, und man hatte mich einbuchten können. *Sie wird die Bullen anrufen, dann ist meine Karriere vorbei.* Eines Tages kam ihre Mutter wirklich herein und legte mir eine flache Hand auf die Brust. "Dein Herz schlägt aber schnell", bemerkte sie. Vermutlich roch sie den Braten, wollte Linda und mir jedoch nicht den Boden unter den Füßen wegziehen.

Lynn Everett: *"Auf der 1976er Tournee von Trapeze sah ich Glenn wieder. Er hatte Geburtstag und feierte nach dem Konzert im Hotel. Ich weiß noch, ein Groupie kam eingehüllt in eine Decke ins Zimmer, und jemand trat auf einen Zipfel, woraufhin sie den Stoff fallenließ. Darunter war sie nackt. Glenn und Linda saßen unterdessen auf einer Couch. Das Mädchen trat vor die beiden und blieb kurz stehen, ehe es sich auf Lindas Schoß setzte."*

Da ich ein Album in Europa veröffentlichte, in Amerika lebte und nach wie vor Musik machen wollte, musste ich in die Gänge kommen, also stellte ich eine Band zusammen. Die Vorgehensweise war wieder mehr als schrullig: Ich mietete ein Appartement und flog Musiker ein. Zwei kamen aus Denver, ein Keyboarder sowie ein Gitarrist, der allerdings in L.A. lebte. Der Schlagzeuger stammte aus Atlanta, aber am Ende fanden sich irgendwie alle gemeinsam ein.

Während der Proben Anfang Februar 1978 rief mich Produzent Jeff Glixman an, der sich vor allem mit Kansas unsterblich gemacht hat, Stichwort “Carry On My Wayward Son”. Steve Walsh und Kerry Livgren erzählten mir, sie hätten sich beim Komponieren überlegt, wie Trapeze die Bridge angegangen wären. Sie waren Riesenfans, und nach dem Welthit nun meldete sich ihr Soundguru.

Prompt stand ich in einem von Glixman vorgeschlagenen Studio, an dessen Namen ich mich nicht mehr erinnere, aber es war edel. Song hatte ich keine in der Hinterhand, weil man auf Koks nichts Gescheites schreibt, also schwenkte ich wieder um auf Speed. Da sich dieser Beschleuniger fürs erste Album bewährt hatte, erhoffte ich mir erneut etwas in Richtung »Play Me Out«. Ich sehnte mich nach Aufputschmitteln und hatte zwischendurch auch mit Meth in Kapselform experimentiert, Black Beauty oder Black Bomber, so die Bezeichnung während der Sechziger.

Ich habe jetzt so viel Dreck gestanden, dass es auf ein bisschen mehr Elend nicht ankommt: Wie ihr euch erinnert, hatte ich Tommy Bolins Freundin Karen Ulibarri 1975 schöne Augen gemacht, und jetzt trennte sie sich von ihm. Drei Monate später zog sie bei Linda Blair ein, und wir kamen zusammen, nachdem wir uns seit je füreinander erwärmt hatten. Karen überredete mich, gemeinsam mit ihr abzuhauen. Ich war ihr verfallen, obwohl sie keine Drogen nahm.

So verließ ich Linda eines Nachts. Ich stand einfach auf und ging, ohne eine Erklärung abzuliefern. Grausam, was? Manns genug, Verantwortung zu übernehmen und Konsequenzen zu tragen, war ich nicht. Sollte ich mir Verständnis dafür erbitten, dass ich mit ihrer Mitbewohnerin ausbüxte? Sie hat sich nie offiziell dazu geäußert, obwohl Biografien von einer desaströsen Affäre am Set sprechen. Das war ich. Ich würde es gern wiedergutmachen.

Ich wusste, dass ich niemanden mehr hatte, mit dem ich Drogen nehmen konnte, wenn ich mit Karen durchbrannte, weil ich mich mit ihr ein Stück weit vom Koks entfernte. Wir zogen zu Mark Stein, dem Keyboarder und Sänger von Vanilla Fudge, und seiner Frau Patty. Er spielte auch in Tommys Band und war außerordentlich begabt. Sie wohnten in Reseda, wo wir ein Zimmer mit Bad bekamen und wie zwei Verliebte gegen den Rest der Welt hausten. Ich kündigte meinen Eltern an, wir bezögen mein Haus in Penkridge. Abgesehen davon, dass ich »Play Me Out« fertigstellen wollte, hatte ich keine Karrierepläne. Die Songs benötigten Streicher- und Bläserarrangements. Dann sollte meiner glänzenden Sololaufbahn nichts mehr im Wege stehen. Dachten wir …

Kapitel 8: Auf Abwegen

Tommy, Karen und Gary Moore

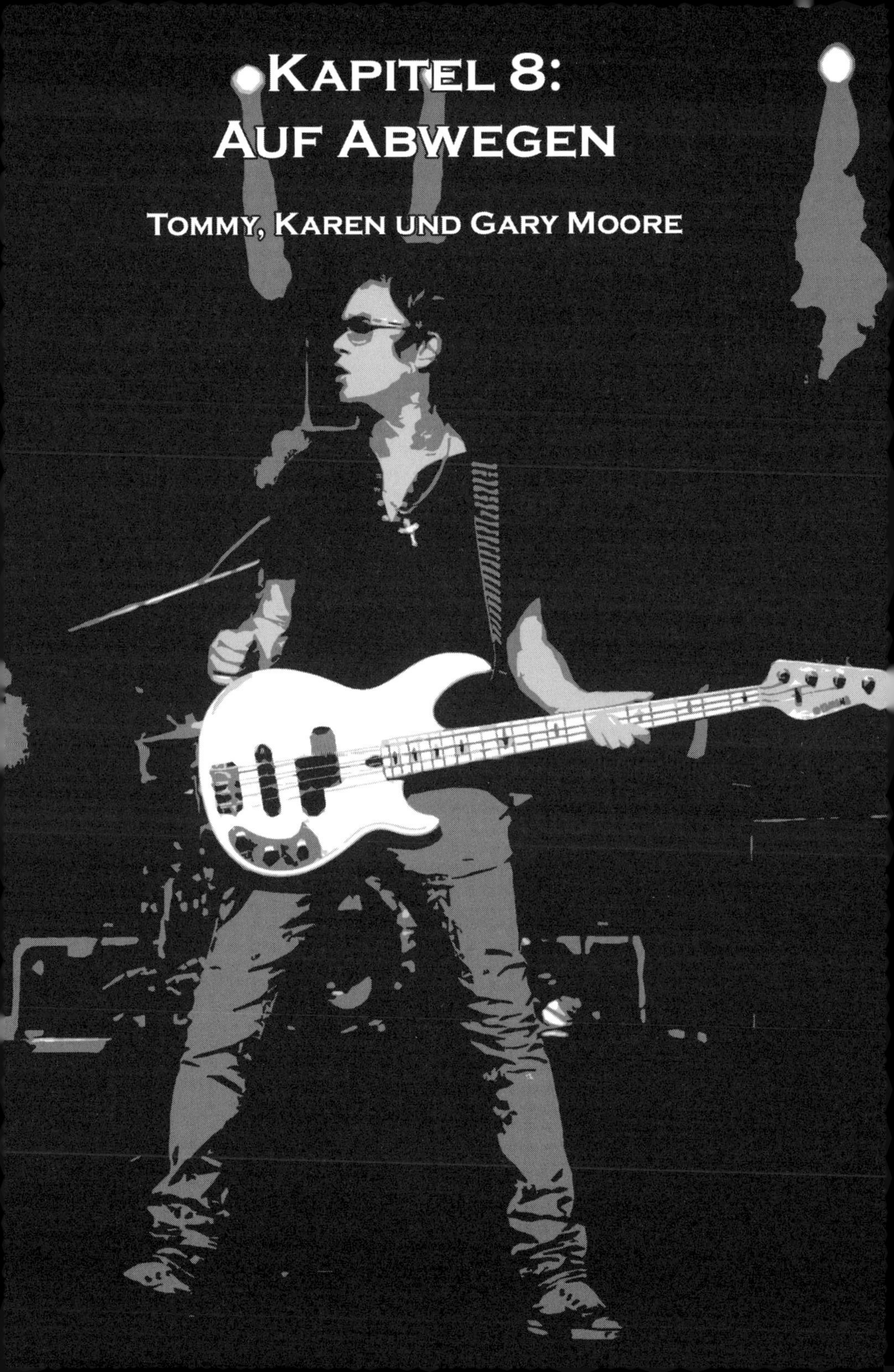

Am 4. Dezember 1976 erfuhr ich, dass Tommy an einer Überdosis Heroin gestorben war. Meine Welt stand still. Als nächstes erfuhr es Karen. Er hatte noch eine Postkarte geschickt und versprochen, uns an Weihnachten oder Neujahr in Los Angeles zu besuchen.

Für mich als geschwisterloses Kind war Tommy neben Mel Galley ein Brudererersatz. Einen Menschen wie ihn nahm man in den Arm, um ihn nie mehr loszulassen, weil man ihn lieben musste. Er wusste von Karens Beziehung mit mir und legte uns keine Steine in den Weg, sondern bat mich bloß, gut auf sie aufzupassen, weil er erkannte, wie ernst es uns war. Ich bekam quasi grünes Licht von ihm – nicht aufs Sexuelle bezogen, sondern als brüderlichen Rat – und hielt sie in Ehren. Wer hätte geahnt, dass ich sie auch einmal über seinen Tod hinwegtrösten musste?

Karen hatte nämlich nie aufgehört, ihn zu lieben. Tommy war der Mann ihres Lebens. Ich wohnte daraufhin zum ersten Mal einer aufwändigen Beerdigung bei, einer richtig morbiden Zeremonie im tiefsten Winter in Iowa. Katholiken pflegen mitunter, am offenen Sarg vorbeizugehen, und als Karen Tommy sah, fiel sie in Ohnmacht. Hätte ich sie nicht festgehalten, wäre sie zu Boden gesackt. Für sie kam es einem Alptraum gleich.

Tags darauf flogen wir nach Denver, um Weihnachten bei ihrer Familie zu verbringen, die ich bereits im Februar bei einem Purple-Gig kennengelernt hatte. Nun saß ich als Karens Neuer inmitten einer vielköpfigen Latino-Sippe. Die Eltern hatten noch vier weitere Kinder, die mich sofort als Schwager ins Herz schlossen, denn wir dachten bereits an Heirat und schmiedeten ernsthafte Pläne für eine Hochzeit im Juli.

Nachdem ich bei Karens Vater, dem ein großes Schmuckgeschäft in Colorado gehörte, Ringe gekauft hatte, machte ich ihr den obligatorischen Antrag. Welchen Ort ich dazu wählte, kann ich allerdings nicht mehr sagen. Die Familie lebte in Lakewood in der Vorstadt von Denver, wo ich einmal gemeinsam mit ihr einen Dealer aufsuchte, um mich übel zuzurichten. Der Kerl war übrigens Koch und reichte prominenten Spezialkunden ein Gramm Kokain auf einem Teller, sozusagen zum Dessert. Als wir zu Karen zurückkehrten, hatte ich Bammel, ihre Eltern würden mir etwas amerken. An Heiligabend besorgte ich wieder Blow. Ihr Vater schaute noch bis in die Nacht, und ich zog eine Line in der Küche. Davon, ihm etwas anzubieten, sah ich letztlich ab, da mir klar war, er werde mich erschießen. Er hatte einen leichten Spleen, und ich bin froh, es unterlassen zu haben.

Die folgende Story ist äußert unappetitlich: Die Ulibarris hatten einen Hund. Er hieß Thor, war zwei Jahre alt und ein braves, zutrauliches Tier, allerdings auch ein ausgewachsener Dobermann, also praktisch ein kleines Pferd. Am Morgen nach meinem Junggesellenabschied, zu dem ich reichlich Schnee aufgetischt hatte, kamen wir gegen 5.00 Uhr zum Haus zurück.

Mein Trauzeuge Michael Castellano, der als Hausdiener für Frank Sinatra arbeitete, wohnte im Souterrain, also ging ich auf Zehenspitzen mit ihm hinunter. Wir spannen noch ein wenig herum, wobei ich meinen Mantel anzog, ein antik aussehendes und vermutlich unsagbar teures Teil, das mir ein Fan geschenkt hatte. Während ich damit auf Castellanos Bett saß und vom Kokain herunterkam, dämmerte ich vor mich hin. Dabei ließ ich einen Furz fahren, bei dem Land mitkam. Da hatte ich nun die Sauerei und war obendrein platt von der Droge. *Shit*, dachte ich. *Was mach ich jetzt?* Nun, ich ging in den Garten - es war immer noch stockfinster - und vergrub den dämlichen Zwirn. Dann wusch ich die Schweinerei unter der Dusche ab, während Michael vor Lachen kaum an sich halten konnte. Schließlich pennte ich ein. Wach wurde ich vom lauten Gebell des Hundes. Thor war in den Garten gelaufen, hatte den Mantel ausgegraben und in die Küche gebracht, wo er ihn vor den Frühstückenden schüttelte. Die ganze Verwandtschaft war da, auch meine Eltern.

Zur Hochzeit schminkte ich mich und ließ mir die Haare wie Bowie schneiden. Blendend sah ich aus, genauso wie Karen mit ihrer Wespentaille. Die Feier fand im Klubhaus eines Bekannten statt. Natürlich verschwand ich, sobald ich den Kuchen angeschnitten hatte, zum Koksen in irgendjemandes Wohnung. Das Bankett verpasste ich vollständig, weil ich drauf war. Die Droge rief eben, also schaffte ich es nicht einmal, unsere Gäste anstandshalber zwei, drei Stunden zu betreuen, sondern musste mir in einem fremden Bad die Nase weißen. Mom und Dad wussten genau, weshalb ich abwesend war, da sie mein Leiden nur zu gut kannten. Gott, es war furchtbar.

Sheila Hughes: *"Als Glenn Karen heiratete, kamen wir zum ersten Mal in die Vereinigten Staaten. Wir waren nie zuvor ins Ausland gereist. Ihre Familie empfing uns sehr herzlich, aber Glenn hatte einen oder zwei Aussetzer und verlangte, dass wir wieder abflogen, weil er die Hochzeit abblase und so weiter. Wir hatten Glück, dass diese Leute so verständnisvoll waren."*

Bill Hughes: *"Glenns Trauzeuge gehörte zum Hauspersonal von Frank Sinatra, den wir uns einmal in Hollywood anschauten. Glenn traf sich hinterher mit ihm, was er uns aber verschwieg. Ich persönlich hätte es mir auf die Brust drucken lassen: 'Ich bin Sinatra begegnet!' Glenn schenkte mir sogar eines von Franks Hemden."*

Lynn Everett: *"Ich war auch auf Glenns Hochzeit in Denver. Der Besitzer des Hauses, in dem die Feier stattfand, verschwand kurz und kehrte mit einer Dose Gemüsesaft zurück, die bis zum Rand mit Kokain gefüllt war. Wir nahmen sie mit in ein anderes Haus, wo mehrere Stripperinnen auftraten. Glenn verbrachte fast den ganzen Abend mit ihnen im Whirlpool."*

Gegen Morgen kam ich allmählich herunter. Ich war total kaputt, musste jedoch gleich zu unseren Flitterwochen in die Karibik aufbrechen, die wir lange im Voraus gebucht und bezahlt hatten. In Los Angeles allerdings sagte ich mir: *Du fliegst nicht weiter; wir bleiben 14 Tage im Beverly Hilton.* Die arme Karen bereute wohl gleich, was sie sich mit mir aufgehalst hatte.

Zur Rechtfertigung schob ich vor, wir müssten Tommys Gedenkfeier in L.A. vorbereiten, die im September im Roxy stattfinden sollte. Ja, ich hielt es für ratsam, mich um die Organisation zu kümmern, statt Inselflair einzuatmen, also knickten wir uns die Hochzeitsreise.

1977 verkaufte ich mein Haus in Beverly Hills. Nach zwei Jahren USA wollte ich wieder in England leben, was ich nach Tommys Tod einfach angemessen fand. Auf diese Weise ist jedoch noch kein Drogenabhängiger von seinem Dämon losgekommen. Ich dachte auch nicht weiter, sondern wollte mich bloß eine Weile zurückziehen, wozu sich die ländliche Idylle von Penkridge trefflich eignete. Dies war leider ein Trugschluss, denn flugs ließ ich einen Londoner Dealer per Zug kommen und brachte ihn in einem Hotel in der Nähe unter.

> **Sheila Hughes:** *"Er hatte ein Haus im Nachbarort Penkridge gekauft, wo er mit Karen einzog. Dann besuchte er uns und tönte, was er alles vorhabe beziehungsweise nicht mehr tun wolle. Als er wieder ins Auto stieg und losfuhr, waren wir zutiefst besorgt. Karen saß immer nur daneben und ließ ihn reden, weil sie ihn nicht bremsen konnte. Er posaunte wiederholt, zu Vicky zu fahren, weil sie angeblich schlecht über ihn sprach und was nicht alles. Jedes Mal, wenn er drauf und dran war, flehte ich ihn an, er möge es bleibenlassen, was er dann auch tat. Karen und er schliefen bei uns. Glenn behauptete, sein Verhalten rühre von den Diätika, die er damals einnahm, was ich wusste, aber wahrscheinlich wollte ich mich nur selbst beschwichtigen. Seine Großmutter lebte noch und ging Gott sei Dank früh zu Bett, denn sie sollte diese hässliche Seite ihres Enkels nicht sehen. Eine Zeitlang ging es so weiter. Wir rechneten Karen hoch an, dass sie sich es bieten ließ, und hofften, die beiden fänden ihr Glück, was natürlich abstrus war angesichts der Situation. Keine Chance."*

»Play Me Out« erschien schlussendlich im gleichen Jahr. Geoff Barton und Pete Makowski schrieben bombige Kritiken, während Purple-Fanatiker die Stirn runzelten. Man muss sich diese Platte erarbeiten, weil die Musik darauf sehr intensiv ist. Wie viele Exemplare verkauft wurden, weiß ich nicht, aber Tantiemen dafür erhalte ich immer noch regelmäßig. Vier- oder fünfmal wurde sie bereits neu aufgelegt, was bestimmt bald wieder notwendig wird, dann aber mit einer Handvoll Bonustracks. Ich war sehr stolz darauf damals, auch hinterm Drogenschleier.

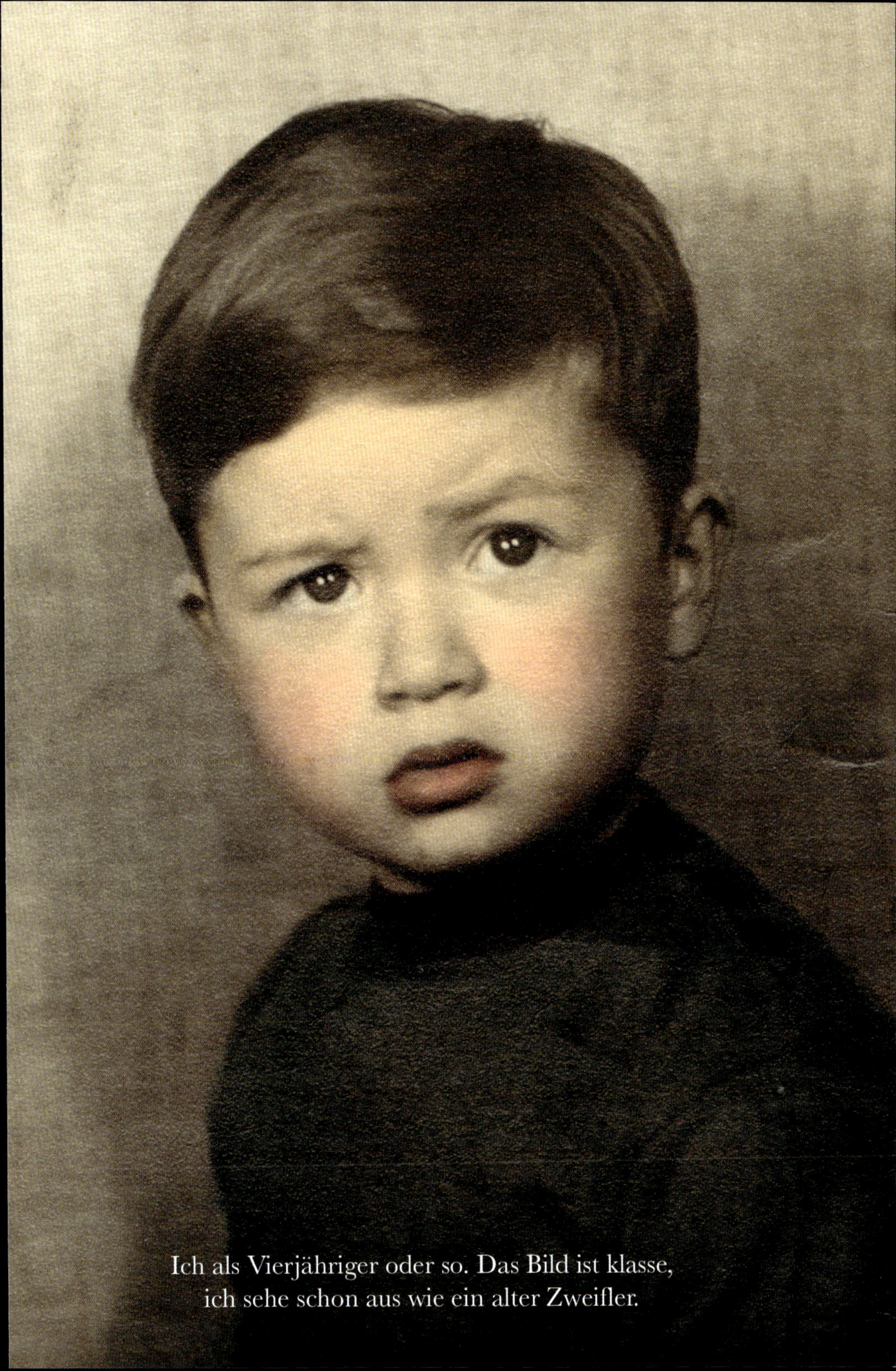

Ich als Vierjähriger oder so. Das Bild ist klasse,
ich sehe schon aus wie ein alter Zweifler.

Meine Eltern Ende der Fünfziger.
Ihnen verdanke ich alles in meinem Leben.

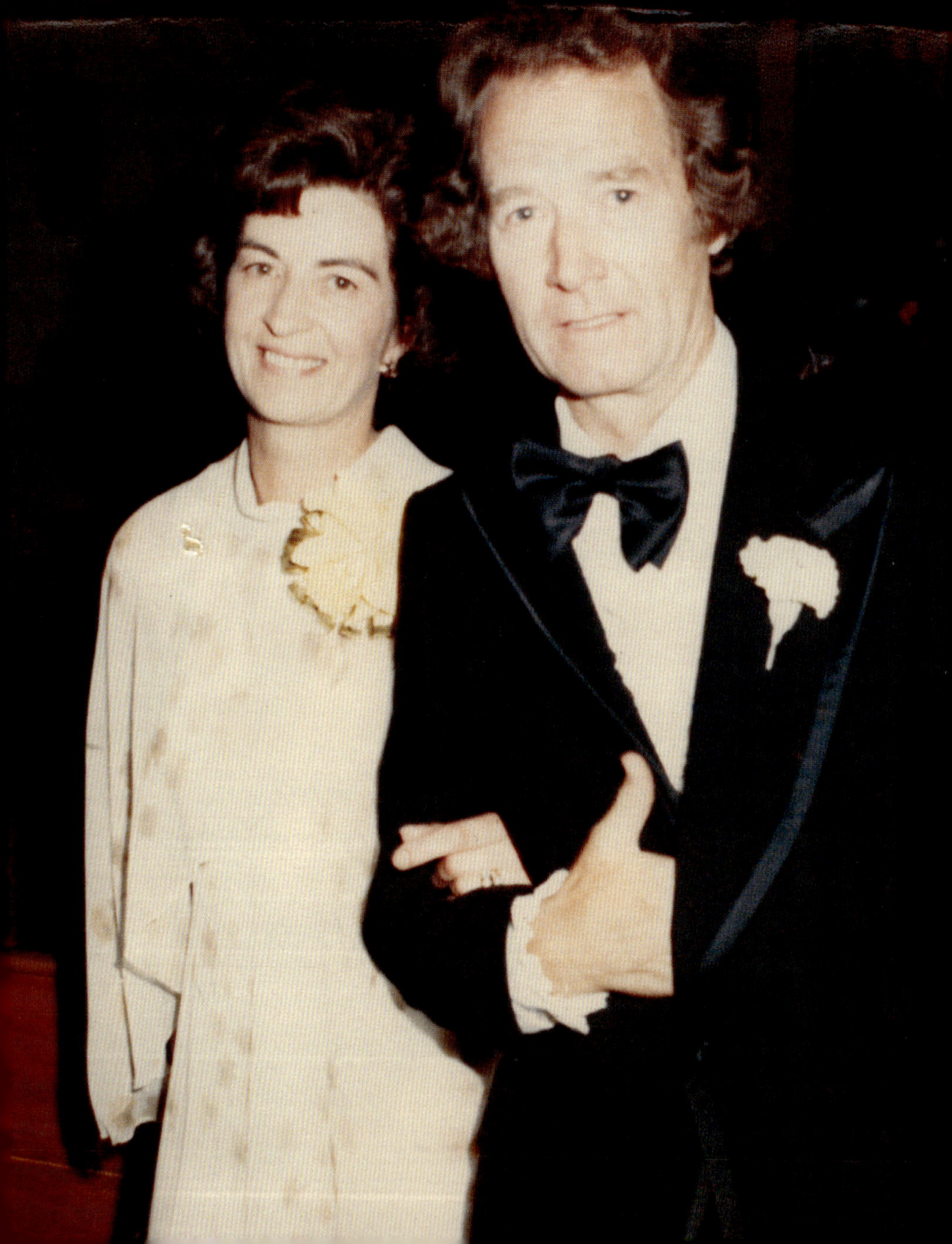

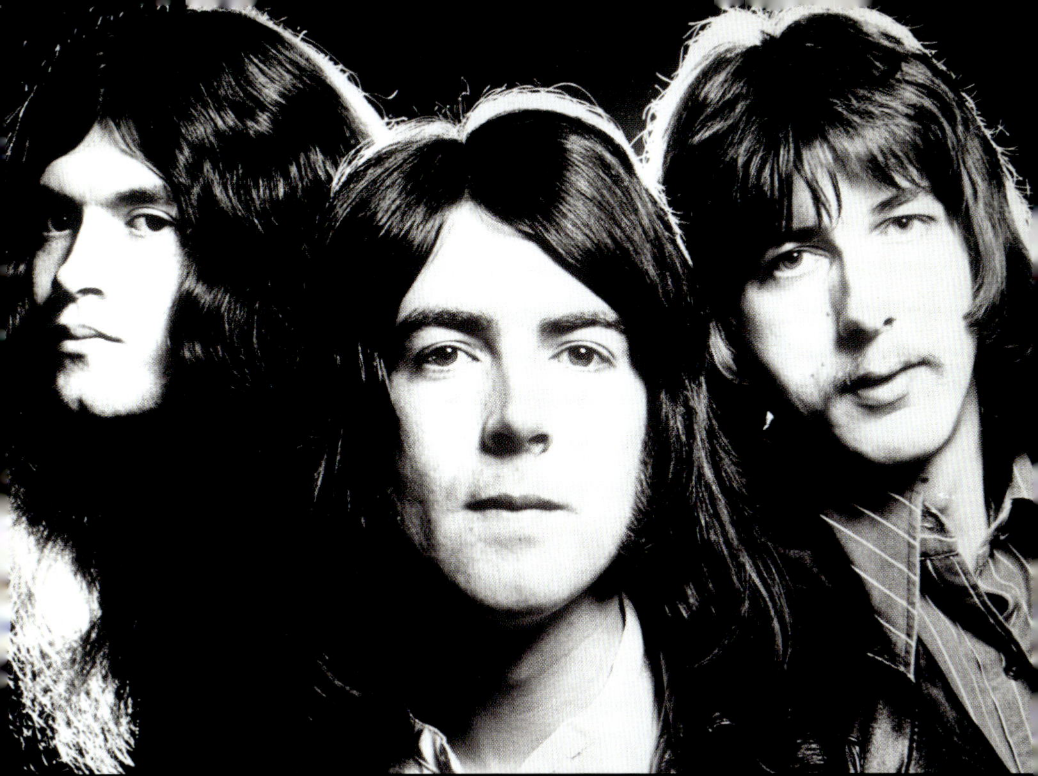

Oben: Blanko-Autogrammkarte von Trapeze als Trio.
Unten: Glorreiche Zeiten. Der Traum jedes jungen Flegels, eingefroren in einem einzelnen Foto. Es entstand im Rahmen des California Jam 1974, und in der Tasche steckte? Genau, eine Menge Kokain.

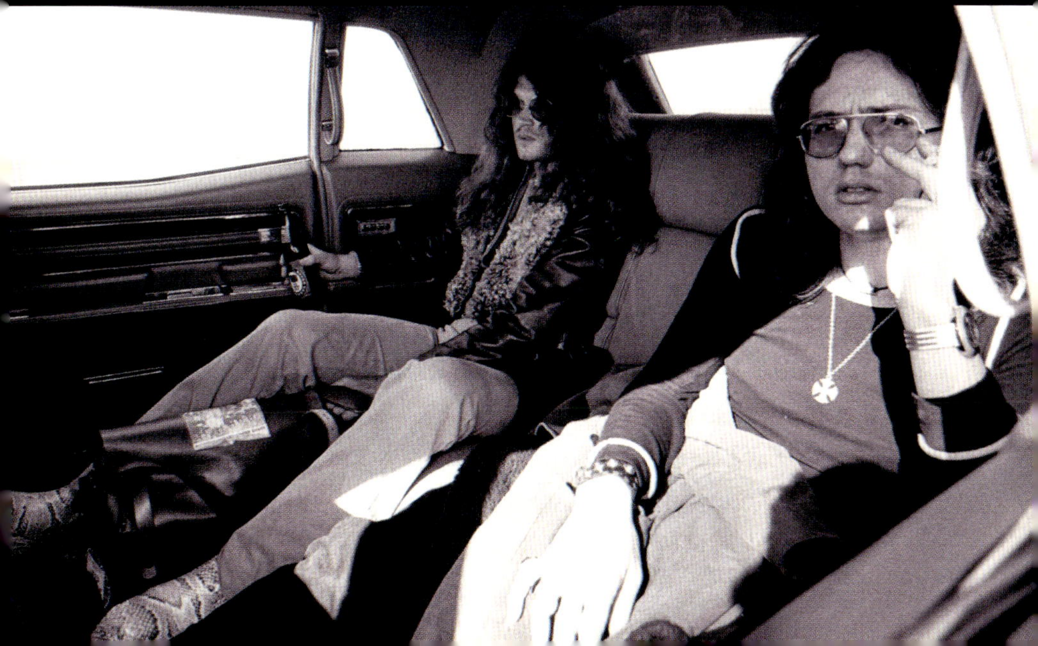

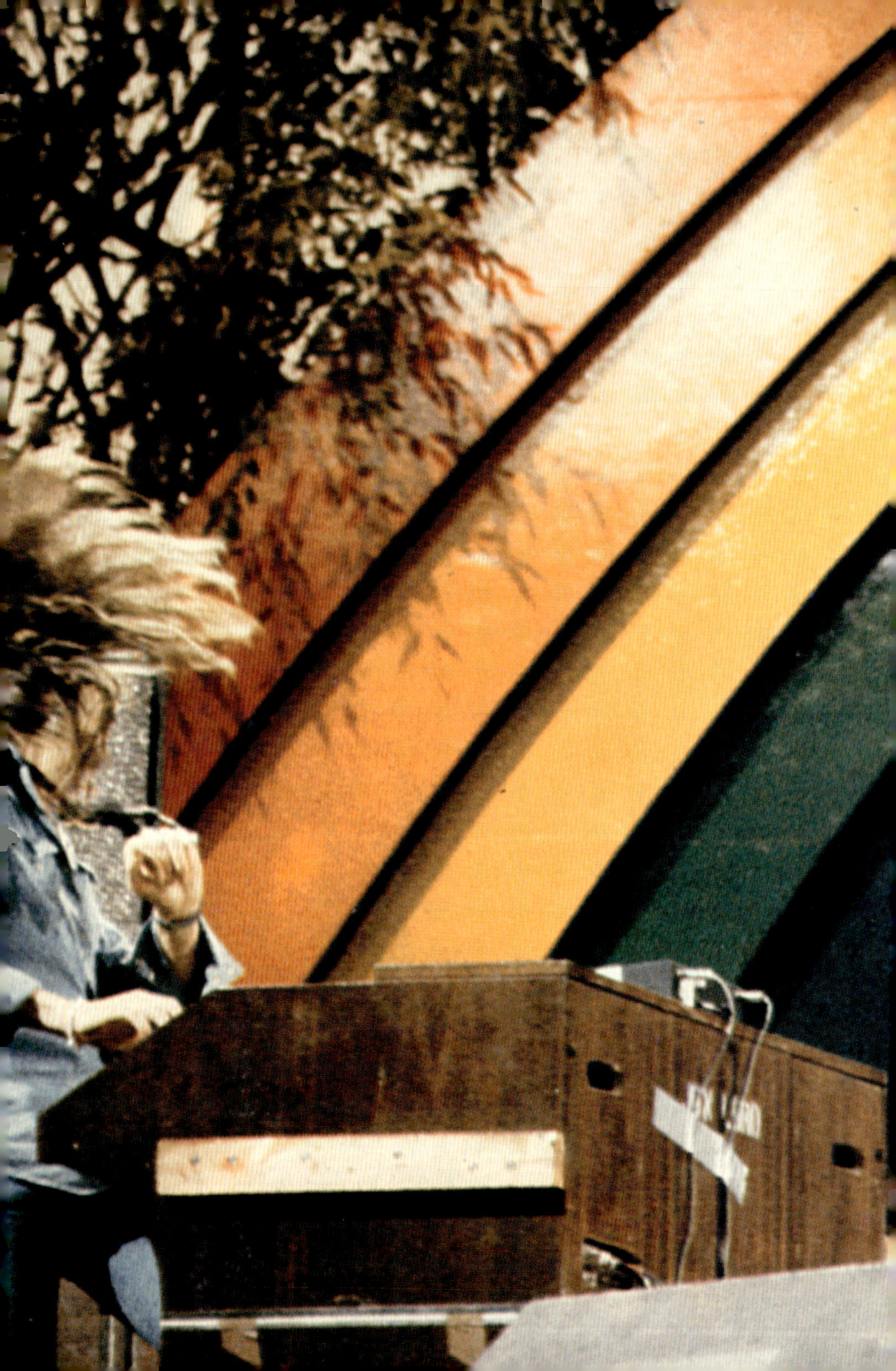

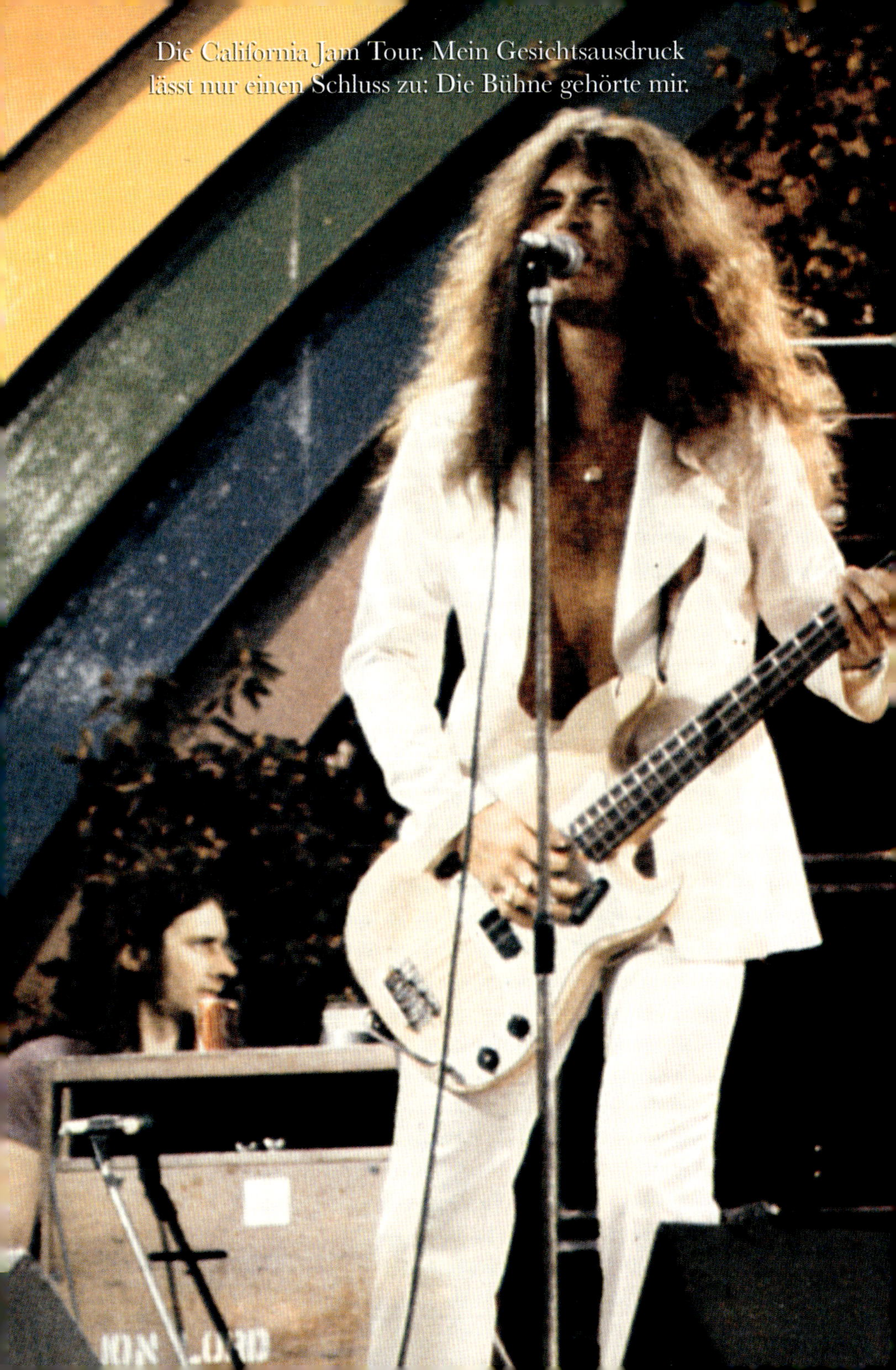

Die California Jam Tour. Mein Gesichtsausdruck lässt nur einen Schluss zu: Die Bühne gehörte mir.

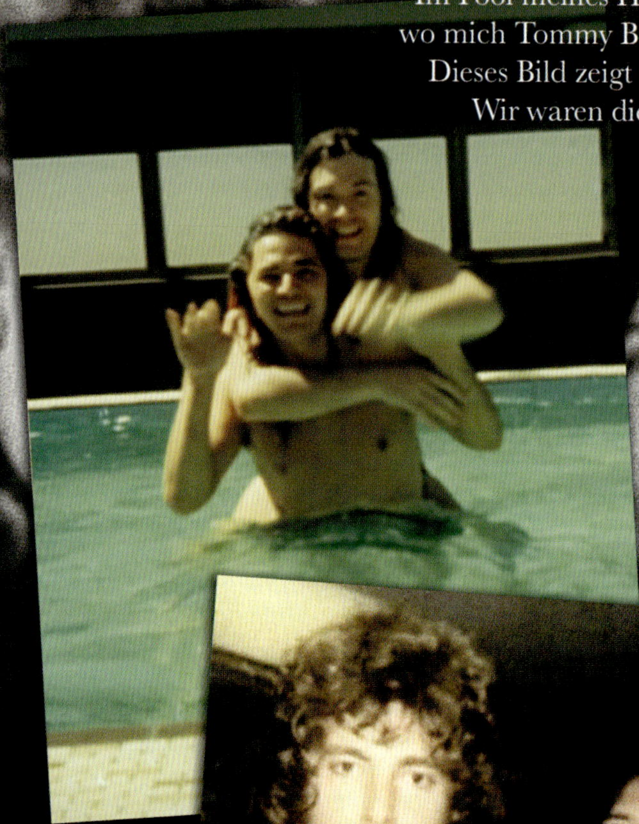

Im Pool meines Hauses in Beverly Hills,
wo mich Tommy Bolin huckepack nimmt.
Dieses Bild zeigt meine Liebe zu ihm.
Wir waren die besten Freunde.

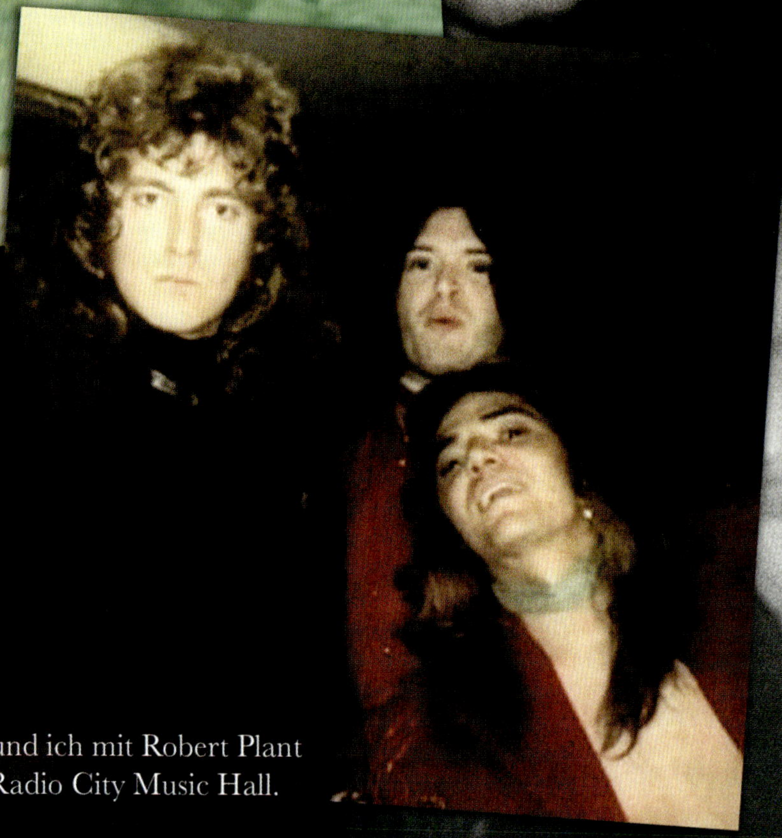

Tommy und ich mit Robert Plant
in der Radio City Music Hall.

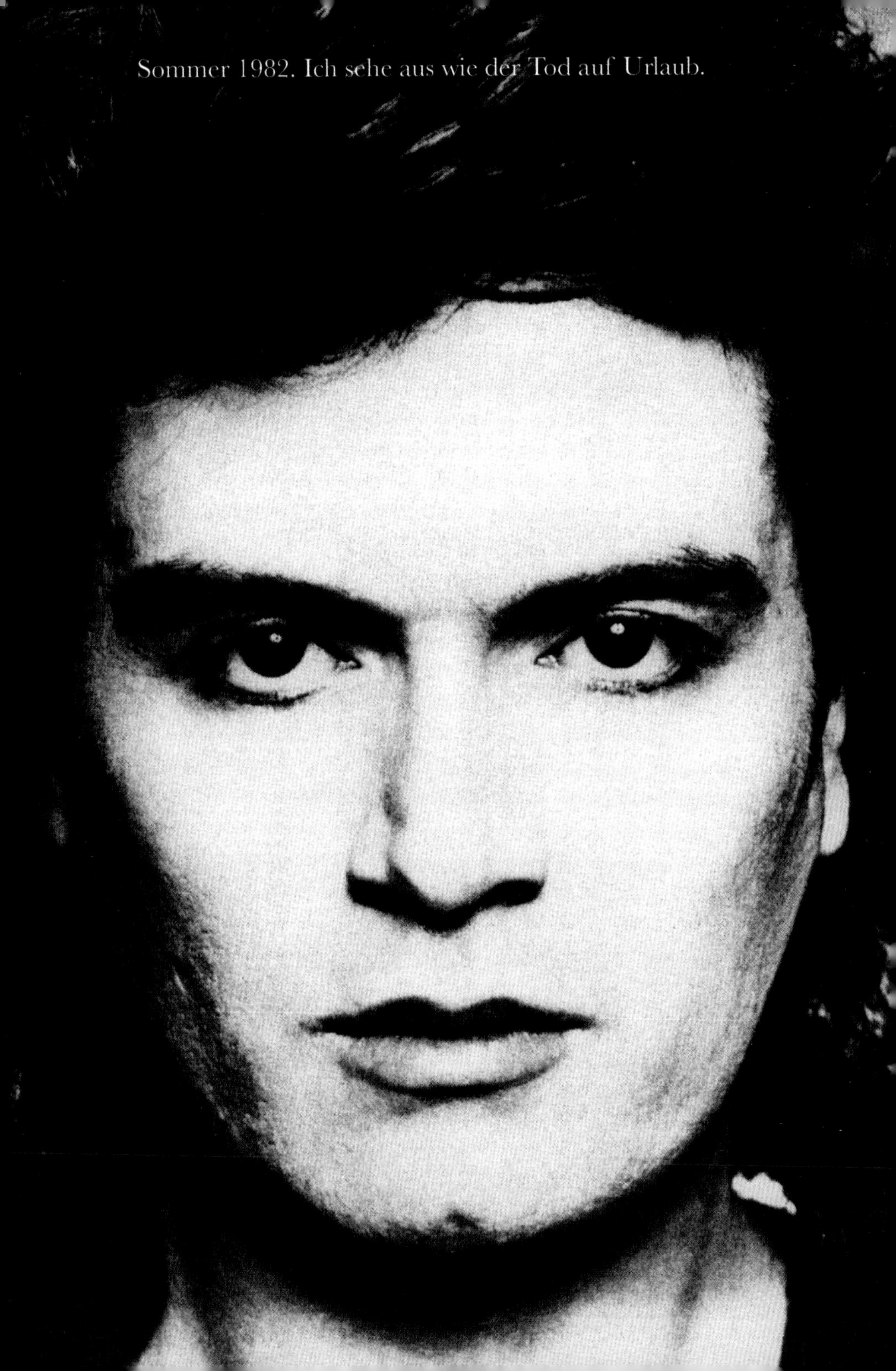
Sommer 1982. Ich sehe aus wie der Tod auf Urlaub.

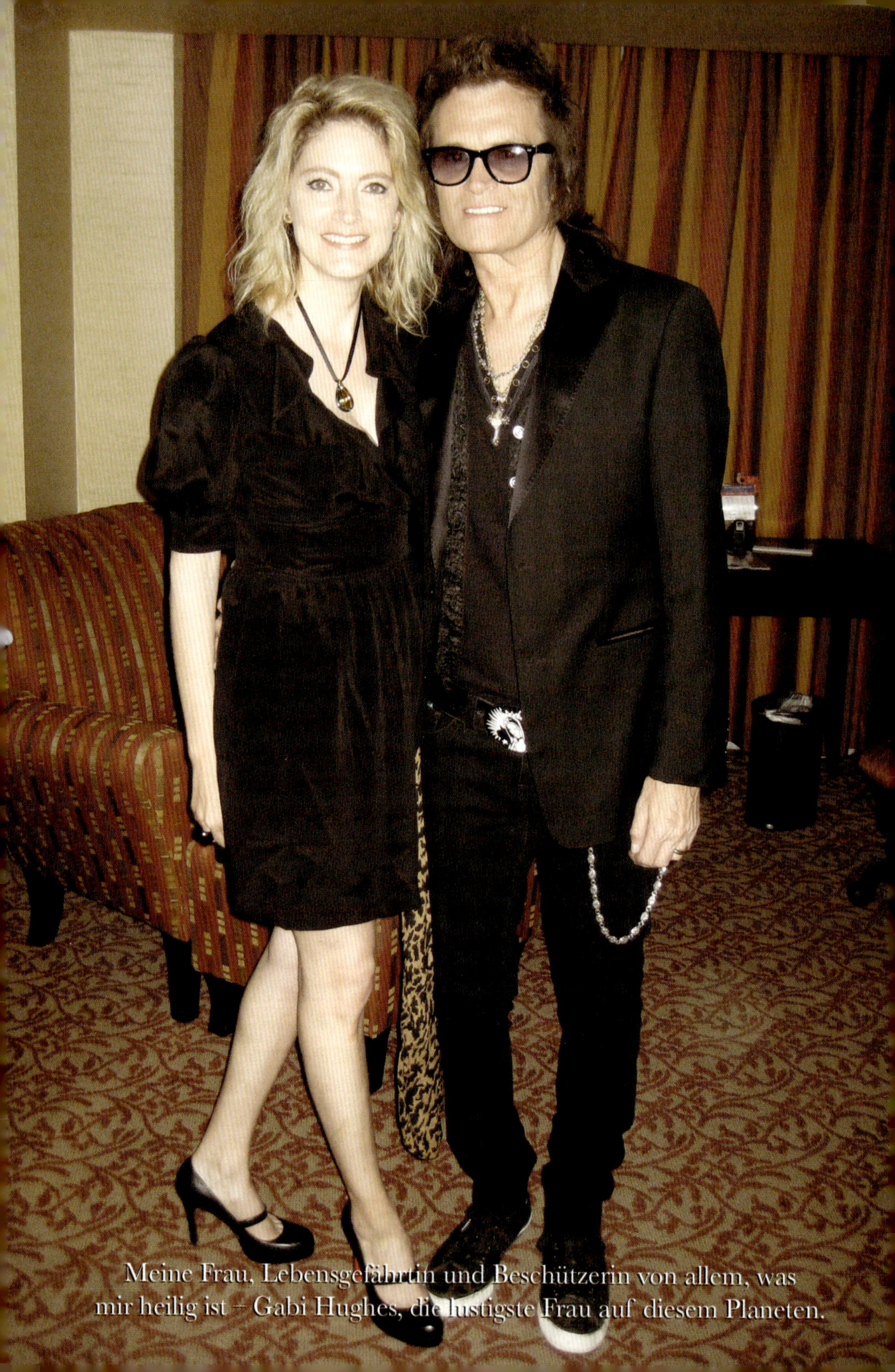

Meine Frau, Lebensgefährtin und Beschützerin von allem, was mir heilig ist – Gabi Hughes, die lustigste Frau auf diesem Planeten.

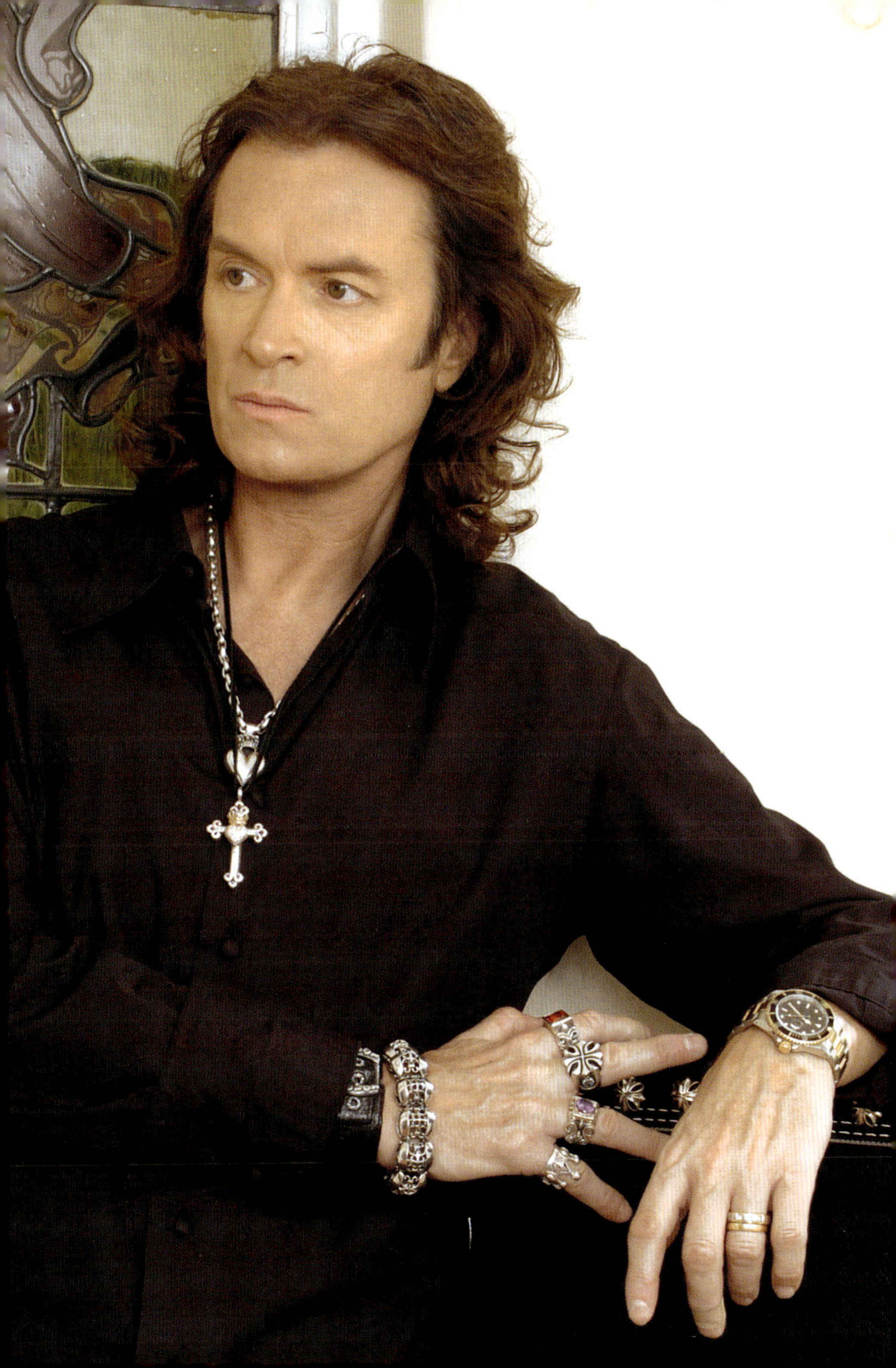

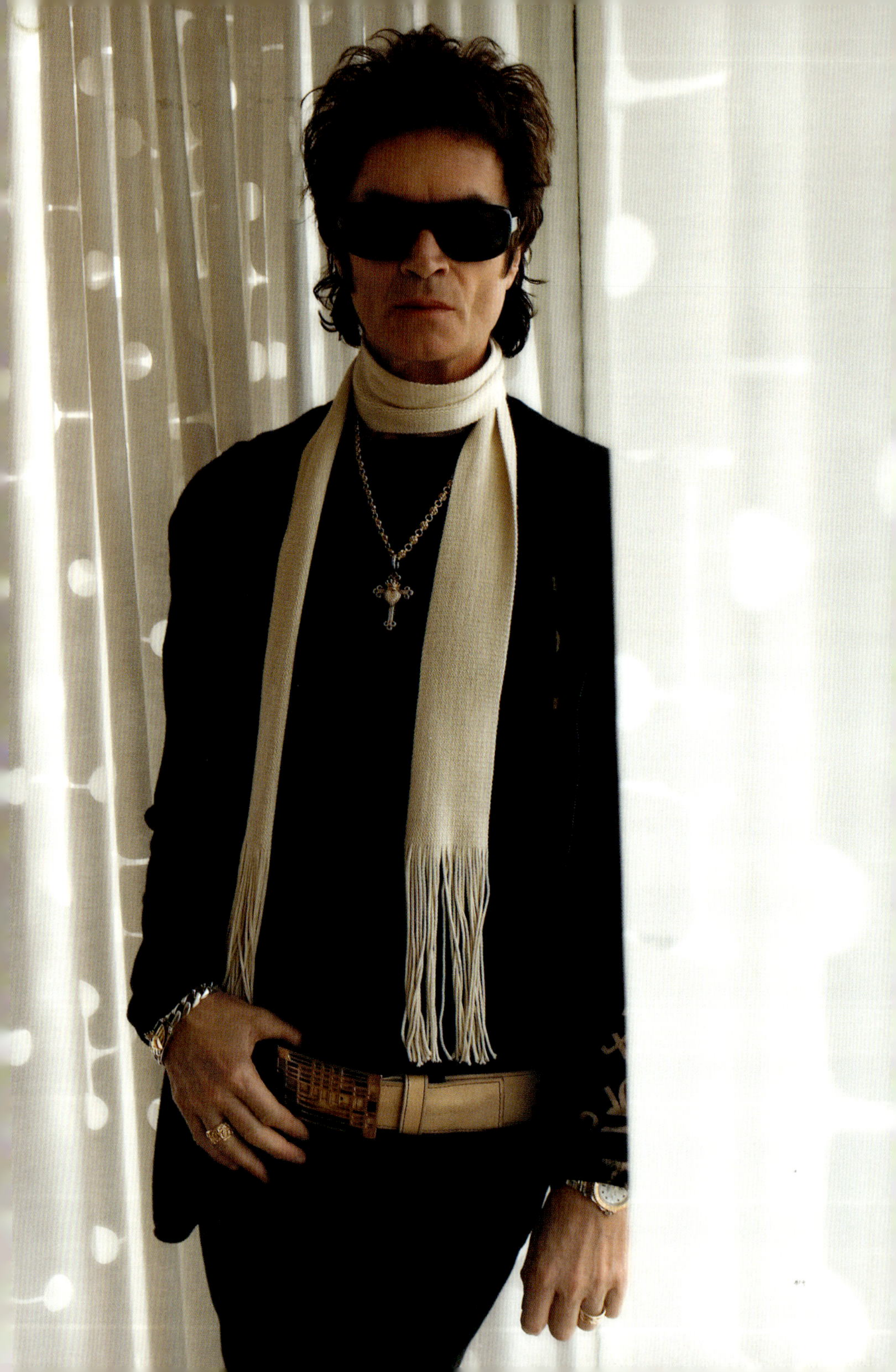

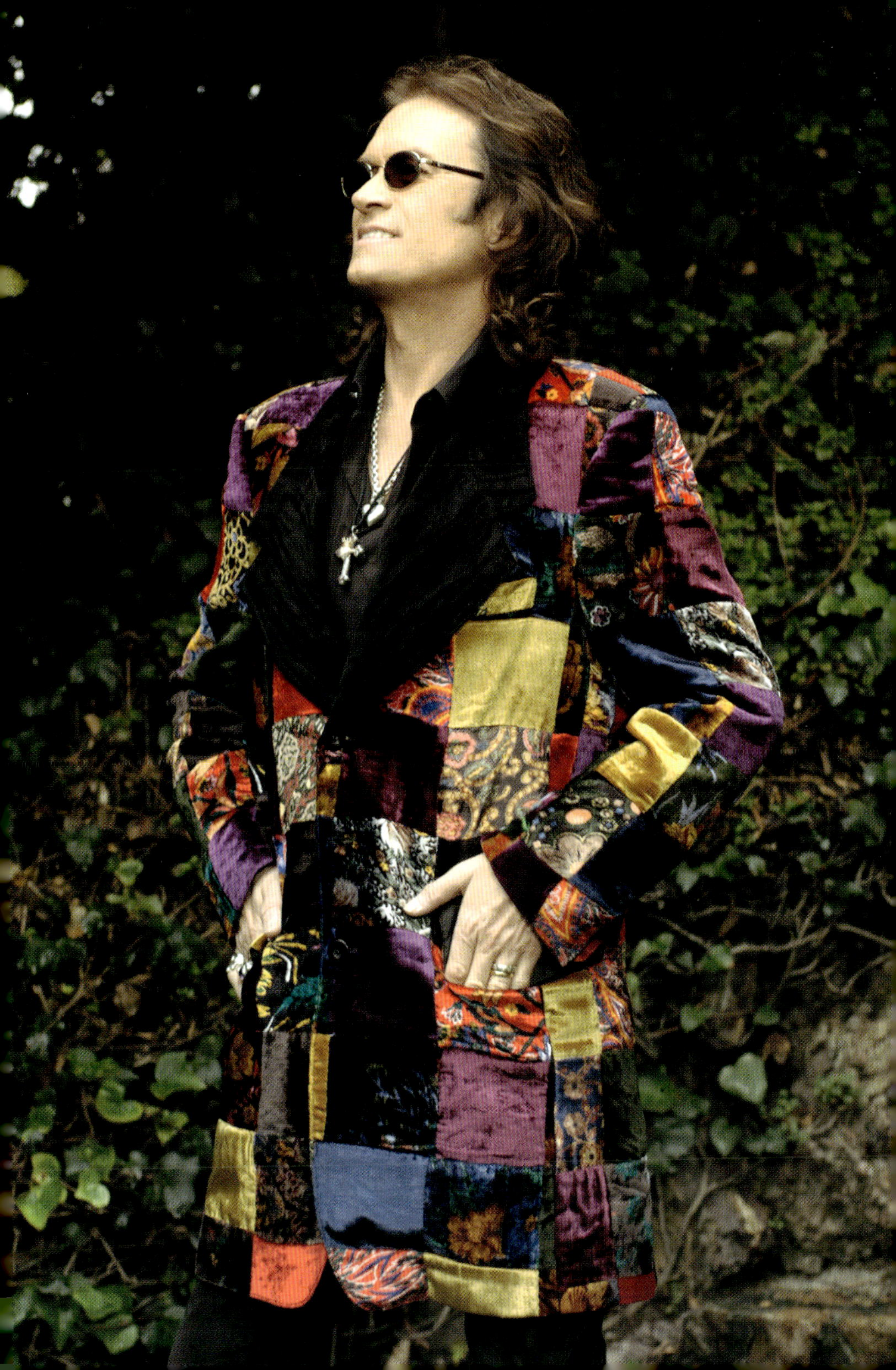

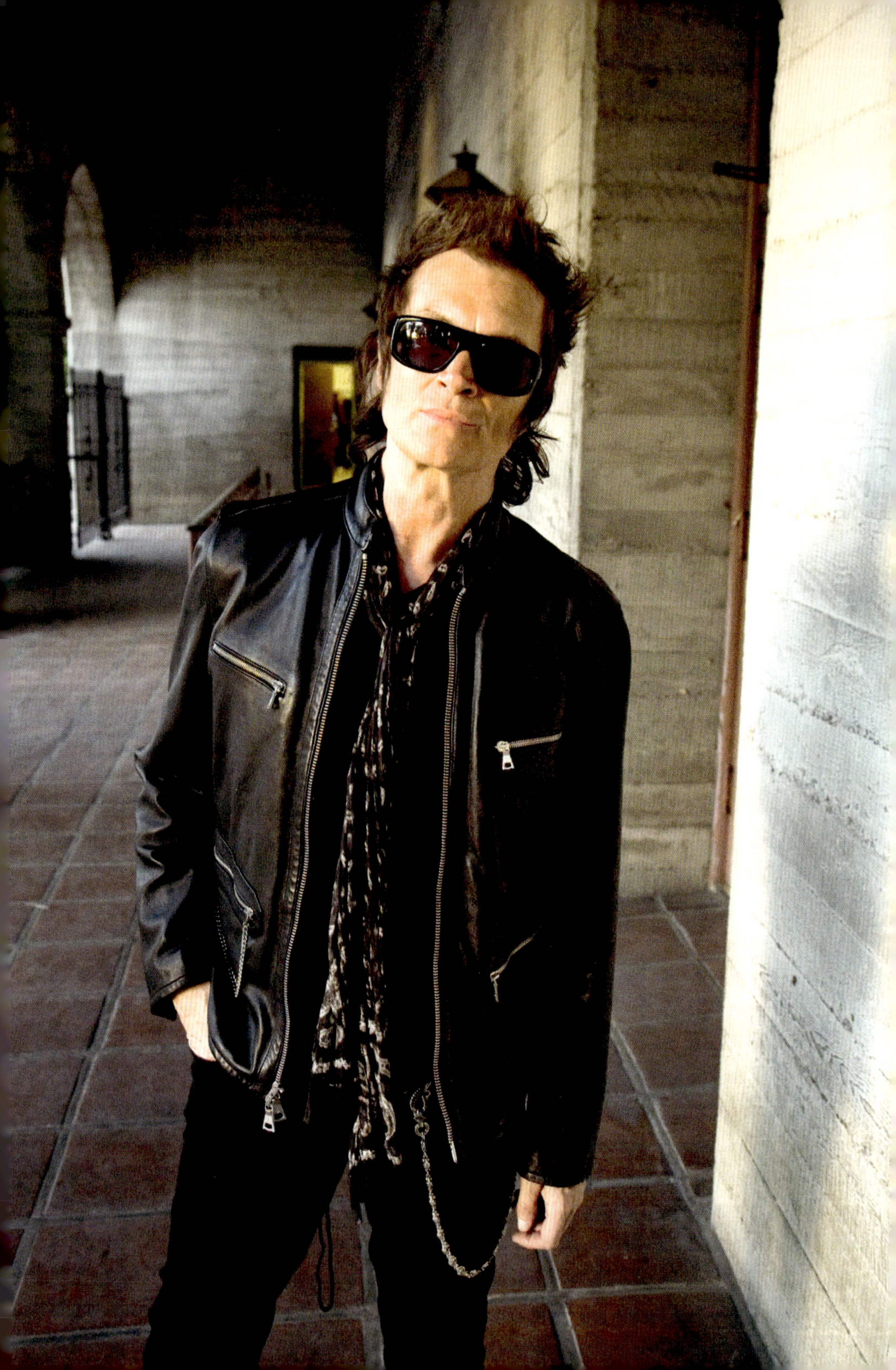

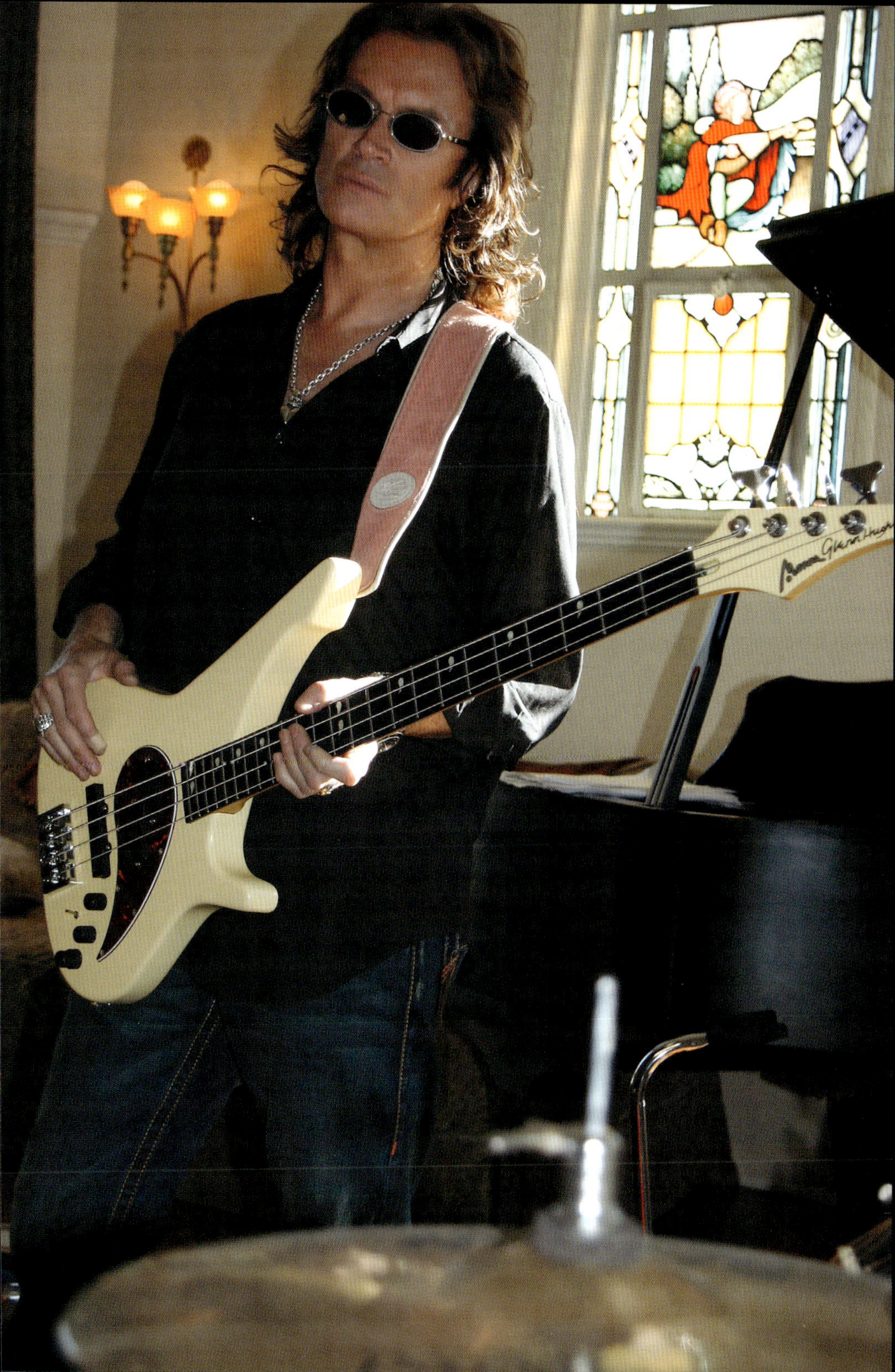

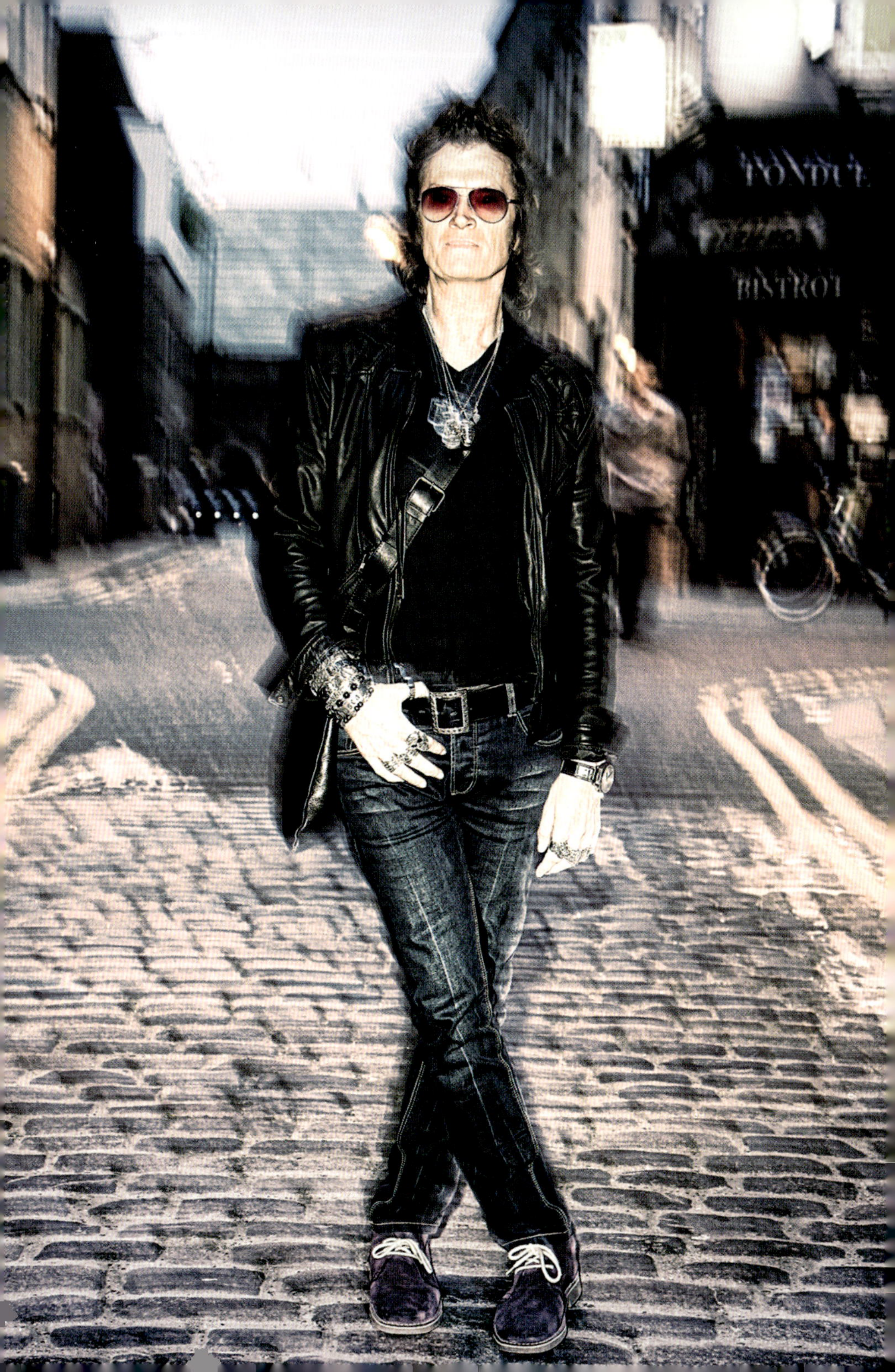
FONDUE
BISTROT

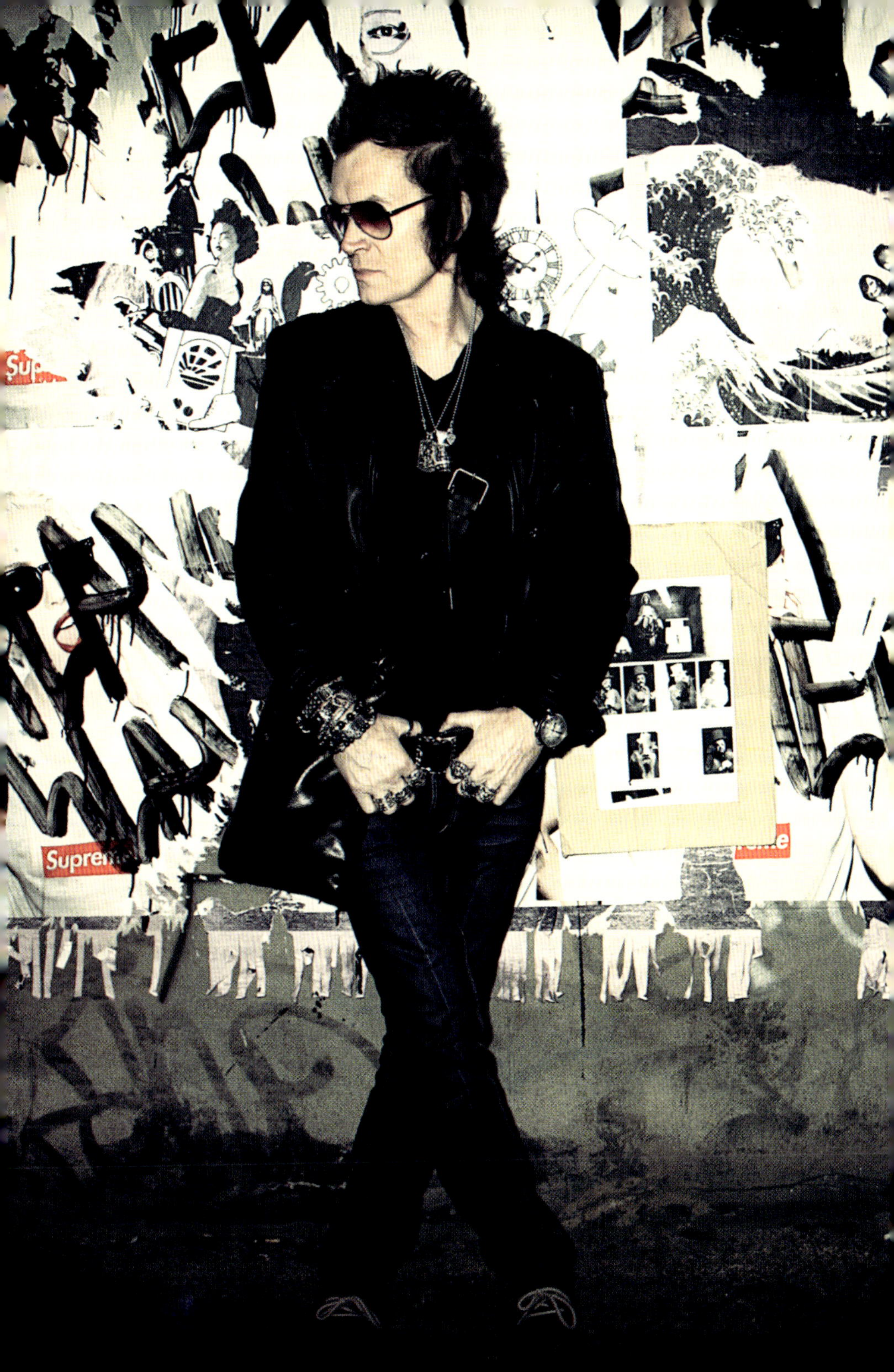

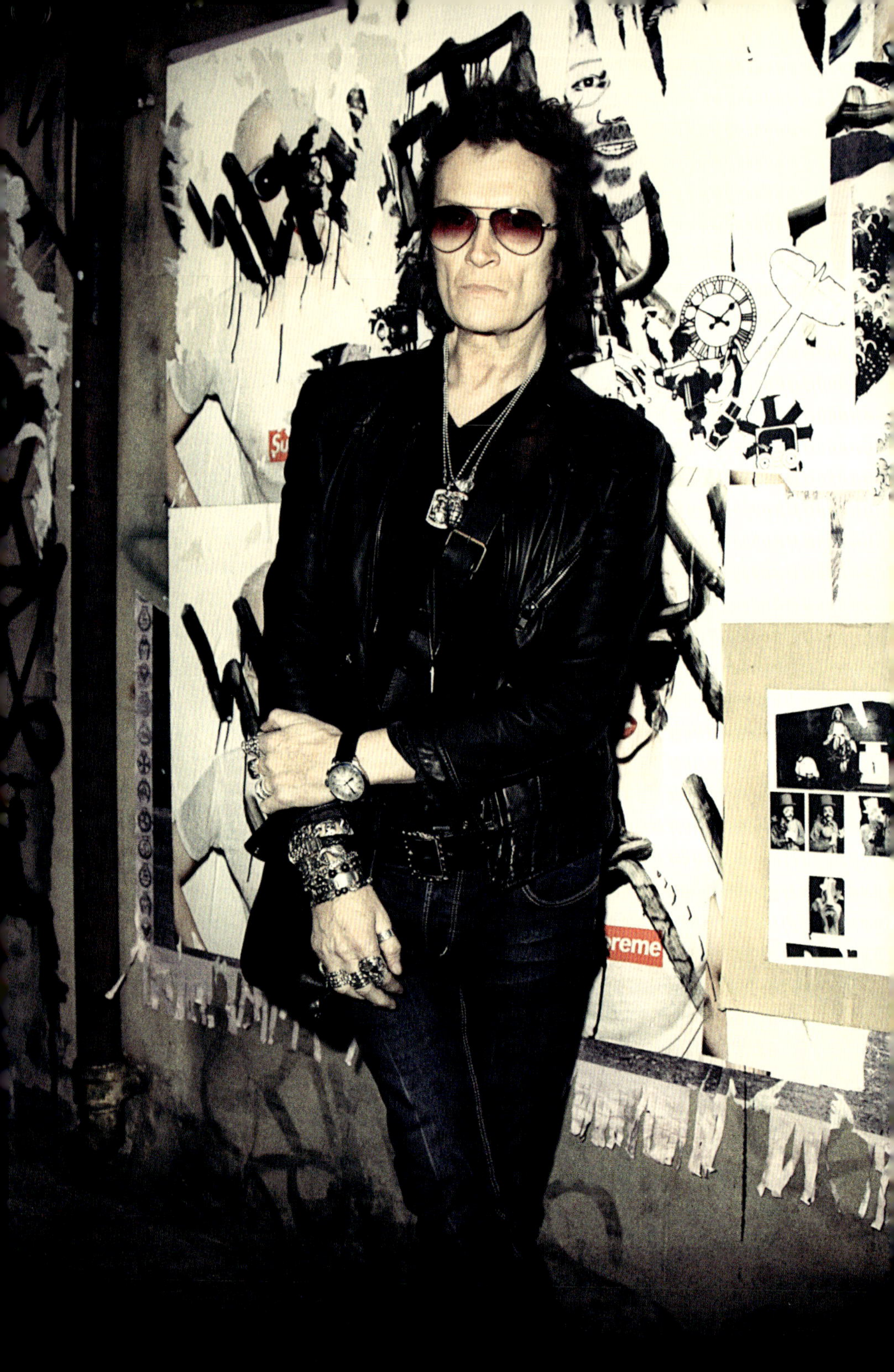

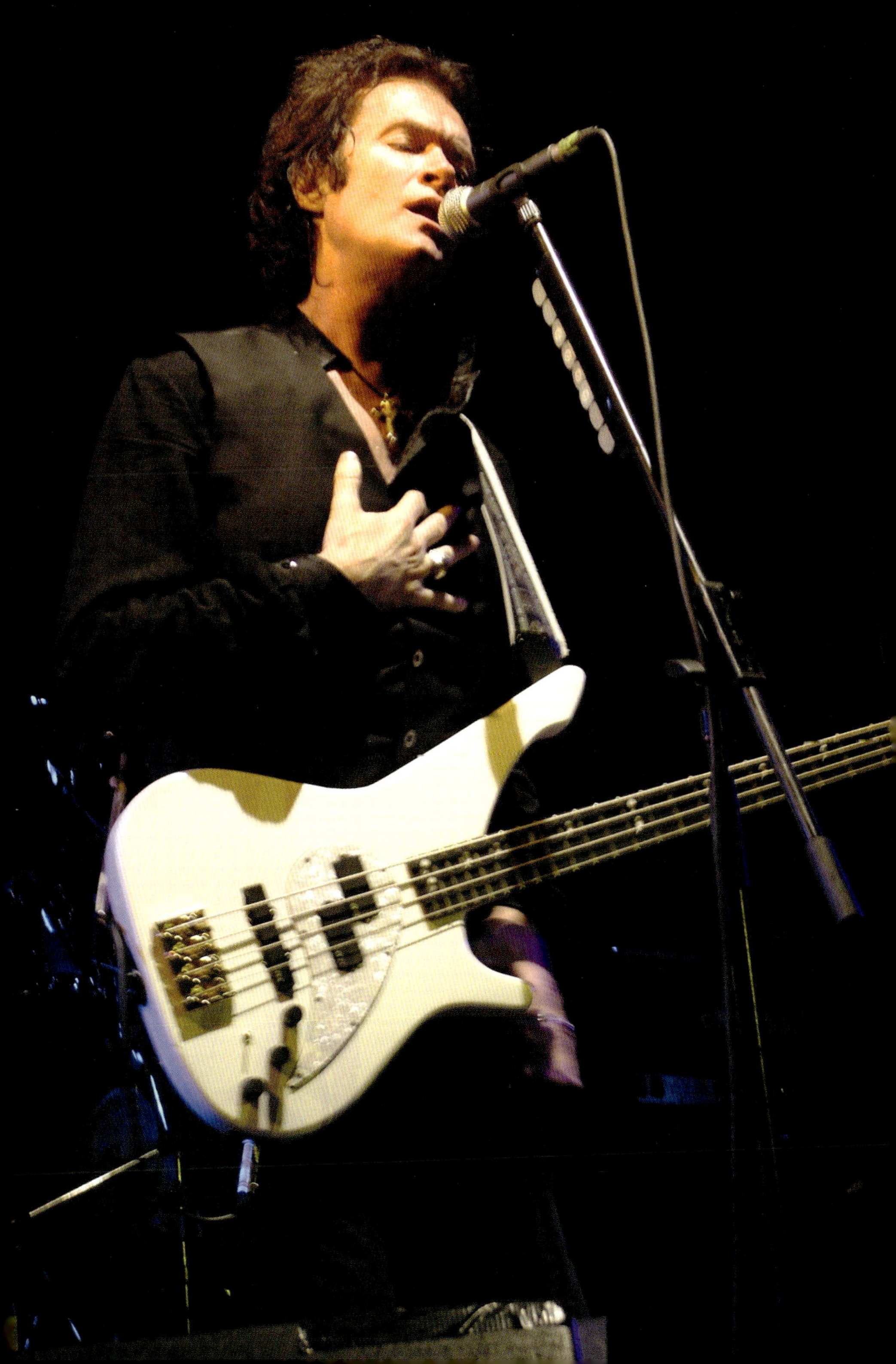

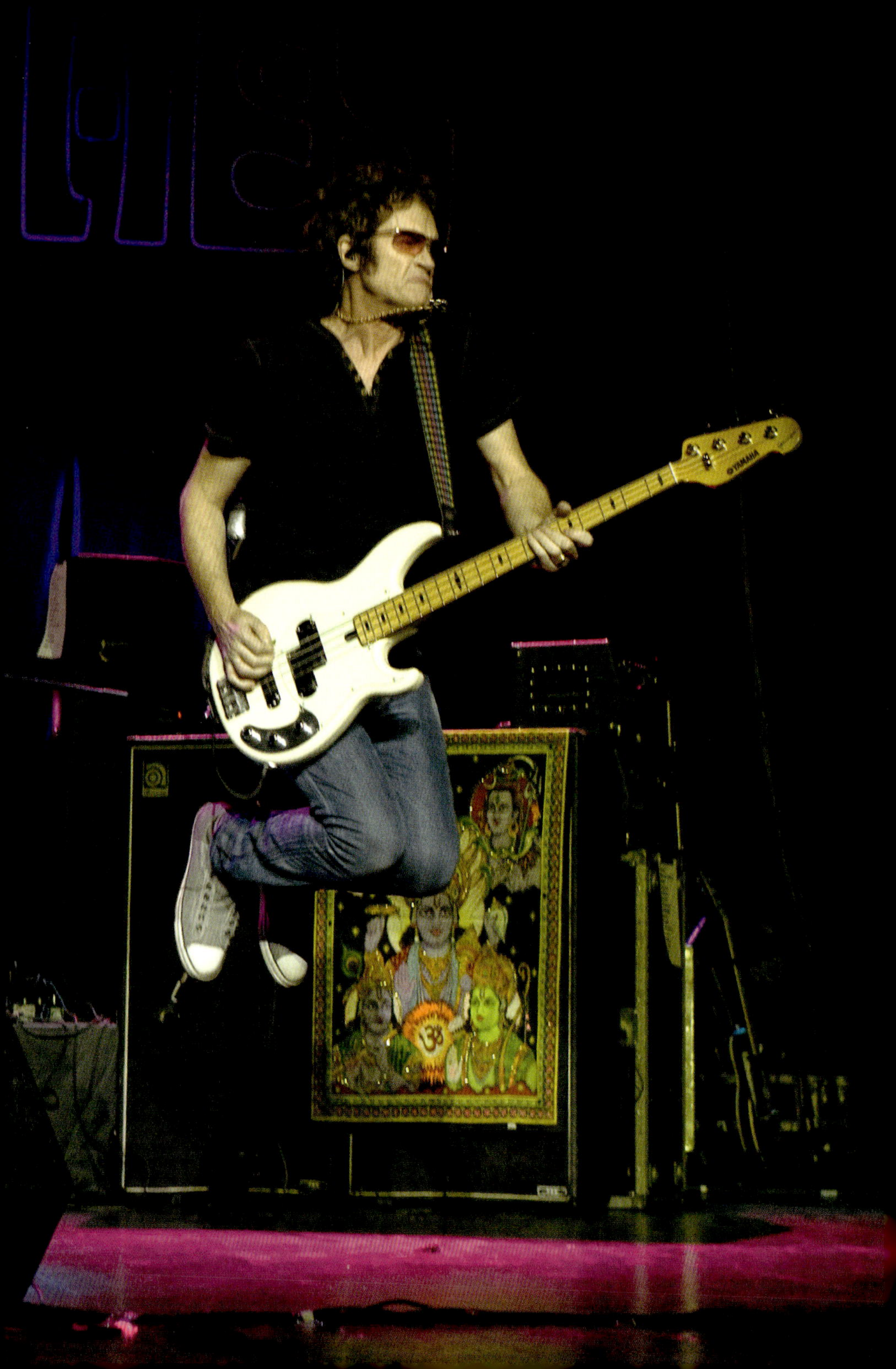
YAMAHA

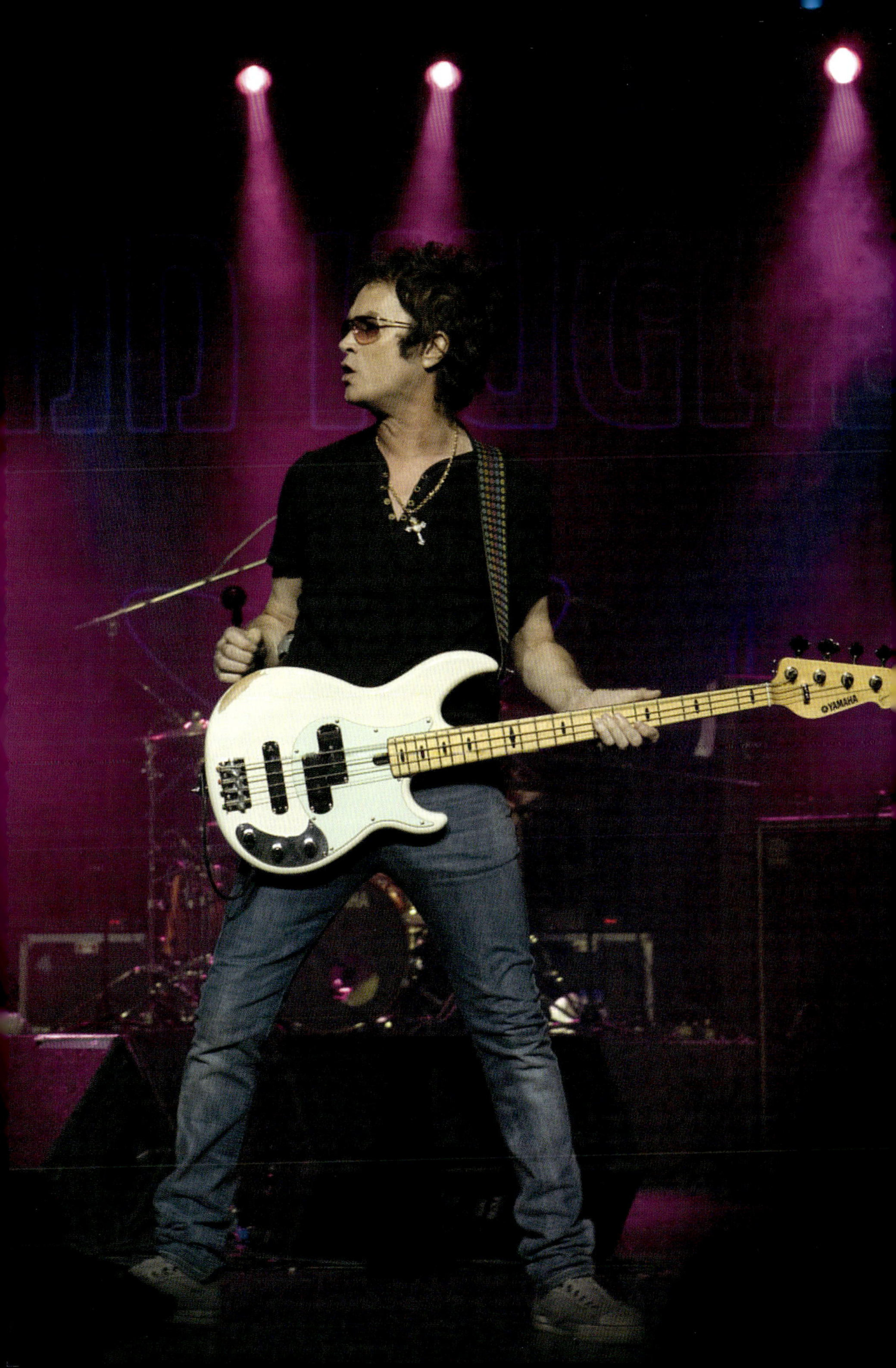
YAMAHA

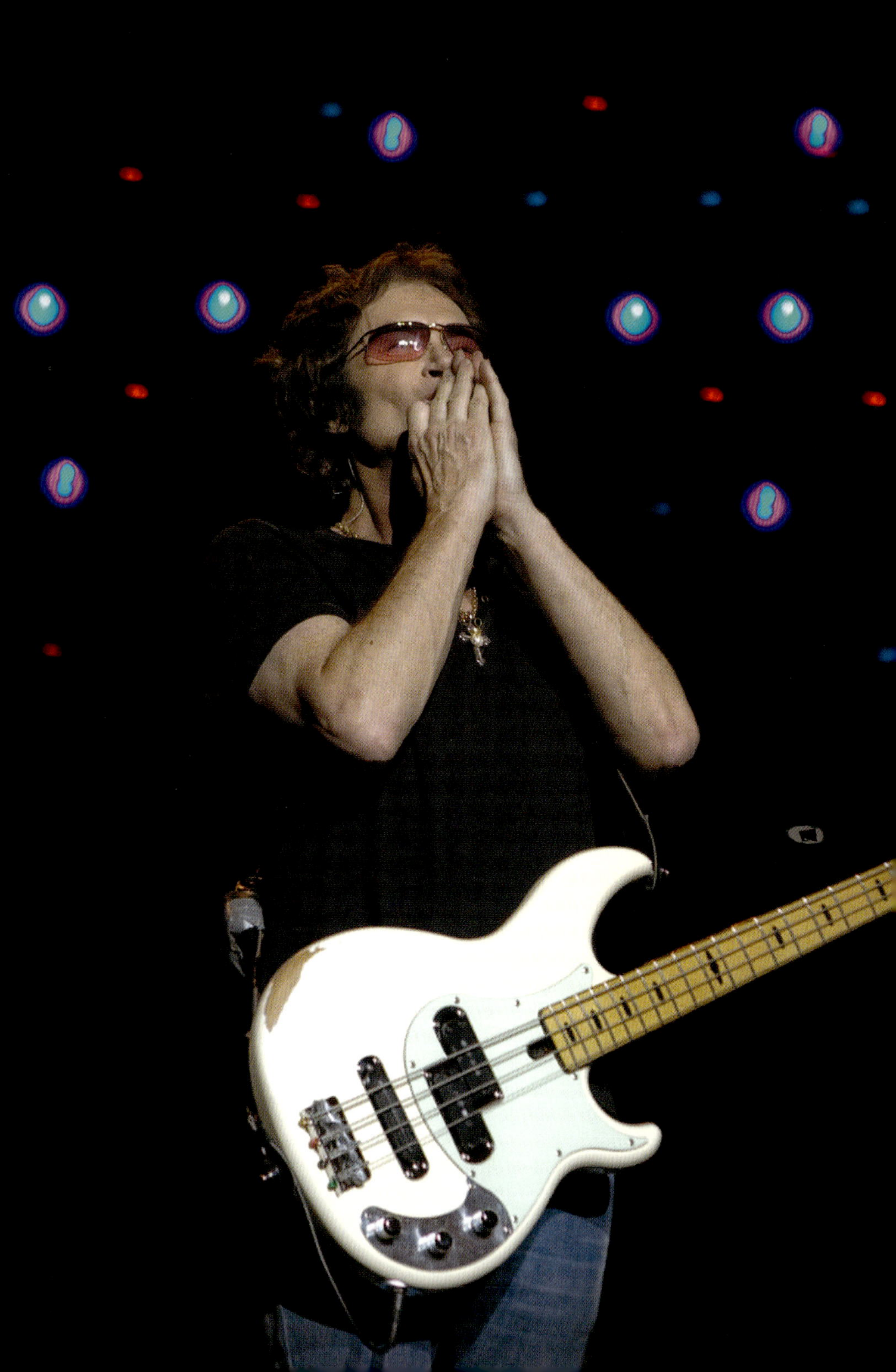

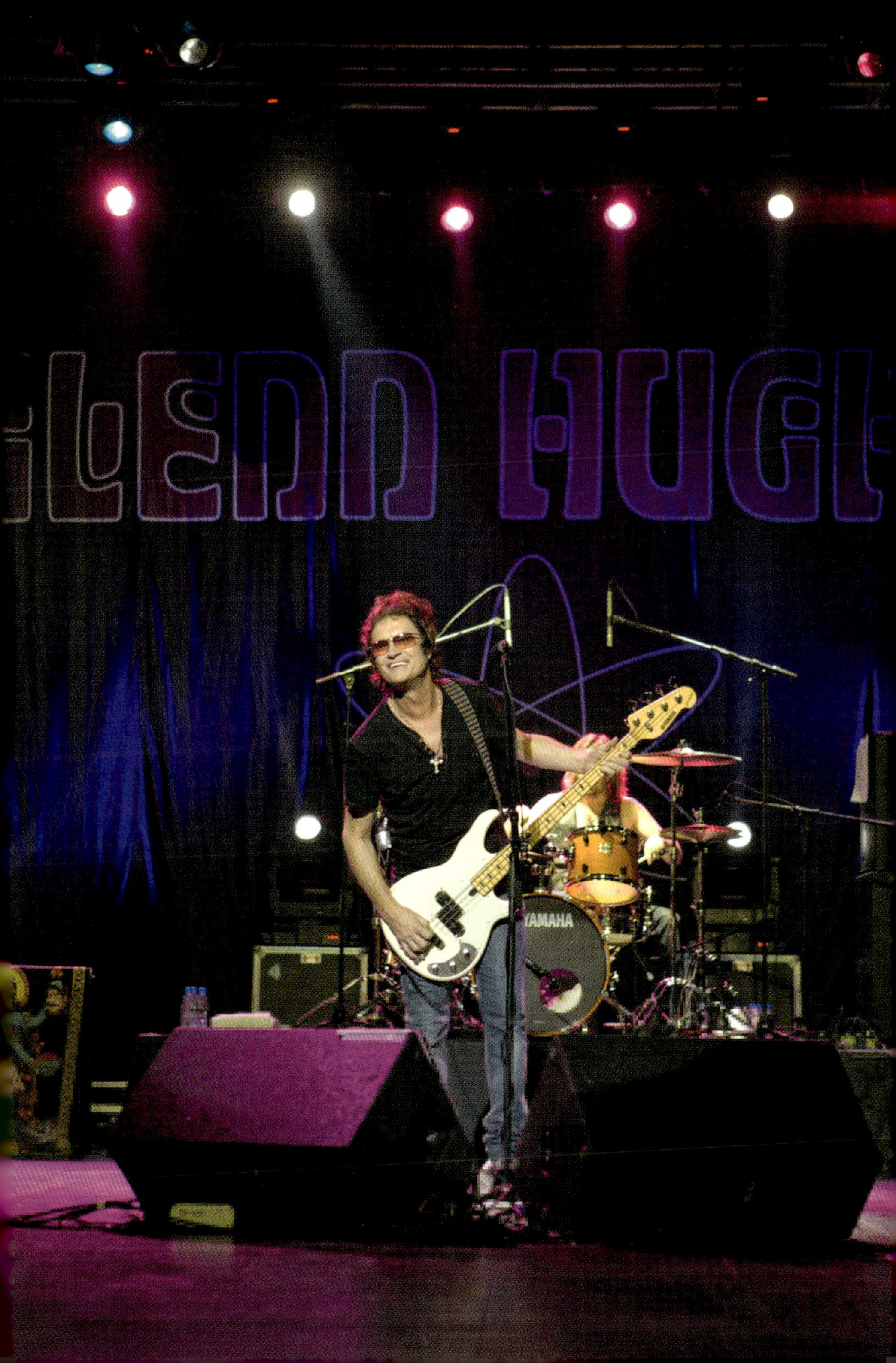
YAMAHA

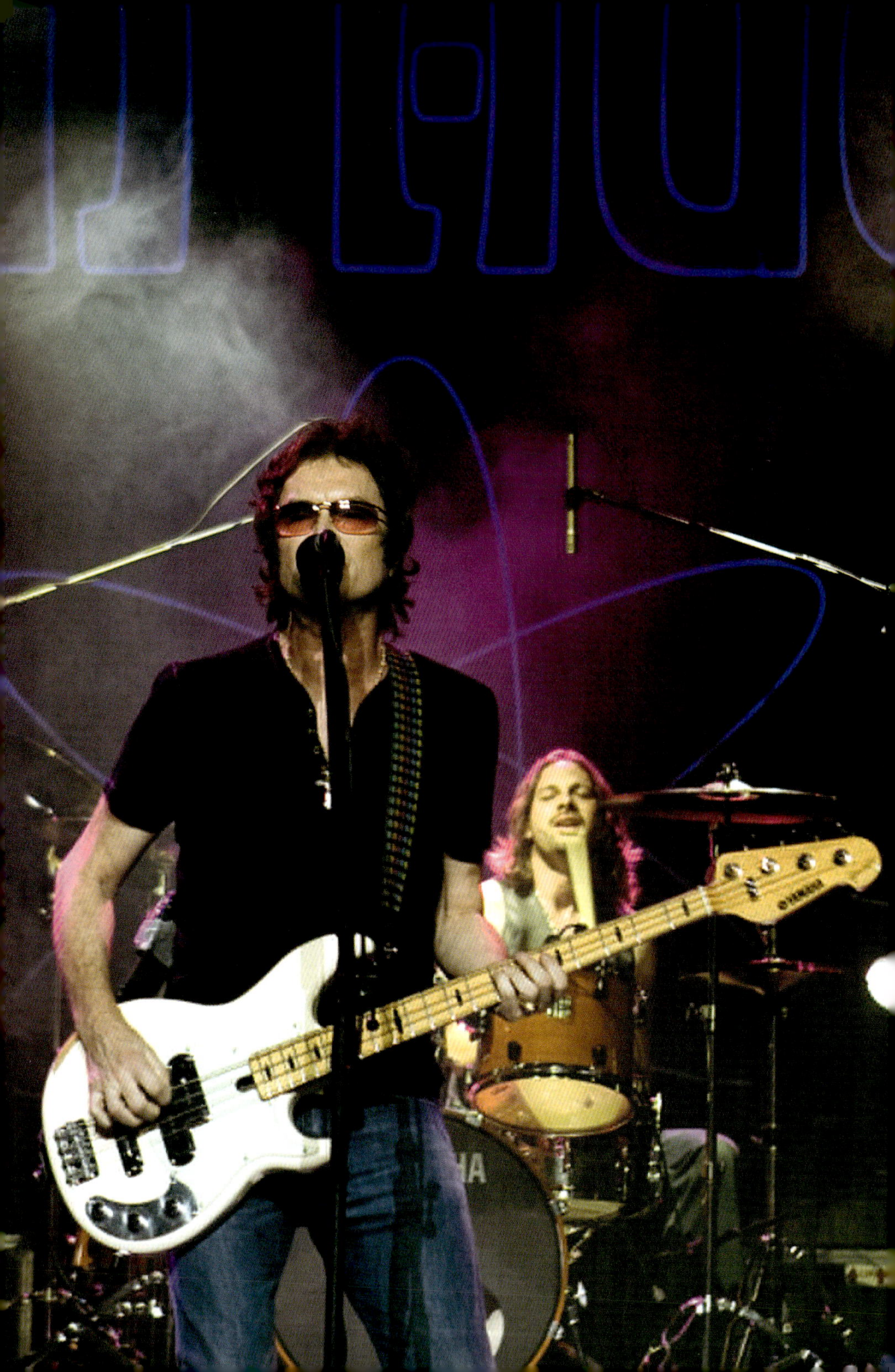

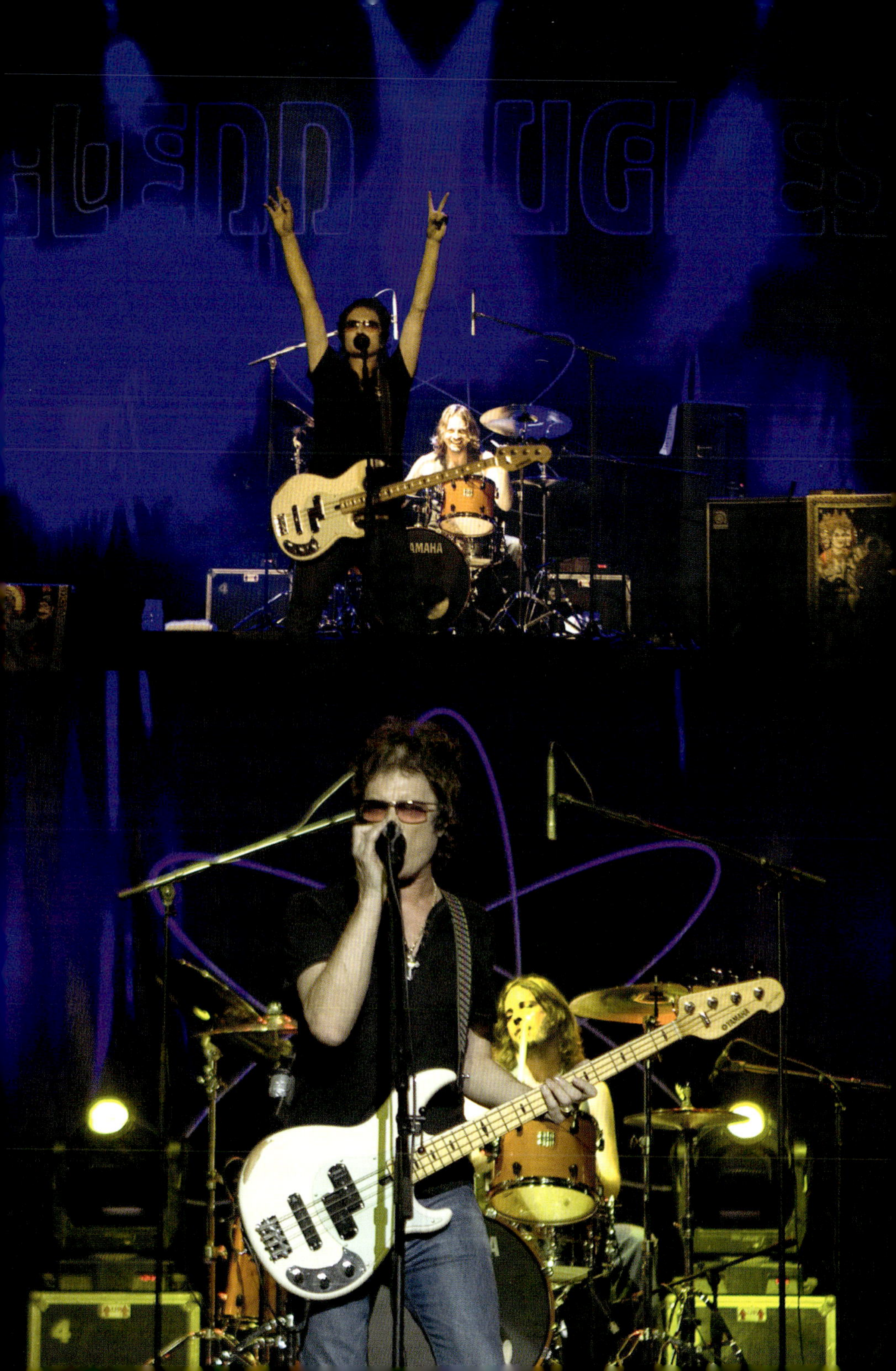
YAMAHA

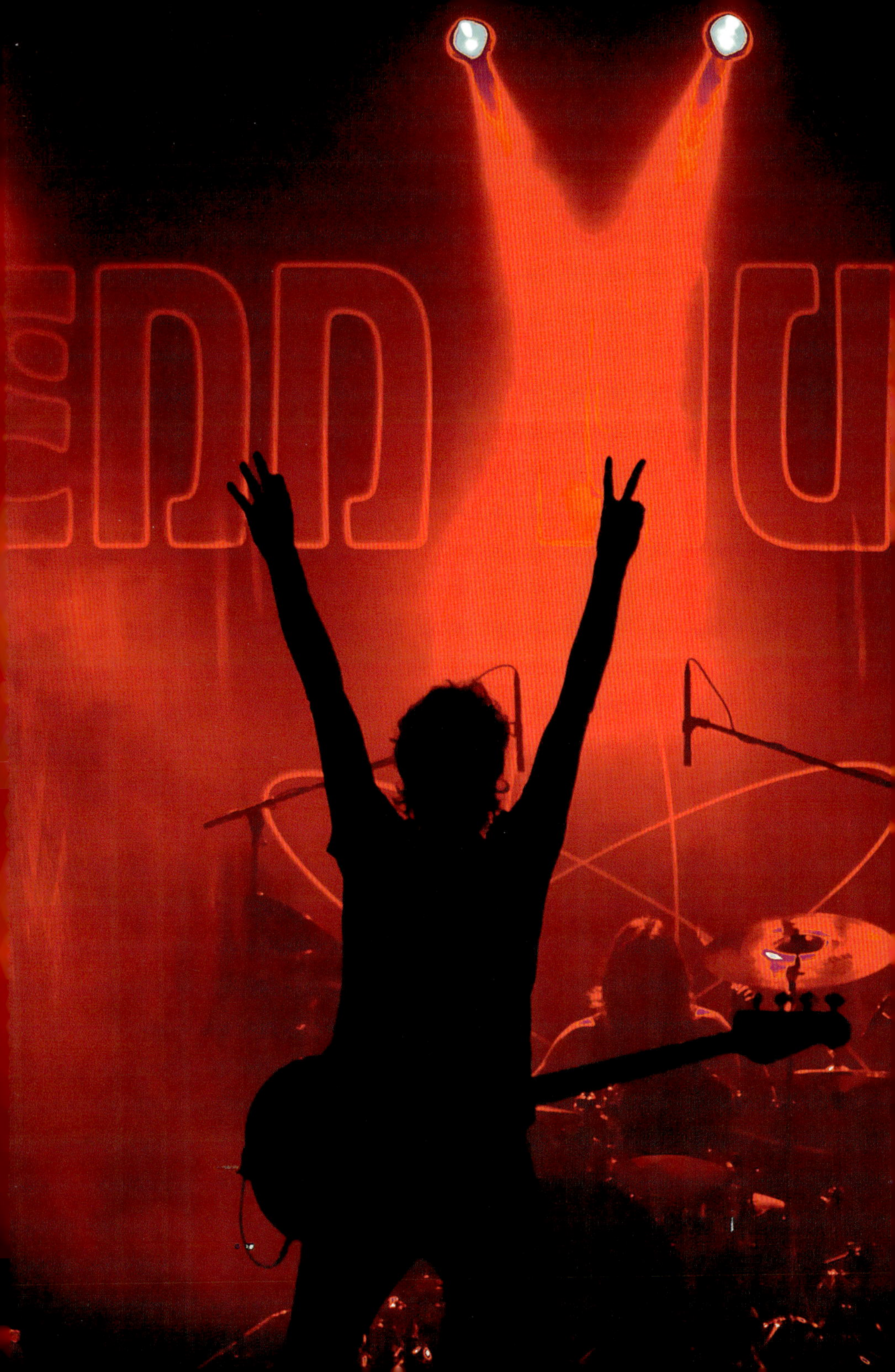

Ozzy Osbourne weihte mich in sein Vorhaben ein, eine Band namens Blizzard Of Ozz zu gründen, in der ich Bass spielen sollte. Ich schlug das Angebot aus, weil ich nirgendwo mitmischen wollte, ohne meine Stimme zu bemühen, und Ozzy ist nicht der Typ Musiker, mit dem du das Mikrofon teilst. Er war und ist mein Freund, pflegt aber eben einen anderen Stil.

Schon im Dezember 1977 hatte ich wieder einen anderen Wohnort im Sinn. In gegenseitigem Einvernehmen verkauften Karen und ich das Haus mitsamt dem Rolls-Royce, um bereits am Neujahrstag zur Miete in Encino zu leben, einem Stadtteil von L.A. im San Fernando Valley. Fast wäre es zum Schulterschluss mit Produzent Jeff Glixman gekommen. Durch Trapeze hatte ich bei ihm einen dicken Stein im Brett, aber die Idee zerschlug sich. Im Sommer 1978 hatten Karen und ich keinen Bock mehr aufs Mieten, also kauften wir ein Anwesen in zentraler Lage.

Ich lebte meine Psychose nun tagtäglich aus. Während andere Leute high werden und den Spoon dann ruhenlassen, kokste ich munter weiter. In meiner Paranoia bereitete ich meinen Mitmenschen Kummer. Man sorgte sich um meine Gesundheit, während ich überall Gefahr witterte, hinter Türen oder unter meiner Matratze. Ein glückliches Leben war das nicht. Ich konnte mir nicht zusprechen, dass ich halluzinierte, weil die Nazis, Cops und Kobolde, die ich sah, zu real anmuteten.

Ich gab einen miserablen Ehemann ab. Manchmal sagte ich Karen, wir bräuchten Milch oder was auch immer, ehe ich in den Jaguar stieg und mich eine Woche lang nicht mehr blicken ließ. Weil sie zu jener Zeit keinen Job hatte, saß sie ganz allein da.

Ehrlich, ich hatte kein Mädchen richtig geliebt, bevor ich meine jetzige Ehefrau Gabi traf. Umgekehrt wiederum war es unmöglich, mich zu lieben, weil ich mich selbst verachtete. Für Karen war ich kein Göttergatte. Was ich fertigbrachte, war zu koksen und gelegentlich Speed zu nehmen. Dabei wollte ich stets noch höher fliegen, immer weiter bis zum Erfrieren.

England blieb ich bis 1984 fern. Ich schämte mich nicht, weil meine Solokarriere nicht lief, sondern weil ich süchtig war. Jeder kannte die Schlagzeilen; man konnte kein Szeneblatt aufschlagen und mich nicht wahrnehmen, Glenn Hughes nackt auf einem Hausdach und andere wilde Geschichten. Dabei gab ich nicht einmal Interviews, sondern ließ einfach nur die Sau raus und kam mir toll dabei vor. Pressearbeit und überhaupt Musik standen meiner Lustbefriedigung im Weg.

Manche Leute nahm ich in ihrem eigenen Zuhause gewissermaßen als Geiseln: Fand ich bei jemandem einen Flügel, sperrte ich mich dort ein, klimperte und sang. "Glenns Würgegriff" nannte ich es. Auf Drogen spielte und grölte ich in jeder Bude, war eine echte Plage. Wenn ich geschnupft hatte, konnte ich nicht mehr richtig sprechen, sondern nur noch singen, ein vielfältiges Repertoire Note für Note. Es war bizarr und verdatterte die Leute.

Zwischenzeitlich kaufte ich ein nettes Haus im kalifornischen Northridge und eine Katze, die wir Pocket nannten. Mit dem Nachwuchs hingegen wollte es bei Karen und mir nicht klappen. Dave Holland trommelte nunmehr bei Judas Priest, die ich näher kennenlernte und einmal zum Grillen einlud. Erst an dem Tag erfuhr ich von Rob Halfords Homosexualität, denn er brachte seinen Partner mit. Ich handhabe dieses Thema locker, weil ich schon immer viele schwule Bekannte hatte, und meine Freundschaft mit Rob halte ich heute noch hoch. Das Barbecue wurde zu einem Koks- und Trinkgelage, bei dem sich niemand ausnahm. Rob schenkte mir einen Stringtanga mit Nieten, den ich allerdings nie angezogen habe. Als ich eines seiner Pornohefte durchblätterte, wurde mir bewusst, wie bunt es Schwule bisweilen treiben. Den Tanga bewahrte ich ein paar Jahre lang auf.

> **Rob Halford:** *"Oh ja, ich schlug mir mehr als eine Nacht mit Glenn um die Ohren. Es gab nichts, was wir beide verschmähten, um eine Gesichtslähmung zu erleben. Mancher aus unserer Generation ging an die Grenzen, um sich seiner Sucht bewusst zu werden, und einige zogen ihre Schlüsse daraus, um zu überleben. Ich würde beide Hände für Glenn ins Feuer legen; er ist mit einer Stimme gesegnet, wie es sie zweifellos kein zweites Mal in der Szene gibt. Dazu besitzt er Charakter, Charisma und Stil."*

Am 8. Dezember 1980 flimmerte das Attentat auf John Lennon über die Mattscheiben. Er wollte gerade ein neues Album aufnehmen und galt als Botschafter des Friedens. Von Leibwächtern hielt er wenig, zumal man in New York oder L.A. selten belästigt wurde, allenthalben von Paparazzi. Lennon dachte also nichts Böses und kam aus dem Studio, als dieser Irre, der sich in den Geschichtsbüchern verewigen wollte, ihn hinrichtete – den Mann, der mit "Imagine" die ultimative Friedenshymne komponiert hatte. John Lennon war einer der besten Songwriter aller Zeiten und wurde uns viel zu früh genommen. An jenem Tag läuteten die Alarmglocken nicht weniger Künstler. David Bowie trat von da an nur mit einer Armee von Sicherheitsleuten an die Öffentlichkeit. Die Welt ist voller schlechter Menschen. In El Paso wurde ich einmal mit einer Pistole bedroht, und bereits 1975 in Beverly Hills wollte mich jemand durchsieben. Lustig ist so etwas in keinem Fall. Stalker verfolgten mich und tun es immer noch. Sie reisen hinterher und machen sich auch bemerkbar, also nehme ich Begleitschutz mit, zumal ich mich gern unter Leute begebe, weil ich nahbar bleiben möchte. Trotzdem sind eben nicht alle koscher, und ich schätze, Kollegen stimmen mir zu, was dies betrifft.

Der Ruf der Musik verstummte nie. Wer dieses Buch liest, soll wissen, dass ich ihn am Grunde meiner von Mutter Erde durchpulsten Seele hörte: “Du musst wieder auf die Bühne.” Im selben Jahr besuchte ich dann ein Konzert von Pat Travers. Ich erinnere mich noch sehr gut an die Vorgruppe Def Leppard; sie steckten damals noch in den Kinderschuhen. Die Mitglieder waren blutjung und unbekannt, aber ich ahnte bereits, dass sie einmal durch die Decke gehen würden. Pat Thrall, der an Travers' Seite Gitarre spielte, war mir zu jener Zeit kein Begriff, hinterließ jedoch einen bleibenden Eindruck. *Mensch*, dachte ich. *Das ist der neue Tommy Bolin, genau der richtige Klampfer für mich.* Nach dem Gig sprach ich ihn an: “Wir müssen irgendwann gemeinsame Sache machen.” Für mich war er James Brown, Hendrix und Prince in Personalunion, ein echtes Genie und die perfekte Ergänzung zu meinem Stil. “Würde mich freuen”, erwiderte er.

Pat Thrall: *“Aufmerksam wurde ich auf Glenn, als Deep Purple 1974 beim California Jam auftraten. Ich sah die Übertragung im Fernsehen, und dieses Haarbündel im weißen Anzug, das David Coverdale am Mikro unterstützte, blieb mir im Gedächtnis. Ein paar Jahre später gehörte ich zur Band von Pat Travers, der mir Glenns Scheibe »Play Me Out« vorspielte. Ich fand sie super und nahm mir vor, in Zukunft etwas mit ihm zu starten.”*

Als Thrall vier oder fünf Monate später seinen Hut bei Travers nahm, rief er mich an und meinte: “Ich bin gerade in Frisco und werde dich besuchen.” Ich stellte ihm frei, eine Weile bei mir zu Hause aufzuschlagen. Am Ende blieb er einen Monat, wobei einige Songs entstanden, mit denen wir den Grundstein für das Projekt Hughes/Thrall legten. Sein Ego war mindestens so ausgeprägt wie meines, also schlug ich vor, es bei uns beiden als Strippenziehern zu belassen. Klar, wir brauchten einen Drummer, doch das letzte Wort behielten er und ich.

Davon abgesehen erwärmte ich mich von jeher für Gary Moore. Sein Song “Parisienne Walkways” sprach mich nicht nur wegen der Melodie an. Lauscht man Gary ungeachtet des Umfeldes, in dem er die Saiten zum Glühen bringt, fällt seine Inbrunst auf. Er besaß mehr Feeling im kleinen Finger als andere in der ganzen Hand und überraschte ständig, indem er unvorhergesehene Töne spielte.

Ich lernte ihn ebenfalls 1980 kennen, im Rainbow in L.A., wenn mich nicht alles täuscht. Er tourte damals mit Thin Lizzy und war mit Scott Gorham zugegen, aber wie dem auch sei: Auch er outete sich als Verehrer von Trapeze, und wie er mir kurz darauf erneut mit Phil Lynott über den Weg lief, lud ich ihn zu mir nach Beverly Hills ein. Während sein Frontmann und ich koksten, beschränkte er sich auf Alkohol. Als er später erneut mit seiner Freundin Lisa zu mir kam, deutete er an, die Band verlassen zu wollen.

“Klasse”, entgegnete ich, “dann gründen wir zwei eine eigene!” Er präzisierte: “Eigentlich hätte ich nicht übel Lust, den Brocken bei Lizzy schon heute Abend hinzuschmeißen.” Ich gab zu bedenken, während der laufenden Tour sei dies eher ungünstig, woraufhin er meinte, er wolle sie einfach hängenlassen: “Kann ich bei dir bleiben?” Ich war verwirrt. “Na ja, ich würde gern mit dir zocken”, wiederholte ich, “aber was ist mit Phil?” Er saß es tatsächlich bei mir aus.

Nun muss man sich vor Augen halten, dass Thin Lizzy eine ziemlich große Nummer waren und gerade eine Menge Konzerte in den Staaten spielten. Sie stürmten die Charts, und Gary machte sich wie aus heiterem Himmel davon. Nachdem er drei Tage bei mir untergetaucht war, rief Phil an und drohte: “Ich dreh dir den Hals um, wenn du Gary versteckst!” Wer Phil kannte, weiß um die Schwere dieser Worte, denn mit ihm legte man sich lieber nicht an. Es schnürte mir die Kehle zu, auch weil ich großen Respekt vor ihm als Musiker hatte, von seinen Qualitäten als Dichter und Mensch allgemein ganz zu schweigen. Niemand grub ihm das Wasser ab, und mir gegenüber zeigte er sich stets gewogen. Nun musste ich ihn belügen, um Gary in Schutz zu nehmen. Der wiederum war nicht minder schwierig, also zog ich das kleinere Übel vor: “Weißt du, Phil, ich habe keine Ahnung, wo er steckt.”

Unsere Band firmierte zuerst unter seinem Namen, dann als G-Force. Mark Nauseef, der auf »Play Me Out« getrommelt hatte und damals mit Britt Ekland zusammen war, zogen wir als Schlagzeuger heran. Don Ardens Label Jet Records, das auch Electric Light Orchestra betreute, nahm uns unter Vertrag. Wir besuchten ihn zu Hause, weil er uns auch managen wollte, und lernten seine Tochter Sharon kennen. Am Ende nahm sie sich unserer an, beschaffte Equipment für uns und sorgte dafür, dass wir stets in sauberen Betten schliefen. Sie arbeitete hart während der Zeit, die wir bei Don verbrachten. Wie er ließ sie sich, wenn es ums Business ging, keinen Bären aufbinden, wenngleich sie noch lustiger drauf war, bevor sie mit Ozzy zusammenkam. Wir verstanden uns, denn sie hatte etwas von einem guten Kumpel. Als ich sie einmal nach Hause fuhr, schlang sie ihre Beine um meinen Hals und bohrte mir den dicken Zeh in die Nase. Ein echter Wildfang, diese Frau.

Karen und ich, Gary und Lisa, Mark und Britt – wir alle blieben recht lange in Dons Haus. Er war überwiegend geschäftlich auf Achse, also kümmerte sich Sharon um uns. Wir plauschten ausgiebig und heckten Pläne zur Welteroberung aus. Unterdessen schraubte ich meinen Konsum deutlich herunter, weil sich Gary gegen Kokain sträubte.

Meine Liaison mit ihm hatte demzufolge auch eine Kehrseite. Ich bewunderte ihn, weil er keine Drogen brauchte. Er war der erste Rockmusiker, der zu mir sagte, Blow sei der letzte Dreck. Er leistete Gigantisches, wenn er nur ein paar Drinks intus hatte. *Vielleicht sollte ich es auch auf diese Weise versuchen*, dachte ich. 1984 verbot er es mir explizit, da ich unverhohlen in seiner Anwesenheit high wurde. Als Schreiber wie Instrumentalist war Gary ein Ass, weshalb ich viel lernte während jener Zeit. Er hatte ein striktes Arbeitsethos und wollte ausgiebig proben.

Im August 1980 wurde ich 29. Sharon schmiss eine Party für mich im Le Dôme auf dem Sunset Strip, einer ziemlich beliebten Tränke, die Ozzy und sie Ende der Siebziger, Anfang der Achtziger regelmäßig ansteuerten. Sie merkten, dass ich nicht gänzlich vom Schnee ablassen konnte. Mark hat nie Drogen genommen, und sowohl Sharon als auch Gary sprachen sich wie gesagt strikt dagegen aus. Ich war übergewichtig und hatte die Achtung vor mir selbst verloren, was mein unprofessionelles Verhalten erklärte. Wenn ich kokste, dann immerzu über Tage hinweg, wobei ich kistenweise Light-Bier trank. Deswegen und weil ich nach den Eskapaden Mangelerscheinungen hatte, bekam ich einen Bauch, denn mein Kreislauf verlangte insbesondere Fett und Zucker. Eine Tafel Vollmilchschokolade am Stück verputzen? Kein Problem für mich. Hinterher verdrückte ich Fish and Chips und vielleicht noch ein Curry sowie einen weiteren Riegel zum Nachtisch.

Aufgrund der Sucht vernachlässigte ich meinen Körper. Darüber, Bräute flachzulegen, dachte ich überhaupt nicht nach, weil ich mich nicht für begehrenswert hielt, weder auf spiritueller Ebene, noch vom Aussehen oder Intellekt her. Die Krankheit machte mich fett und hässlich. Obwohl ich das nicht mochte, bekam ich die Fressanfälle nicht unter Kontrolle. Heute gehe ich anders mit meinem Körper um, aber damals hätte schon die Umstellung von Bier auf Wein einen Fortschritt bedeutet. Sharon hing mir deswegen andauernd am Ohr und wachte mit Argusaugen über mich.

Ich glaube, sie und Gary kamen zu dem Schluss, dass Musikmachen mit mir doch einen Tick zu viel Arbeit bedeutete. Mein grundlegendes Können als Sänger oder Bassist stellte niemand in Zweifel, doch es war eben Tatsache, dass ich nicht auf der Höhe meiner Fähigkeiten agierte. An meinem Geburtstag schließlich, als ich nicht gekokst, sondern nur gesoffen hatte, stürzte ich in den Servierwagen, auf dem die Torte stand. Dabei renkte ich mir die Schulter aus, was verflucht wehtat, und wurde wütend, weil alle über mich lachten – Grund genug, ihnen zu kündigen. Sharon fand es einfach nur lustig und wollte, dass ich dem Missgeschick eine heitere Seite abgewann, aber mein Entschluss stand fest: “Ich verlasse die Band.“

Als ich am nächsten Tag wach wurde und fragte, wann wir wieder probten, erinnerte mich Sharon: “Tja, du hast deinen Hut genommen, also ist es vorbei.” Unser Anwalt Michael Lipman wurde einberufen und besiegelte es. Obwohl ich mich entschuldigte, es nicht so gemeint zu haben, gab man mir zu verstehen, der Käse sei gegessen, und ich solle mich nicht mehr sehenlassen. Gary war rasend und verzieh mir erst Jahre später.

Kapitel 9: Abwärtsspirale

Hughes/Thrall, ein Wiedersehen mit Gary Moore und Crack

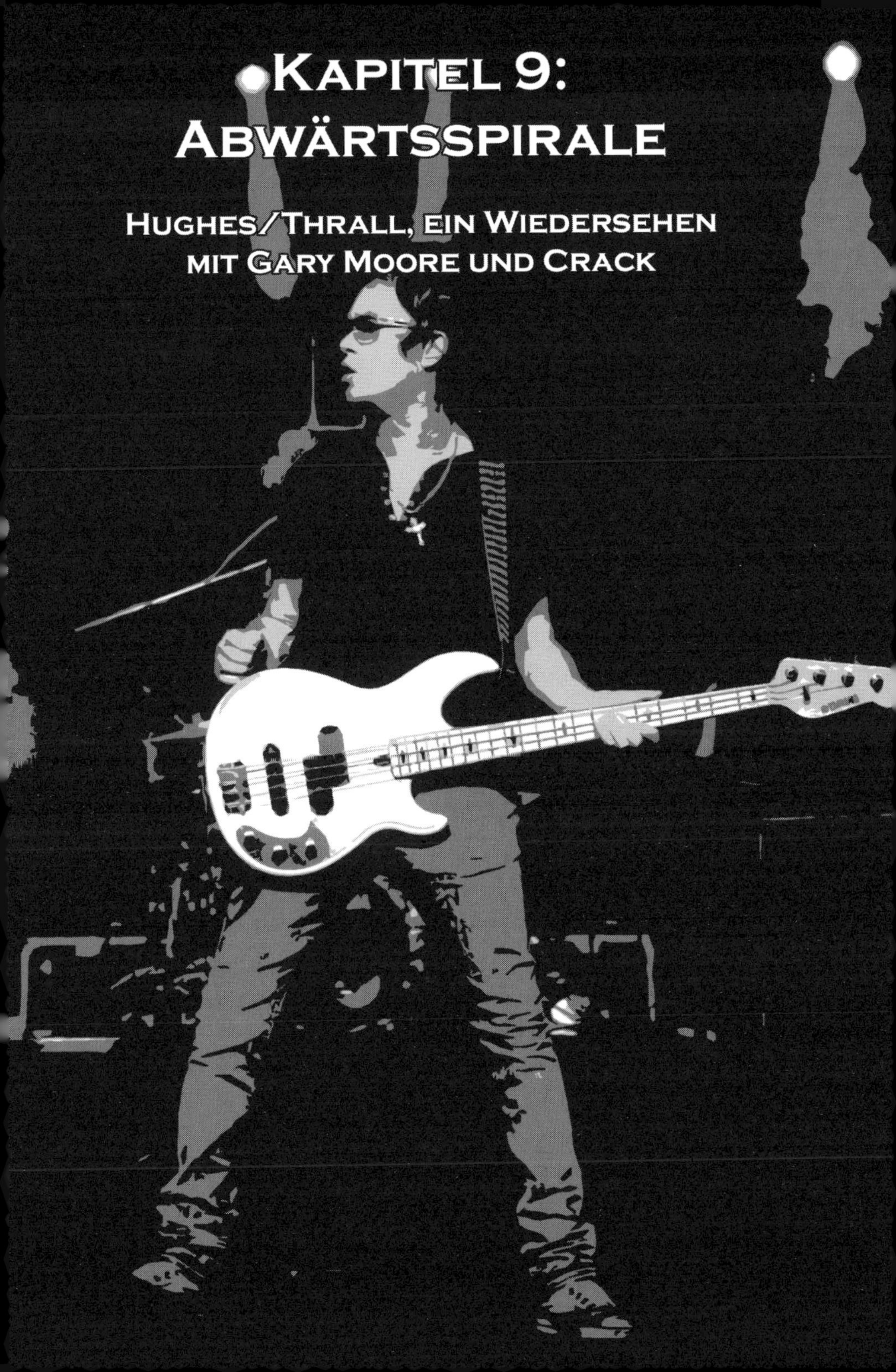

Ich besserte mich nicht. Jedes Mal, wenn Judas Priest in der Stadt spielten, erzielten sie größere Erfolge. Als ich im August 1981 mit Pat Thrall probte, füllten sie zum ersten Mal die Long Beach Arena. Als Freund der Band war ich dort, doch während sie immer populärer wurden, sackte ich tiefer in den Drogensumpf. Dass ich mir mit Rob nach der Show gut eine Stunde lang ein Duell im Singen und Schreien lieferte, bekam der eine oder andere mit. Man zog seine Schlüsse, so dass sich mein Ruf als koksendes Ärgernis ausweitete.

Den hatte ich eigentlich bereits bei Purple weg, doch Anfang der Achtziger wurde es richtig übel, weil ich meinen Rausch ständig öffentlich auslebte. Konnte ich die Krankheit eine Zeitlang verbergen, gab sie mir nun ein, Mr. Hyde vor aller Welt wüten zu lassen. Ich schämte mich in Grund und Boden, legte jedoch gleichzeitig eine Scheißegal-Einstellung an den Tag. Ging ich auf die Piste, musste ich schließlich mein Auto stehenlassen und ein Taxi nehmen, weil ich nicht mehr fahrtüchtig war. Dabei wusste ich auch, dass die Leute hinter meinem Rücken tuschelten, auch weil ich diese Zuckungen bekam, die manche lustig fanden, andere gefährlich oder einfach nur traurig. Für mich waren sie all dies auf einmal. Angst begleitete meine Scham, denn was mochte man von mir denken? Leider war ich konstant überdreht und konnte nichts ändern.

Die Konzerte von Priest dienten gewissermaßen als Marksteine: Sie spielten jedes Jahr in Long Beach und wohnten im Hotel Queen Mary, wo ich mit Rob den wilden Watz machte. Einmal nahm ich ihn sogar mit in eine Absteige, wo nur Kokser herumlungerten. So zeigte ich der Band jedes Mal, dass mein Niveau weiter gesunken war.

Wer letztlich die Stöcke für Pat und mich schwingen sollte, machten über 100 Schlagzeuger unter sich aus. Wir nahmen die Wahl nicht auf die leichte Schulter. Zu zweit waren wir ein Alptraum, weil für uns keine Kompromisse infrage kamen. Unser Traumdrummer musste technisch auf der Höhe sein, aber auch grooven, was vor allem mir am Herzen lag. Den richtigen Mann zu finden, war also alles andere als leicht. Richie Hayward von Little Feat war erstklassig und hätte den Posten auch bekommen, wäre er nicht gezwungen gewesen, es etwas ruhiger anzugehen, nachdem er sich im Vorjahr ein Bein gebrochen hatte. Frankie Banali machte das Rennen, obwohl er seinerzeit bei Quiet Riot spielte. Mit ihm gewann ich einen lieben Freund.

Karen war häufig außer Haus, und Pat brachte seine Freundin Garnette mit. Wenn ich eine Wochenration Kokain bestellte, ging ich dazu nie vor die Tür, sondern ließ mich beliefern. Die beiden nisteten sich im Wohnzimmer ein, während ich meinen Musikraum nicht verließ. Ich sah sie kaum. Gäste mochten ein- und ausgehen, doch ich heckte das gesamte Material für »Hughes/Thrall« aus, ehe Pat ihm den letzten Schliff verlieh. Es war schierer Irrsinn.

Pat ist das genaue Gegenteil von mir, nämlich sehr methodisch in seiner Arbeitsweise, während ich auf Spontanität setze. Während wir das Album zusammenstellten, fertigte er in seinem Zimmer Achtspur-Demos an und feilte die Songs bis ins letzte Detail aus, was mich wütend machte, weil ich mich gern häufiger mit ihm unterhalten hätte. Wir waren ein großartiges Team, doch jede Konstellation dieser Art – auch bei Jagger und Richard oder anderen – wird eben erst durch Persönlichkeitsreibung zu etwas Besonderem. Das Ergebnis fiel natürlich klasse aus und hätte auch ein Nachfolgealbum abgeworfen, wären keine Drogen im Spiel gewesen.

Als uns Atlantic einen Vertrag anboten, fingen wir mit der Produktion an, aber den Zuschlag erhielten am Ende Boulevard, ein neues Unterlabel von Epic. Jeden Ton, den ich auf dieser Scheibe singe und spielte, habe ich im Dusel aufgenommen. Das Budget fiel mit einer Viertelmillion Dollar exorbitant aus. Man ließ sich unsere Kollaboration einiges kosten, und alldieweil eine Menge Geld in die Musik floss, ging mindestens genauso viel für Kokain drauf. Producer Andy Johns war zwei Meter groß, hatte Pranken wie ein Bär und trug einen Cowboyhut, manchmal sogar einen Halfter mit Pistole, von der er Gebrauch machte. Nach der letzten Session feuerte er aus nächster Nähe auf mich. Die Kugel sauste zwei Fuß über meinem Schädel vorbei. Es war eine .44er Magnum, und in meinen Ohren fiept es heute noch. Nichts gegen Andy, auch weil ihm keiner etwas vormachte und er nie jemanden verletzte. Er ist ein Riese, und wenn ich mich über Pats mühselige Vorgehensweise aufregte, nannte er es gründliche Arbeit. Wiederholte ich meinen Standpunkt, beharrte er weiter auf seinem, aber nicht ohne zwischen Thrall und mir zu vermitteln.

Zur Promotion verschlug es uns bis nach Japan, und zu "Muscle And Blood" wie "I Got A Number" drehten wir Videos. Alles klappte reibungslos, und auf Tournee war Koks allgegenwärtig. In einem der Clips bemerkt man mein Zucken übrigens. Karen betrieb jetzt ein kleines Kleidungsgeschäft auf der Melrose Avenue. Schließlich hatte sie Modedesign studiert, und da sie nicht versauern wollte, war sie seltener zu Hause, weshalb ich mich ungezwungener gehenlassen konnte.

Um mich scharten sich mehrere Dealer, darunter auch ein Mexikaner, der zu den richtig schweren Jungs gehörte. Einen anderen lernte ich durch Musikerkollegen kennen. Er versorgte Mitglieder von Def Leppard, und als ich mir AC/DC im L.A. Forum anschaute, traf ich ihn gemeinsam mit Lita Ford. Die Aussies gelten nebenbei bemerkt zurecht als Rockgiganten, weil sie einzigartige Vibes versprühen. Ihre Art, Songs zu schreiben, gefällt mir. Da ich nicht sonderlich auf Heavy Metal stehe, begeistert mich ihr purer Sound umso mehr. AC/DC bedeuteten mir schon damals viel, aber wie dem auch sei: Ich zog den Kerl zur Seite und folgte ihm hinaus in seinen Wagen. Er gab mir einen Eight Ball, also eine Achtelunze beziehungsweise dreieinhalb Gramm Kokain, was wie angedeutet nicht ungewöhnlich war, da sich solche Typen Prominenten gegenüber großmütig zeigten. So lud er mich zu sich nach Huntington Beach ein, wo ich verblüfft feststellte, dass diesem Fuchs irgendwie ein ganzes Kilo zugefallen war. Hatte er es bei einer Razzia unterschlagen? Eigentlich war er Schlagzeuger, doch jetzt ging er mit dem Zeug in der Hinterhand hausieren. Während jenes Sommers schlug ich häufig bei ihm auf, während Karen im Laden beschäftigt war. Abgesehen von mir tummelten sich mehrere Bräute dort, bisweilen auch Sonnyboys vom Strand.

Im Folgenden wurde ich meiner Frau untreu: Gary Moore ging schon seit Längerem mit dem Model Marisa Roebuck aus, einer echten Augenweide Anfang 20. Kurz nachdem sich unser Projekt G-Force zerschlagen hatte, lief mir die Kleine im Rainbow über den Weg. Sie war allein dort, aber eben in festen Händen, wie ich wusste. Bisher hatte ich Karen nie hintergangen, aber wie das Leben spielt, bandelte ich mit Marisa an, indem ich mich regelmäßig mit ihr verabredete. War Karen auf Achse, gingen wir aus, woraus sich eine Freundschaft entwickelte. Unsere Affäre begann in Tokio.

Nachdem ich aus Japan zurückgekehrt war, rissen Pat und ich eine Tour ab. Marisa ließ ich gelegentlich nachkommen. Sie war bei aller Anmut gescheit und witzig, aber auch tough, denn niemand durfte ihr dummkommen. Später verdingte sie sich unter dem Namen Lace bei »American Gladiators«. Wir lebten ein paar Wochen zusammen in Hollywood, doch irgendwann war das Stelldichein schlicht vorbei. Sie hatte ihren eigenen Kopf, und so sehr wir uns auch mochten, konnte von Liebe keine Rede sein.

Marisa bat mich, ihr Appartement zu verlassen, allerdings keinesfalls brüsk, zumal ich nicht high war. Daraufhin wollte ich zu Karen zurück, aber sie war nicht in unserem Haus, und da ich keinen Schlüssel dabei hatte, trat ich die Seitentür der Garage ein, um mir Zugang zu verschaffen. In einem der Bäder entdeckte ich ein Paar Männerschuhe nebst Unterwäsche, und wie ich ins Schlafzimmer kam, lag tatsächlich ein Kerl in meinem Bett. Karen war auf der Arbeit, und ich hatte ihr noch einen Strauß Rosen mitgebracht. Der Typ war ausgerechnet Pats Bruder Preston Thrall! Er hatte getrunken und schlief seinen Rausch aus, doch ich stürzte mich auf ihn und peitschte ihn mit den Rosen. Er sprang aus dem Bett, lief in den Garten und übergab sich, wohl wegen seines Katers, aber auch auf den Schreck hin. Die Sucht machte mich mitunter aggressiv, also warf ich seine Klamotten aus dem Fenster – er war nackt – und schrie ihn an, er solle die Beine in die Hand nehmen. Als Karen nach Hause kam, lag ich an seiner Stelle in den Federn. Natürlich veränderte sich unser Leben fortan schlagartig. Obwohl wir nach außen hin ein Paar blieben, hatten wir keinen Sex mehr miteinander. Jedem verginge nach einem solchen Vorfall die Lust, nicht wahr?

Andererseits stand mir nicht zu, ihr etwas vorzuwerfen, weil auch ich in krankheitsbedingter Unvernunft einen Seitensprung gewagt hatte. Eigentlich war mir nicht mehr zu helfen, auch wenn es bestimmt Menschen mit einer schwereren Abhängigkeit gab und gibt. Ich will damit sagen, dass mich die Droge in Beschlag genommen hatte. Pat Thrall wusste nicht, wie er mit dem Verhalten seines Bruders umgehen sollte, und sprach es auch nie an. Ich glaube, er fühlte sich extrem unwohl.

Pat Thrall: *"Spannungen kamen definitiv auf. Mir war jedoch entgangen, dass da etwas lief, und umso wütender wurde ich auf Preston. 'In Los Angeles gibt es so viele Frauen', hielt ich ihm vor. 'Warum ausgerechnet sie?' Soweit ich weiß, war es nur ein Ding für eine Nacht, und danach hatte er ein schlechtes Gewissen. Die Situation mutete verzwickt an, und Glenn hatte sie quasi heraufbeschworen, weil er mit Cherie Currie und Marisa schlief, die uns immerhin nach Japan folgte. Mir tat leid, dass Karen all dies durchmachen musste."*

Eines Abends suchte ich einen Dealer auf und traf unter den anderen Leuten, die sich bei ihm aufhielten, einen Bekannten aus San Francisco. Man wollte mich zum Besten halten und stellte eine Stürmung der Drogenfahndung nach. Dazu platzten Eingeweihte herein, als ich gerade am Sniefen war. Ich bekam fast einen Herzinfarkt, und um das Maß vollzumachen, ballerte der Dealer mit einer Uzi herum, nicht direkt auf mich, sondern nur zum Einschüchtern, während ich etwas Koks zerkleinerte. Er verwendete einen Schalldämpfer, und die Kugeln prallten von den Wänden ab, durchlöcherten mein Jackett auf einem Barhocker sowie den Tresen selbst, ehe sie durch eine Mauer schlugen. Dies genügte, um mich nachdenklich zu machen: *Wie viele Leben habe ich noch?* Ähnliches ging mir auch zu späteren Anlässen durch den Kopf.

CBS bekundeten Interesse an einer Fortsetzung von Hughes/Thrall. Obwohl Preston das Verhältnis zwischen uns beiden nicht zerstört hatte, waren Pat und ich keine dicken Freunde geworden. Ferner hegten wir unterschiedliche Meinungen bezüglich des Stils: Ich war mir nicht ganz sicher, liebäugelte aber mit einer Rückkehr zum harten Funk, wohingegen er mit elektronischer Musik experimentieren wollte. Der Knackpunkt bestand aber letztlich darin, dass ich zu viel konsumierte. Drei, vier Songs wurden fertig, aber das zweite Album wäre nie so stark ausgefallen wie das erste.

Pat Thrall: *"Die Plattenfirma verlangte Nachschub, aber Glenn ließ sich nicht zum Proben bewegen. Nach einer halben Stunde machte er sich auf den Weg in einen Club, wo er die ganze Nacht verbrachte. Wahrscheinlich redete er sich daheim heraus, er fahre zur Arbeit mit mir, um von seiner Frau loszukommen. Ich fand das ätzend. Wir waren aber auch enttäuscht über die ernüchternden Resonanzen auf unser Debüt, für das wir eine Menge Aufwand betrieben hatten."*

Unbeschadet konnte ich meine Orgien nicht überstehen. Ich klapperte eine Vielzahl von Dealern in der Stadt ab und nahm wieder zu, also ließ ich mir Diätpillen verschreiben, wie es jeder in Beverly Hills tat. Damit verlor ich etwa 20 Pfund, die beileibe nicht reichten. Nach Drogen und Alkohol folgte stets ein Fressschub, bei dem ich mich im Grunde genommen mit Fett und Zucker glücklich machen wollte. Dass ich in einen Abgrund trudelte, war vorherbestimmt.

Als Pat und ich die Arbeit niederlegten, durchstreifte ich Hollywood und hing vor allem im Troubadour herum, oft mit Tommy Lee von Mötley Crüe, der seine Freundin einmal, als ich bei ihm zu Hause war, vor meinen Augen vögelte. David Lee Roth trieb sich auch dort herum, ein lustiges Kerlchen. Eddie Van Halen hatte ich bereits 1978 schätzen gelernt, als seine Band im Vorprogramm von Black Sabbath zu sehen war. Ich traf mich damals mit Ozzy zu Thanksgiving in Texas, wo sich Ed – ein weiterer Anhänger von Trapeze – gleich auf mich stürzte.

Wenn ich mich ans Klavier neben der Bühne des Troubadour setzte, kamen die Gäste zusammen, hörten zu und sangen mit. Auch bei den Labels wusste man, was mit mir los war, aber es kümmerte mich nicht. Ich hatte die Faxen so dicke, dass ich nicht mehr in den Spiegel schauen konnte. Etwas stimmte ganz und gar nicht, das wusste ich. Nach Hughes/Thrall wollte ich alles hinschmeißen.

Einmal trat ich einen meiner fünftägigen Marathons an, als meine Eltern zu Besuch kamen, versetzte also sowohl sie als auch Karen. Wir waren im Streit auseinandergegangen, weshalb sie die Geschenke durch die Haustür nach draußen warf, die Mom und Dad mitgebracht hatten. Statt ihrem Zorn an der richtigen Stelle Luft zu verschaffen, ließ sie ihn an ihnen aus. Die beiden kündigten ihr die Freundschaft und brachen den Kontakt ab. Erst in den Neunzigern kehrten sie nach L.A. zurück. Karen Vorwürfe waren haltlos, und so etwas hatten sie nicht verdient. Mom muss während des Rückflugs nach England ununterbrochen geweint haben. Ich habe Karen vergeben, was man sich generell angewöhnt, wenn man clean wird, aber damals war es fies. Ich hätte es ausbaden müssen, nicht Mom und Dad, aber vorerst musste ich damit leben, dass wir sie verscheucht hatten.

Mit Cherie Currie von den Runaways, die auch schauspielerte, hatte ich ebenfalls eine Affäre. Ich lernte sie im Oktober 1982 in den SIR Studios in Hollywood kennen, denn die Frau meines Technikers Tommy war Cheries persönliche Assistentin. Gesehen hatte ich sie ja schon sechs Jahre vorher, als ihre Band an meinem 25. Geburtstag in Austin vor Trapeze aufgetreten war. Als sie nun ins Studio kam, konnte ich kaum erwarten, eine Pause einzulegen und mit ihr zu reden. Wie ich lebte sie in einer Beziehung, die sich dem Ende zuneigte. Cherie zählt auch heute zu den hübschesten Frauen auf diesem Planeten. Wir kamen rasch ins Gespräch. Nach der Probe aßen wir gemeinsam zu Abend und gingen etwas trinken. Zueinander hingezogen fühlten wir uns sofort. Cherie besaß etwas, das mich faszinierte.

Cherie Currie: *"Ich traf Glenn Anfang der Achtziger, als er mit Pat Thrall spielte. Damals war er er korpulenter als jetzt – überlebensgroß für mich, aber das meine ich nicht abwertend – und trug einen rosafarbenen Anzug mit aufgedruckten Musiknoten. Ich schaute mir eines ihrer Konzerte an, bei dem er auf der Bühne alles gab. Seine Präsenz und Stimme sind ohne Beispiel, und er muss die Musik mit der Muttermilch aufgesogen haben. Er sah zwar gut aus, aber was mich zu ihm hinzog, war seine Herzlichkeit, denn er benahm sich nicht wie Durchschnittsrocker, die sich weithin für Gottes Geschenk an die Menschheit halten. Glenn hätte allen Grund dazu gehabt, gab sich aber bodenständig, was mich vom Fleck weg für ihn einnahm. Beim anschließenden Dinner war es vollends um mich geschehen. Wirklich, ich würde es als Liebe auf den ersten Blick bezeichnen und erinnere mich gern an die Zeit mit ihm, weil sie sehr leidenschaftlich war. Da wir jedoch beide grundlegende Veränderungen an unserem Leben vornehmen mussten, ging die Romantik rasch flöten. Erst 20 Jahre später sah ich ihn wieder, aber aus meinem Gedächtnis habe ich ihn nie getilgt, weil die Tage mit ihm bis heute zu meinen glücklichsten überhaupt gehörten."*

Cherie entspricht der Art Frau, die weiß, was sie will. Sie ist verdammt sexy und auf positive Weise sprunghaft, also redet sie nicht lange um den heißen Brei, zumal sie mit Worten umzugehen weiß. Karens Affront gegen meine Eltern war zwei Wochen her, und wir beide wussten, dass sich die Ehe erledigt hatte. Wir lebten nur noch gemeinsam im selben Haus.

Pat und ich probten damals für zwei Shows, eine im Hollywood Palladium, die andere im Swing Auditorium Brand Sandon, wohin ich Cherie einlud. Wir fuhren zusammen hin und landeten auf dem Rückweg in ihrem Appartement. Genauer zu beschreiben, was dort geschah, spare ich mir, weil es ihr peinlich wäre, also sagen wir einfach, für mich war es eine befreiende Erfahrung. Sie ließ mich spüren, was ich seit langer Zeit in meinem Leben vermisste. Danach trafen wir uns oft. Sie drehte »Unheimliche Schattenlichter« und hatte zuvor in »Jeanies Clique« debütiert.

Ich hegte tiefe Empfindungen für Cherie, und sie musste ein tapferes Mädchen sein nach allem, was sie mir erzählte: Zwei grausame Männer hatten ihr das Leben schwergemacht, wirklich niedriges Geschmeiß. Von einem war sie entführt, vergewaltigt und beinahe umgebracht worden, hätte sie nicht Reißaus genommen. In ihrer Biografie »Neon Angel« rollt sie das Drama schonungslos auf.

Totos Steve Lukather hatte das Pech, ebenfalls einen nachhaltigen Eindruck des wahnsinnigen Glenn Hughes zu erhalten, als wir bei ihm zu Besuch waren. Gegen Morgen ging Cherie ins Bett, weil sie meinen Rausch nicht mehr ertrug. Ich hingegen schrammelte gut eine Stunde lang auf einer seiner geschätzten Vintage-Akustikgitarren, während er versuchte, sie mir abzuschwatzen.

Cherie Currie: *"Auf Drogen wollte Glenn vor allem eines: Gitarre spielen und singen. Ich redete auf ihn ein, doch er setzte einen verklärten Blick auf und legte los. Einmal schauten wir bei Steve Lukather vorbei, der damals mit meiner Zwillingsschwester verheiratet war. Er bemühte sich um eine Unterhaltung mit Glenn, doch der bekam eine Klampfe in die Hand und fing an, Lieder zum Besten zu geben. Von sich aus redete er nicht, und Antworten behielt er sich ebenfalls vor, wenn man ihn etwas fragte. Da ich ein ernstes Gespräch mit ihm führen wollte, versteckte ich das Instrument, worüber er sich aufregte. Damals war es so, dass du als Außenseiter galtest, wenn du keine Drogen genommen hast. Man traf kaum jemanden, der es nicht tat; es gehörte dazu. Wir alles dachten, Kokain mache nicht abhängig, und weder Alkohol noch Medikamente seien bei regem Konsum schädlich. So ging es bis Mitte der Achtziger, als wir wach wurden und damit aufräumten."*

Steve wollte mir die Gitarre abnehmen, schaffte es aber nicht. Niemandem gelang das, höchstens vielleicht mit Operationsbesteck, und ich hätte wer weiß welch wertvolles Teil in den Händen halten können. Er stand also vor mir und zerrte am Hals, bis ich endlich losließ. Dann knallte er das Teil auf den Boden. "Versuch es jetzt wieder!", schnauzte er mich an, woraufhin der Abend ein jähes Ende fand. Wir haben die Sache später geklärt und sind Freunde geblieben.

Neal Schon erging es ähnlich, als Pat und ich in San Francisco auftraten. Während er mich in seinem Porsche zum Hotel fuhr, beschlugen die Scheiben, weil ich stark schwitzte. Dabei bekam er den festen Griff meiner linken Hand zu spüren, während ich mit der rechten auf einem Casio-Keyboard lärmte. Vorm Hotel weigerte ich mich, aus dem Wagen zu steigen, weil ich den Song zu Ende spielen wollte – die Tücken einer Bekanntschaft mit einem selbstherrlichen Idioten auf Koks.

Weil ich mich selbst nicht leiden konnte, überwarf ich mich auch mit Cherie. Ich sabotierte alle meine Beziehungen, als müsse ich einem übergeordneten Plan folgen, den mir die Sucht auferlegte. Viel später erst bin ich auch mit Cherie ins Reine gekommen. Wir begegneten uns eben in einer Zeit, da Blow für mich Vorrang hatte, aber heute stehen wir uns wieder nahe. Sie macht weiter Musik und fertigt atemberaubende Holzkunstwerke mit der Kettensäge an.

Die erwähnten Dealer standen im Laufe der folgenden Jahre im Mittelpunkt meines Daseins. Ich hielt mich lange bei ihnen auf, oder sie kamen zu mir, wenn Karen nicht da war, was häufig geschah, weil sie mich mied.

Bis zum Zerwürfnis hatten wir beide ein gesundes Sexleben, aber die Abhängigkeit gebot, dass ich mir einen Partner suchte, der ebenfalls Drogen nahm. Karen gegenüber verhielt ich mich sprunghaft, wenn ich high war. Als sie für drei Monate zu ihrer Familie nach Lakewood fuhr, schwebte ich im siebten Himmel, weil ich mich darauf freute, meine vermeintlichen Freunde einzuladen und gemeinsam mit ihnen durchzudrehen – Bräute nicht erwünscht, aber dafür Koks.

Irgendwann im Frühjahr 1979 probierte ich Crack. Vier Jahre zuvor hatte ich in Newport Beach jemanden mit einer Pfeife beobachtet und ihn darüber ausgefragt. Da man die Rocks aber nicht schlucken kann und ich nicht rauchte, musste ich passen. Jetzt wohnte einer meiner Versorger mit seiner Frau in einem kleinen Appartement auf dem Magnolia Boulevard in Hollywood. Er hortete einen ständigen Vorrat an Kokain, und ich sah zu, wie er Ampullen in heißem Wasser auf einer Herdplatte erhitzte. Wir rauchten den Dreck ununterbrochen von Freitag bis Sonntagnacht, als ihm das Pulver ausging.

Zur Erläuterung für Unbedarfte: Beim Aufkochen wird der Stoff hart. Man erhält Kokain in Reinform, und warum es Crack heißt, habt ihr im Intro gelesen. Ich hatte keine Erfahrung damit, also wies er mich gründlich ein; man muss den Rauch zehn Sekunden in den Lunge behalten.

Sobald ich es zum ersten Mal richtiggemacht hatte, erlebte ich einen irrwitzigen Trip, Himmel und Hölle zur gleichen Zeit. Mir war, als bräuchte ich sonst nichts mehr im Leben, und ich sah sowohl meine Vergangenheit als auch die Zukunft ganz deutlich. Ich glaubte, alles zu verstehen und hatte das Gefühl, endlich gefunden zu haben, was fehlte. Genau deshalb nahm man Drogen: Dies war jenseitige Euphorie, das ultimative Hoch ... *mein* Hoch. Diesen Erfahrungshorizont wollte ich von nun an nicht mehr unterschreiten, wobei ich allerdings nicht wusste, dass man den ersten Kick nie wieder aus einer Pfeife herauskitzelt. Schon der zweite ist schwächer, doch Süchtige hängen dem Anfang ihres Elends nach und geben Unsummen dafür aus.

Ich freundete mich an einem Freitagabend mit Crack an und war ihm bereits dienstags hoffnungslos verfallen. Nach einer knappen Woche Schlaflosigkeit wurde mein Zustand ernst. Als ich nach Hause zurückkehrte, klebten Ablagerungen des Zeugs an meinen Zähnen; die konnte ich putzen, aber die Sucht ließ sich nicht abschütteln. Wer dieser Manie aufsitzt, wagt einen langen Ritt.

Karen hütete unsere Finanzen, während ich nie gut mit Geld umgehen konnte. Sie gab mir ungern etwas, weil ich damit Drogen kaufte, aber ich brauchte es händeringend, also sah sie sich gezwungen, hier und dort Eingeständnisse zu machen.

Los Angeles war während der Achtziger ein Paradies für Kokser, denn an guten Shit gelangte man mit Leichtigkeit. Von 1983 bis 1985 hielt ich mich an vier Dealer, die mich zur Gänze unter ihren Scheffel stellten. Ausgehend von den paar Songs, die vergeblich für ein zweites Album mit Pat zustande gekommen waren, boten mir CBS einen Vertrag, also fing ich an, Demos aufzunehmen. Weil ich nicht wusste, in welche Richtung ich mich orientieren sollte, spannte ich Dennis MacKay ein, der Tommy bei seinem Solodebüt »Teaser« geholfen hatte. CBS bezahlten ihn dafür, dass er meine Ideen auf Band festhielt – und verdammt, das tat er, im Guten wie im Schlechten. Jim Scott, der später einen Grammy für »Californication« von den Red Hot Chili Peppers erhielt, war damals Tontechniker im Record Plant und gab mir letztes Jahr eines Kopie der Demos. Ich war davon ausgegangen, sie vernichtet zu haben, aber er meinte, sie seien noch in den Archiven gewesen. Ich fand sie schrecklich, Versatzstücke ohne jeglichen Fokus. Man hört das Kokain in meinen Hirnwindungen geradezu. Ich hatte wenig Lust, Musik zu machen; Schnupfen und Rauchen war schließlich viel interessanter.

Ich steckte tiefer in diesem Wust, als ihr euch vorstellen könnt, und das Folgende habe ich nicht einmal mit David Coverdale besprochen, den ich als meinen Intimus betrachte: Derweil mein Umfeld erwartete, dass ich verpeilt durch die Gegend lief, wusste niemand, wie haarig es dabei zuging. Waffen wurden gezückt und auch benutzt, Pistolen wie Messer. Lässt man sich auf Crack ein, schnallt man sich besser an. Einer meiner Dealer streifte nachts im vollen Staat des Sonderkommandos der US-Marine inklusive grünem Barett um sein Haus, weil er sich einbildete, er werde beschattet, und ein Drogensyndikat schicke sich an, ihn kaltzumachen. Er besaß ein ganzes Waffenarsenal – Uzis, Revolver und Reihenfeuerpistolen – und ließ mich, einen Rockstar aus gutem britischen Hause, mit einer .45er im Halfter auf dem Boden herumkriechen. Auf Crack spielte ich also Cowboy und Indianer. So etwas passierte nicht selten. Einmal döste er ein, da bog ich, weil er sich nicht auf andere Art wecken ließ und ich mehr rauchen wollte, seinen Daumen nach hinten, bis es schmerzte, so dass er aufschreckte, seine Waffe zog und ein Loch in die Zimmerdecke schoss.

Drei Wochen am Stück erging ich mich in diesem Theater, wobei ich mir die Knie aufschürfte, indem ich über Stock und Stein rutschte. Meine Sozialkontakte beschränkten sich auf einen einzigen, bis zu den Zähnen bewaffneten Mann. Bis uns Fahnder hochgenommen hätten, fehlte nicht viel, und genau dies hielt mir eine innere Stimme vor, während ich tagtäglich 24 Stunden zugedröhnt war: *Wenn sie dich erwischen, verweisen sie dich des Landes, und du wirst nicht in Japan spielen können* ... Es war, als spräche eine höhere Macht zu mir oder Gott, der mir Jahre vor dem endgültigen Entzug eingab, ich müsse mit diesem Drangsal brechen. Diese Stimme begleitete mich die ganze Zeit.

Weder meine Frau noch meine Eltern, Anwälte oder Ärzte konnten mich davon abhalten, dieses Teufelszeug zu rauchen. Ich hatte mich dem Crack mit Haut und Haaren verschrieben, legte mir Pfeifen und Reagenzgläser zu, einen Koffer voller Besteck. Damit pilgerte ich von einem Dealer zum nächsten, ließ mir ihr Pulver geben, machte es im Bad heiß und quarzte.

Meiner Gesundheit schenkte ich keine Beachtung. 165 Pfund wiege ich heute, also durchschnittliche 75 kg, doch damals waren es über 200 Pfund. Ein Fettleibiger, der sich nicht viel bewegt, bekommt vom Crack Herzrasen, und ich war ja bereits von Natur aus aufgedreht. Wenn ich also zum Höhenflug ansetzte, flatterte meine Pumpe. Da ich über beide Ohren drinsteckte, schnupfte ich überhaupt nicht mehr. Wer an der Nadel hängt, wird sofort high, kaum dass er gedrückt hat, wohingegen sich die Wirkung beim Rauchen nach etwa vier Sekunden einstellt, beim Sniefen nach einer Minute. Im Übrigen möchte ich aufrichtig betonen, dass ich nie gefixt habe – nein danke. Mit einer Spritze im Arm wäre ich bestimmt vor die Hunde gegangen.

An Weihnachten 1984 meldete sich Gary Moore wieder, weil er über seinen Groll hinwegkommen wollte. Nach dem Erfolg von "Parisienne Walkways" und mehreren Soloalben war auch "Empty Rooms" zum Gassenhauer geworden. Während jener Monate bestritten er und seine Band das Vorprogramm von Rush, und als sie in der Stadt spielten, blieb Gary ein paar Tage bei mir. Er erwartete keine Besserung und kannte mich nur als Kokser. Dass ich Crack rauchte wusste er nicht. In seinem Beisein legte ich die Pfeife eine Zeitlang nieder, duschte und kämmte mich, so dass ich wie ein Mensch aussah. Dazu trieb er mich unbewusst mehrere Male. »Hughes/Thrall« hatte ihm gefallen, und als das Scheitern von G-Force vergessen war, bot er mir erneut eine Zusammenarbeit ab. Sein Manager Steve Barnett hatte mich Anfang der Siebziger als Agent beraten und stammte gebürtig aus Wolverhampton, sprach aber nun seltsamerweise mit einem Cockney-Akzent. Wir beide sind nie richtig warm miteinander geworden. Heute ist Steve Vizepräsident von Columbia in Amerika, aber das ist mir schnuppe. Er hätte mich auch nicht gemocht, wenn ich clean und nüchtern gewesen wäre, denn er verhielt sich ganz allgemein herablassend, nicht nur mir gegenüber. Seine Dünkel gingen mir auf den Zeiger, aber damals war ich ein anderer Mensch als heute, also ließ ich ihn und Gary die Grundregeln für das Projekt festlegen. Eine davon erlegte mir Abstinenz auf.

Ich wurde dafür bezahlt, auf einer Platte zu singen und Bass zu spielen. Dazu durfte ich im bezaubernden Maida Vale wohnen, allerdings unter der Bedingung, dass ich Steve und Gary Pfand gab, falls ich wieder versagte. Sie nahmen meinen schwarzen Volvo, ein sehr schönes Auto, das ich neben dem Jaguar XJS als Zweitwagen benutzte. Mehr verlangten sie nicht. Meinen Haustürschlüssel konnten sie schlecht einziehen, also kriegten sie den Schlitten.

Gary wünschte sich seit je, wie ich singen zu können, weshalb zumindest der nüchterne und witzige Glenn bei ihm Hochachtung genoss. Wir haben oft zusammen gelacht und waren Ende 1984, Anfang 1985 dicke Freunde. Den Gesang auf dem dabei entstandenen Album »Run For Cover« übernahmen David Coverdale und ich jeweils zur Hälfte.

Wenn wir nicht eifrig komponierten oder probten, hockte ich in einem wunderschönen Sandsteinhaus in Maida Vale, einer piekfeinen Siedlung. Wir fingen bei Null an, da Gary keine Songs auf Halde gelegt hatte. Aber obwohl wir das Material gemeinsam im gleichen Raum schrieben, wurde dies später nicht kenntlich gemacht. In erster Linie lag es daran, dass Gary alles kontrollierte, angefangen beim Instrument, das man spielte, über die Betonung einzelner Noten bis hin zu den Texten. Wer ihn kannte, wird meiner Behauptung zustimmen. Manchmal stritten wir uns deswegen, und ich fragte: “Gary, wieso machst du es nicht einfach selbst?” Fürs Titelstück schnallte er sich den Bass tatsächlich um, nachdem ich es ihm frustriert angeboten hatte.

Nun hatte sich Gary nichtsahnend ein Ei ins Nest gelegt. Zum Lügen gibt es wie gesagt keinen Grund, also gestehe ich ohne Umschweife: Nach drei Monaten Schreiben und Proben – wir hatten vier Lieder fertiggestellt – wurde ich gebeten, den Koffer zu packen.

Als Fan von Hughes/Thrall hatte Gary Andy Johns zum Producer ernannt. Er flog ihn ein und steckte ihn zu mir in die Mietwohnung. Da letztlich Gary Ferguson hinter den Kesseln saß, fehlte auf »Run For Cover« nur Pat, um das Aha-Erlebnis komplett zu machen. Der Titelsong klingt vom Stil her exakt wie “I Got Your Number”, weil Gary »Hughes/Thrall« als Blaupause verwendete.

Was meinen Drogenkonsum anging, sagen wir einfach: Ich fand Schlupflöcher. Nahm sich Gary ein freies Wochenende, besuchte ich den Embassy Club im Londoner Westen. Mein späterer Webmaster David Harrison sah mich dort , als ich mich auf Speed in meinem Erbrochenen wälzte. Lemmy von Motörhead begleitete mich einige Male. Er ist ein netter Typ und verstand im Gegensatz zu mir, mit Drogen umzugehen. Morgens wachte ich in fremden Wohnungen oder den Hochhäusern des West End auf, bei vornehmem Volk wie Gesindel. Alle freien Tage brachte ich auf diese Art zu.

Dann verlangte Barnett, ich solle mich von einem Arzt untersuchen lassen. Dass man mir dabei Blut abzapfen würde, wusste ich im Vorfeld nicht, also steckte ich Onkel Doktor, nur etwas Wein und Wodka getrunken zu haben, weshalb man Spuren von Alkohol fände. Als Steve die Auswertung bekam, musste ich jedoch diskussionslos in den nächsten Flieger steigen. Weg war ich.

Erneut enttäuschte ich Gary und brachte Steve gegen mich auf, der – so arrogant er sein mochte – nur seine Arbeit tat. Bei der Wahl meiner Mitmusiker handhabe ich es heute nicht anders: Mein Manager Carl klopft jeden Anwärter ab, weil wir niemanden brauchen, der Drogen nimmt. Steve hatte Gary bereits vorab gewarnt, er solle nicht auf mich bauen, weil ich ihn im Stich ließe.

Ihr kennt das Gerücht mit den Mars-Riegeln, nicht wahr? Garys Management verlangte von mir, für »Top Of The Pops« abzuspecken. Wir hatten "Empty Rooms" mit mir am Mikro neu eingespielt und sollten es dort aufführen. Da ich mit einem gesplitterten Schneidezahn aussah wie ein Halloween-Kürbis, musste ich unter den Bohrer, vor dem ich Heidenangst hatte. Anders als heute war mein Gebiss zu jener Zeit ein Schlachtfeld. "Lass dir den Hauer richten und nimm verdammt nochmal ab", ätzte Steve, also mimte ich einstweilen den Praxistouristen.

Als mich die beiden Garys und Andy eines Tages in Maida Vale absetzten, ging ich zum Zeitungskiosk an der Ecke und kaufte Schokoriegel. Um Mars handelte es sich übrigens nicht, wie die Leute behaupten, sondern vier Cadbury Flakes, wenn ich mich recht entsinne. Als ich zahlte, stürmte Moore hinter mir herein und lachte: "Erwischt!"

Wäre sich Steve der Schwere meines Zustands von Anfang an bewusst gewesen, hätte er Gary strikt untersagt, mit mir und dem Label Virgin zu arbeiten. Später hörte ich, es habe ihn um ein paar Tausender ärmer gemacht. Da ich Gary nicht Genüge tat, musste ich gehen, und Steve nannte mich einen krankhaften Lügner. "Mistkerl", wetterte er. "Du fliegst wieder nach Hause."

Daraufhin gab Gary im Kerrang! an, ich hätte die Personenwaage in seinem Bad kaputtgemacht und den Kühlschrank leergegessen, was mich betrübte, weil ich vielleicht ein-, zweimal etwas herausgenommen hatte, aber nicht öfter. Jawohl, bei Schokolade und gewissen Lebensmitteln wurde ich schwach, aber mich als Nimmersatt darzustellen, ging doch ein wenig zu weit. Bisweilen schlich ich nachts hinunter, um mir ein Sandwich zu machen – und damit meine ich belegtes Brot und kein halbes Schwein mit einem Viertel Wecken. Zweitens sagte Gary voraus, aus meine Solokarriere werde nichts mehr, und ich könne kaum die Toilette des Marquee mit Publikum füllen. Tja, ich bewies ihm das Gegenteil. Mich als Spielverderber zu bezichtigen, war eine Sache, doch das bedeutete längst nicht, dass ich ein zweiter Mr. Creosote aus »Der Sinn des Lebens« war. Der Kerrang! nämlich druckte dessen Bild ab und höhnte darunter: "Krieg ich noch ein Mars, bitte?" Gemein, nicht wahr?

Mit jemandem wie Gary Moore trieb man eben kein Schindluder, denn seine Gesichtsnarben kamen nicht von ungefähr. Ich wollte ihm eigentlich nie an den Karren fahren, weil er sehr schnell aufbrauste, und so prägten Extreme unser Verhältnis: Wir liebten einander und schöpften Kraft aus der Freundschaft, doch als ich sie in Mitleidenschaft zog, verachtete er mich. Gary warf mir viele Beleidigungen an den Kopf, die auch meine Eltern entsetzten, aber es ist lange her. Sein Tod 2011 traf mich schwer. Ruhe in Frieden, Bruder.

Kapitel 10: Absoluter Tiefpunkt

Finstere Tage mit Black Sabbath

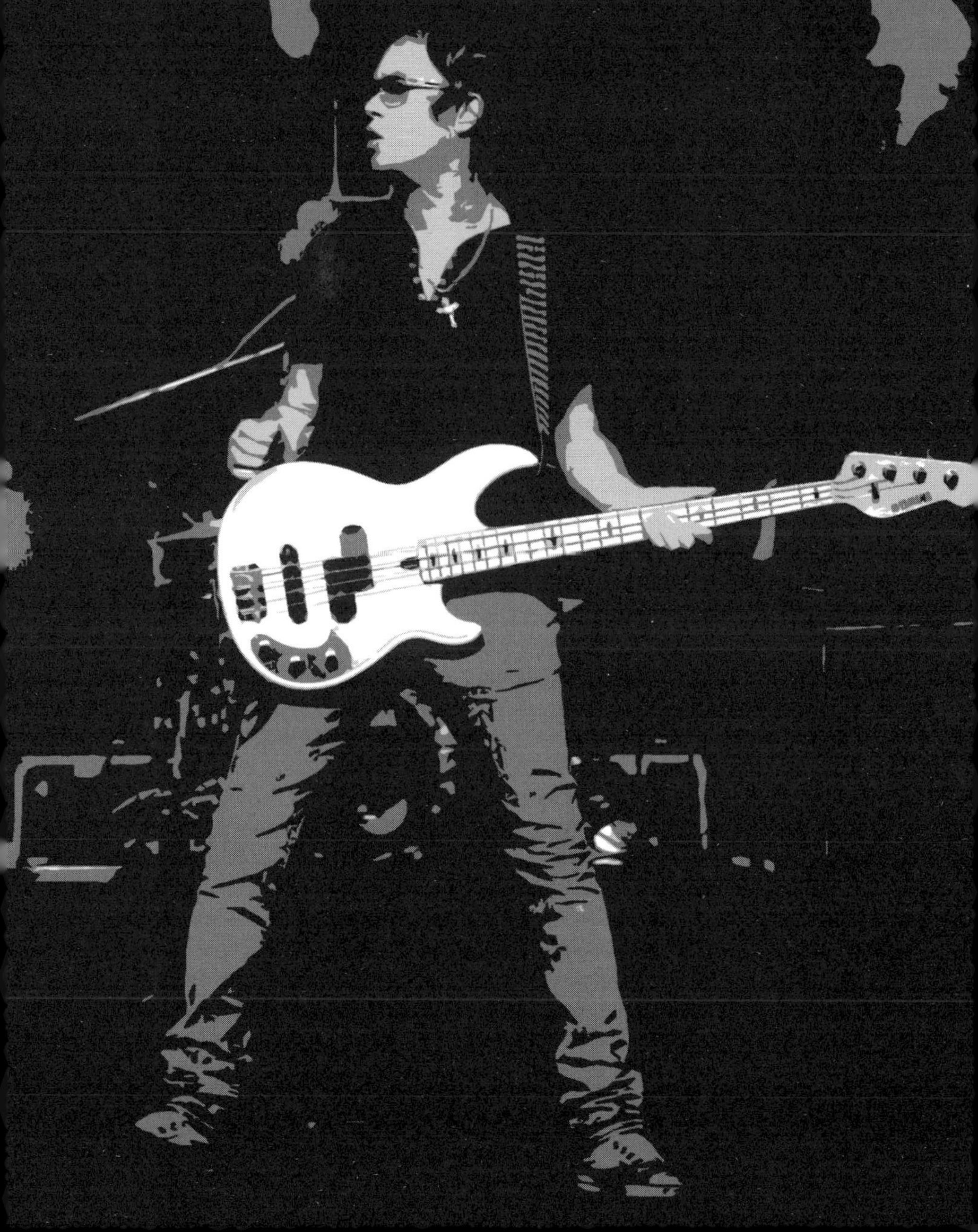

Kurze Zeit später erhielt ich einen Anruf von Tony Iommi, der an einem Soloalbum arbeitete. Da ich mich zu Hause in Northridge aufhielt, war ich schnell in Hollywood, wo er in den Cherokee Studios auf der Fairfax Avenue unter Jeff Glixman aufnahm. Geoff Nicholls und Dave Spitz, die 1985 zu Black Sabbath gehörten, waren auch dort, glaube ich.

Tony Iommi: *"Ich kenne Glenn sehr lange, da ich ihm schon in Birmingham begegnete, als er mit Trapeze dort spielte. Er ist ein Tausendsassa mit fantastischer Stimme und feinem Gespür für Musik. Er hatte alles drauf, um ganz oben mitzumischen. Umso mehr freute ich mich, als er sich Purple anschloss. Kurz darauf traten wir ja gemeinsam beim California Jam auf. Ich schaute mir ihr Set an und hielt ihn für den herausragenden Mann auf der Bühne, ein bemerkenswertes Talent. Nach dem Festival hockten wir zusammen auf seinem Zimmer und … na ja – tranken Kamillentee."*

Als ich im Studio eintraf, spielten sie mir zuerst "No Stranger To Love" vor, und noch am gleichen Abend schloss ich mich mit Geoff kurz, um die Lyrics zu schreiben. Danach war der Song schnell im Kasten, und tags darauf schoben wir "Dangerzone" hinterher. Tony war Feuer und Flamme. Wir wähnten uns auf dem richtigen Weg, und je mehr Lieder hinzukamen, desto eindeutiger zeichnete sich ab, dass ich sie alle singen musste.

Tony Iommi: *"Mein eigentlicher Plan war, verschiedene Sänger auf dem Album singen zu lassen. Glenn stand zuerst im Studio, und als ich ihn hörte, wusste ich genau, dass sich niemand besser eignete als er."*

Um den Zerstreuungen von L.A. zu entkommen, schickte uns Glixman nach Atlanta. Ich weiß es noch genau: Am 22. August 1985, also einen Tag nach meinem 34. Geburtstag, als wir "Heart Like A Wheel" auf Tape bannten, wurde das Projekt zum Selbstläufer. Ich fühlte mich zugehörig, Tony machte Lita Ford den Hof, und wir wohnten im selben Hotel. Alles cool also.

Tony Iommi: *"Glenn machte damals eine harte Zeit durch, und mir ging es nicht besser, wenngleich ich versuchte, mich mit dem Kokain in seiner Gegenwart zurückzuhalten, damit er sich nicht angestachelt sah, gleichzuziehen. Drogen beeinträchtigen seine Stimme nicht, weshalb er die Stücke mühelos sang. Er stapfte in den Abhörraum und tirilierte los, worüber wir Bauklötze staunten."*

Ihr solltet wissen, dass ich zwar vorher mit Tony gekokst hatte, es allerdings während dieser Session bleibenließ. Ich glaube, er dröhnte sich allein oder gemeinsam mit Lita zu, wie ich es mit meinen Bekannten tat. Mir war durchaus klar, dass ich auf Blow unerträglich wurde, auch wegen der Zuckungen und weil ich kein normales Gespräch mehr führen konnte. Deshalb mied ich Menschen, die ich wertschätzte, wenn mich der Wahnsinn packte.

Tony Iommi: *"In Atlanta wurde es übel mit ihm. Ich werde nie vergessen, dass ich ihm ein Tonbandgerät gab, damit er die Tracks auf seinem Hotelzim-*

mer abhören und sich Gedanken darüber machen konnte, aber dann musste ich hören, er habe es verkauft. Er schuldete jemandem Geld, der ihm deshalb nachstellte und mich ausfragte. Ich hielt dicht und warf ihn hinaus, weil wir uns bemühten, Glenn von Dealern abzuschotten. Angemessen mit einem solchen Problem umzugehen, ist nicht leicht. Bis zu einem gewissen Grad konnte ich mich hineinversetzen, aber so dreckig wie ihm ging es mir nicht. Während man ein Album produziert, nimmt man schwerlich die Perspektive seiner Mitmenschen an. Dass Drogen alles verkomplizierten, war überaus ärgerlich. Glenn haderte mit seinen Händlern, die deshalb im Studio aufkreuzten, woraufhin ich rot sah. Blutsauger umgaben ihn, und er wollte niemandem etwas Böses, also ließ er sie frei gewähren. Sie lungerten andauernd auf seinem Zimmer herum."

An einem Freitag – dem letzten im August 1985, ich erinnere mich noch deutlich – besuchten wir das Carlos McGhee in Buckhead, einem wohlhabenden Teil von Atlanta. Plötzlich tauchte eine traumhafte Blondine auf, hochgewachsen und barfuß. Sie stellte sich als Christine McCarty vor und war 19, wirkte aber älter. Wir luden sie und ihre Freundin ein, sich zu uns zu setzen. Nachdem ich ihnen ein paar Drinks spendiert hatte, zogen wir in einen Nachtclub um, in dem man schon damals, also vor der Ecstasy-Welle, zu Dance-Musik abging. Es wimmelte vor Transvestiten und Szenegängern, wie man sie überall auf der Welt an solchen Orten antrifft.

Christine war ebenso gescheit wie hübsch, weshalb sie mich sofort reizte. Schließlich landeten wir bei mir in meinem Hotelbett und hatten großartigen Sex mit allem, was dazugehört. Den folgenden Abend verbrachten wir auf die gleiche Weise, gingen aus und so weiter. Ich empfand zunehmend mehr für sie, während meine Ehe mit Karen nur noch auf dem Papier Bestand hatte.

Iommi nannte sein Album bekanntermaßen »Seventh Star«, und darüber, wer was dafür ersann, wurde schon ausgiebig spekuliert. Geoff Nicholls steuerte einige Ideen bei, aber das Gros der Lieder geht auf mein Konto. Don Arden gestand mir 20 Riesen oder so zu, während die Verlagsrechte allein Tony zufielen. Dies war damals so üblich und beileibe kein schlechtes Geschäft, zumal man sowieso besser nicht anzweifelte, was Don vorschwebte. Stress mit ihm galt es zu vermeiden, und mir ging es ohnehin vornehmlich darum, mich überhaupt an der Platte zu beteiligen. Sie hat ihre Anhänger gefunden, zumal ich auf der Höhe performte, auch wenn ich damals aussah wie der Letzte und Paranoia schob.

Zudem schwebte ich im siebten Himmel: Christine war schön und besaß in ihrem jungen Alter auch sonst alles, was Mann sich wünschte – ein Girl der Superlative. Okay, vielleicht lag es auch an den Drogen, weil die Beziehung definitiv auf Sex basierte, aber an Christines Einzigartigkeit änderte dies nichts. Sie nahm sich Zeit für mich, war einfühlsam und extrem sinnlich. Wir gingen ins Kino, hingen ständig aufeinander und hielten es am Ende zehn Jahre zusammen aus.

Bevor wir Los Angeles eine Weile den Rücken kehrten, stellte ich Karen zur Rede und kündigte an, ich wolle mich von ihr trennen, was sie nicht überraschte. Ich besiegelte damit das Ende einer zehnjährigen Ehe, die im Zuge meiner Sucht sowieso längst zerstört war. Niemand verdient ein solches Leben, Karen am wenigsten. Sie trank am Wochenende etwas Wein und verabscheute Kokain, war nach Tommy Bolin ein gebranntes Kind und setzte die Droge mit Kummer gleich.

Bis jemand unser Haus kaufte, verging ein halbes Jahr. Dann kehrte ich nach Atlanta zurück, wo Christine und ich im Appartementhaus ihres Vaters unterkamen. Er selbst verbrachte die meisten Nächte mit seiner Freundin in seinem zweiten Wohngebäude auf der anderen Seite der Stadt, also blieben wir beide unter uns. Auf einmal lebte ich also wieder in einer Beziehung und verfiel der perfekten Frau. Diesmal dachte ich, die Richtige gefunden zu haben. Trotz des Altersunterschieds von 15 Jahren funkten wir auf einer ähnlichen Wellenlänge.

Dabei muss ich einmal mehr betonen, dass Koks mein Heiliger Gral war. Für mich stand es im Mittelpunkt des Universums wie ein Gott – mein Erretter. Ich hielt es für den Generalschlüssel zu allem, was ich im Leben erreichen wollte, Euphorie und Sex in Pulverform. Eine innigere Liaison konnte ich mit niemandem eingehen – es war *mein* Kokain.

Zu Weihnachten 1985 bekam ich beim Schmücken Streit mit Christine und fiel von einer Leiter in den Baum, ehe ich mit verdrehtem Knie im Kamin landete. Dabei riss der Gelenkknorpel; ich wusste sofort, was es war, als ich es knirschen hörte, da ich Fußballspieler kannte, die sich die gleiche Verletzung zugezogen hatten. In der Notaufnahmen bestätigte man meine Vermutung und überstellte mich nach L.A., weil mich in Atlanta niemand operieren konnte. Zur gleichen Zeiten fanden die Grammy-Verleihungen statt, ich kam am Abend vor der Gala in den OP.

Im Januar erfuhr ich von Don Arden, er sei mit Warner übereingekommen, »Seventh Star« unter dem Banner Black Sabbath zu veröffentlichen. Ich war dagegen, weil ich Tony Erfolg als Solist wünschte. Außerdem verband man Stücke wie "No Stranger To Love" nicht mit dieser Band.

> **Tony Iommi:** *"Damit stachen das Label und mein Management in ein Wespennest. Die Platte musste unter dem Namen Black Sabbath erscheinen, weil wir irgendwem noch eine schuldeten."*

Hätte ich mich im Wissen darum beteiligt, dass am Ende eine Sabbath-Scheibe herauskommen sollte? Ich sah mich nicht als Frontmann dieser Band, weil sie Tonys Baby ist, und einen besseren Ozzy-Ersatz als Ronnie James Dio gab es nicht. Ian Gillan hatte seine Chance, und Ray Gillen erhielt sie nach mir, nicht zu vergessen Tony Martin. Nichts gegen ihren Gesang, aber sie passten nicht. Ich verstehe mich eher auf Soul und stehe Tony bereitwillig zur Verfügung, wenn er ein Nebenprojekt in die Wege leiten möchte, doch zu Sab gehört entweder Ozzys oder Ronnies Stimme. Als mir Don diese Mogelpackung unterjubelte, fühlte ich mich vor den Kopf gestoßen. Es war eigenartig, und ich habe nie begriffen, warum die LP nicht unter Tonys Namen herauskam. Man erhoffte sich bestimmt reißende Absätze, sobald der Vorverkauf zur anstehenden Tournee losging.

Diese nahm im Frühjahr 1986 ihren Lauf. Ich machte Tony zuliebe gute Miene zum bösen Spiel, weil er unbedingt auf die Bretter steigen wollte. Er würde dich nie konkret um etwas bitten, sondern deutet immer bloß an, er rechne mit Unterstützung, weil er darauf angewiesen sei. Ich liebe diesen Mann bis heute wie einen Bruder, und damals bewies er, wie sehr er mich schätzte, indem er mich hinzuzog. Durch den Zwist mit Gary Moore hatte mein Selbstvertrauen einen Knacks erlitten, und Tony baute mich ein wenig auf, obzwar ich wusste, dass ich auf ein fatales Ende zusteuerte.

Aufstrebenden Sängern gebe ich einen Rat: Haltet den Schnabel, wenn ihr deprimiert, nervös oder high seid, denn angeschlagen und angespannt klingt ihr beschissen. Auf der Bühne muss man mit ganzen Herzen und Geiste bei der Sache sein. Ich fühlte mich damals nicht wohl, teilweise weil ich ohne Bass auskommen musste, aber auch wegen meiner Korpulenz und der Klientel von Sabbath. Ich hatte Angst, jeden Abend vor 10.000 bis 15.000 jungen Aufwieglern in Lederjacken zu stehen und mit "Iron Man" auf Ozzy machen zu müssen – ein Schreckensszenario, auch wenn man mir nachsagte, ich verursachte eine Gänsehaut, selbst wenn ich aus dem Telefonbuch vorsänge. Diese Lieder waren aber auf Ozzy geeicht, der sich bewusst monoton artikuliert, was ich nicht kann.

Am Abend vor der Abreise zur Tour – ich lief noch auf Krücken – begleitete mich Christine ins Sunset Marquis in Los Angeles. Ich hatte eine halbe Unze Koks dabei und nach 30 Minuten auf meinem Zimmer die Birne voll. Im Nachbarzimmer saß die Boyband New Edition, zu der auch Bobby Brown gehörte, und deren erster Eindruck von der Stadt der Engel war ein britischer Rockstar in Unterhosen, der mit einer Krücke am Arm über dem Balkongeländer hing. Ich machte Faxen und wurde meinem Ruf als Depp wie immer im Rausch gerecht. Nachdem ich eine Reihe Gläser zerbrochen hatte, verwies man mich des Etablissements und geleitete mich hinaus. Ich weiß es noch ganz genau: Ins Foyer kam ich mit einem T-Shirt von Frankie Goes To Hollywood, das ich mir, nachdem ich auf die Theke an der Rezeption gesprungen war, vom Leib riss, wobei ich ein Messer zur Hilfe nahm, weshalb Sicherheitspersonal auflief. In den Knast wanderte ich dafür nicht, aber das Hotel erteilte mir Hausverbot. Mit dem heutigen Betreiber verstehe ich mich bestens, doch wenn man zu jener Zeit dort hinausgeworfen wurde, hatte man einen gewaltigen Bock geschossen.

Während der Reise wohnte ich in denselben Häusern wie unsere Roadies. Christines Mutter Carol, die aus Colorado anreiste, zeigten wir das Cat And Fiddle auf dem Hollywood Boulevard. Wir tranken etwas mit Tonys Produktionsmanager John Downing, und der Rest der Crew gesellte sich auf ein paar Pints hinzu. Da mir Bier noch nie schmeckte, kokste ich umso mehr. Downing tat es mir gleich, und die Stimmung wurde überschwänglich.

Carol McCarty: *"Glenn erwies sich als Nervensäge. Hielt sich Christine bei mir auf, rief er ständig an, weil sie sich ein Auto teilten und er nicht mobil war."*

Nachdem wir ins Hotel zurückgekehrt waren, verwüstete ich mein Zimmer. Zwischenzeitlich ging mir das Koks aus, also besorgte ich neues bei John. Als ich kurz darauf ein weiteres Mal bei ihm klopfte, legte er mir nahe, ins Bett zu gehen. Vorm Fahrstuhl fingen wir zu ringen an. Er stieß mich, doch als ich mich wehrte, schleppte er mich am Kragen zu meinem Zimmer. Die Tür schlug er Christine und ihrer Mutter vor der Nase zu, ehe er mich mit einem Schlag aus den Socken haute.

Tony Iommi: *"Ich war nicht dabei, aber Glenn und John Downing gerieten offenbar im Fahrstuhl aneinander. Worum es ging, weiß ich nicht."*

Christine checkte noch am gleichen Abend gemeinsam mit ihrer Mom aus; die beiden hatten genug gesehen. Nachdem ich meinen Rausch ausgeschlafen hatte, fand ich mich allein im Zimmer wieder, betreten und mit dem fiesesten Veilchen, das man sich vorstellen kann. John hatte mir die Faust aufs linke Auge sowie die Nase gedrückt und einen Teil des Oberkieferknochens in den Schädel gerammt, wobei irgendein Gewebe verletzt wurde. Jedenfalls floss Blut auf meine Stimmbänder. Während der Proben am Nachmittag trug ich eine Sonnenbrille, fühlte mich nicht gut und hatte Schmerzen, wenn ich die linke Augenpartie anfasste. Den Knochenbruch bemerkte ich nicht, also blieb ich die nächsten zwei, drei Tage standhaft. Nach einem freien Wochenende spielten wir am 14. März ein Vorabkonzert ohne aufwändige Show in Hollywood, wo wir ja auch geprobt hatten. Viele meiner Freunde kamen, unter anderem Tommy Lee mit Heather Locklear. Das Auge war immer noch nicht abgeschwollen, weshalb meine Visagistin alle Hände voll zu tun hatte.

Tony Iommi: *"Der Testlauf in L.A. war nicht in meinem Sinne, aber Don Arden hielt ihn für eine gute Idee. Ich rollte mit den Augen, während er betonte, den Termin festgesetzt zu haben, also gab ich nach. Black Sabbath standen damals nicht hoch im Kurs, und mir war es ein bisschen peinlich, zumal Glenn böse neben der Spur lief. Ich musste ihn sprichwörtlich auf die Bühne zerren. Wir blamierten uns nach Strich und Faden."*

Ich hätte es ahnen müssen: An meiner Stimme gab es während der Proben nichts zu beanstanden; ich trällerte wie ein Vogel. Da ich aber so angespannt war und mir nichts mehr zutraute, ging der Gig in die Hose – unterste Schublade, wo ich mich stets für den größten Sänger aller Zeiten gehalten hatte. Ich wurde meine Aufgabe einfach nicht gerecht.

Tony Iommi: *"Er nahm die Verpflichtung bereits unter falschen Vorzeichen an: Abgesehen davon, dass das Material von Black Sabbath nicht auf ihn zugeschnitten war, konsumierte er Kokain in rauen Mengen. Seine Stimmbän-*

der verhärteten, und an einem solchen Punkt beginnt ein Teufelskreis, weil man zu trinken anfängt oder was auch immer tut, um es zu kaschieren."

Noch heute liegt mir schwer im Magen, dass ein Mann, der sich schon mit The Move und anderen Künstlern als Produktionsmanager bewährt hatte, den Sänger einer Band kurz vor der Generalprobe zu einer längeren Tournee verletzen konnte. John hat sich nie entschuldigt, und der Kontakt zwischen uns ist seitdem abgebrochen.

Nach der durchwachsenen Aufwärmrunde fiel der offizielle Startschuss in Cleveland. Wir hatten sechs Wochen lang werktags geprobt, weil Tony in dieser Hinsicht sehr penibel ist. Am Ende traute ich mir wirklich zu, die Konzerte zu stemmen, obwohl ich dick war und auch ansonsten eher traurig aussah. Ein paar Tage vor dem ersten Gig suchte ich Christine in Atlanta auf. Eigentlich hatte ich sie mit auf die Reise nehmen wollen, doch im Bus waren keine Frauen erlaubt.

Nach der Aktion im Sunset Marquis stellte Don Arden Doug Goldstein als Aufpasser an, einen Tabak kauenden Bodybuilder. Er managte später Guns N' Roses, war aber damals erst Anfang 20 und sprach mich mit "Sir" an. Nach Patsy Collins und Paddy Callahan verfügte ich also zum ersten Mal wieder über einen Leibwächter. Doug erlaubte sich keine Fehler: Er bekam einen Schlüssel zu meinen Zimmern und behielt mich 24 Stunden am Tag im Auge. Er schlief stets im Nebenraum.

Tony Iommi: *"Ich setzte den Bodyguard auf Glenn an. Er musste ihn ununterbrochen bewachen, was dazu führte, dass er einen Faden an der Tür befestigte und um sein Bein band, damit er merkte, wenn sie aufging. Glenn empfing nämlich häufig Dealer in seinem Zimmer. Uns ging es aber nicht nur darum, dass die Konzerte anständig über die Bühne gingen, sondern auch um seine Gesundheit, weil er dazu neigte, die Nächte durchzumachen."*

Einmal entwischte ich und fuhr mit John ins Cat And Fiddle. Doug besuchte Verwandte und wenn er dagewesen wäre, hätte ich es nicht geschafft. Ansonsten sorgte ich dafür, dass er sich nicht langweilte. Er leistete aber Unglaubliches und ließ niemals zu, dass ich Koks beschaffte. Übel zurichten konnte ich mich allerdings auch mit Alkohol.

Tony Iommi: *"Glenn täuschte uns nur einmal, als er nach Atlanta abhaute, aber wir scheuchten seinen Bodyguard hinterher. Leicht machte er es uns wahrlich nicht."*

In Cleveland bestritten W.A.S.P. und Anthrax den Abend mit uns. Don Arden wohnte der Show bei und herrschte mich danach an: "Wie siehst du überhaupt aus? Beschissenes Make-up, fett wie ein Otter... Man könnte dich für eine Nutte halten!" Er hatte nie zuvor etwas so Despektierliches zu mir gesagt. Es traf mich schwer, obwohl er leider Recht hatte, denn ich war eine optische Katastrophe, noch dazu mit Bart, den ich mir stehenließ, um mein Gesicht zu verbergen.

Tony Iommi: *"Er war nicht er selbst und brachte uns alle schrecklich in Verlegenheit, um ehrlich zu sein. Seine Nervosität konnte ich noch nachvollziehen, weil er zuvor selten ohne Bass auf einer Bühne gestanden hatte. Dass er sich als Frontmann mausern musste und ausschließlich sang, stellte in mehrfacher Hinsicht Verschwendung dar, aber angesichts seiner Verfassung damals war es wohl das Beste. Ich erwog kurz, ihn Bass spielen zu lassen, traute es ihm aber nicht einmal mit Abstrichen zu. Für uns war er vornehmlich Sänger, obwohl er sein Instrument fabelhaft beherrschte, klar. Zweitens hätten wir ohne Basser und Sänger dagestanden, wäre er auf die Idee gekommen, zu schmollen."*

Der zweite Gig fand in Detroit statt und wurde im Rahmen der »King Biscuit Flower Hour« mitgeschnitten. Erneut setzte ich aufgrund meines Zustand alles aufs Spiel, was noch rund lief in meinem Leben. Ich war zwar nicht auf Koks, hatte mir aber etwas Anderes eingefahren. Als ich mich backstage mit einem der Songs vorbereitete – ich glaube, es war einer aus der Bandphase mit Ronnie – stellte ich fest, dass ich nicht einmal ein C in mittlerer Tonlage traf, wie es jedem durchschnittlichen Sänger gelingt. Der Blutstau in meinem Hals war mir immer noch nicht aufgefallen und setzte den Stimmbändern zu. Möglicherweise litt ich auch an einer Infektion, weil ich Antibiotika nahm, wenn mich nicht alles täuscht, aber in jedem Fall war mein Hals belegt. Wie wir dann mit "Mob Rules" einstiegen, einem sehr tief gesungenen Stück, brachte ich nicht einmal das fertig. Ich pfiff aus dem letzten Loch. Es war ein Alptraum.

Tony Iommi: *"Während einiger Auftritt plagte sich Glenn richtiggehend ab, was wie gesagt relativ verständlich war, weil er Sabbath-Material sang. Songs wie 'Iron Man' oder 'War Pigs' hatte ihm niemand auf den Leib geschneidert, also musste er ins kalte Wasser springen, nicht zu vergessen die Tatsache, dass er sich ohne Bass behauptete. Es mag ihm vorgekommen sein, als habe man ihm einen Arm amputiert. Eigentlich hätte ich darauf reagieren müssen."*

Als wir in East Rutherford, New Jersey vorstellig wurden, kläffte ich wie ein Hund. Zu dem Gig kamen viele Bekannte, und wenn ich Videoaufnahmen davon sehe, wird mir schlecht. Es war abartig. Während des Soundchecks testeten sie Ray Gillen, den ich der Crew von Anthrax zugeordnet hatte, nachdem er mir wiederholt im Saal aufgefallen war. Wir freundeten uns sogar an, und er gab sich als Fan meiner Arbeit aus.

Nach meinen letzten Auftritt mit Sabbath am 26. März in Worcester, Massachusetts konnte ich nicht mehr sprechen. Ich wusste, dass etwas nicht stimmte. Ich war nicht zum ersten Mal krank, aber meine Stimme hatte ich dabei noch nie verloren.

Tony Iommi: *"Mich nervte es irgendwann einfach nur noch, weil wir keine 100 Prozent geben konnten. Ich versuchte, die Band wieder auf Kurs zu brin-*

gen, doch wenn so etwas geschieht, zieht es alle Beteiligten herunter. Man fragte sich jeden Abend, ob er bei Laune blieb und es durchstand. Zu jener Zeit lastete alles allein auf meinen Schultern, weil wir als Black Sabbath firmierten. Man erwartete eine richtige Show von uns, die gehörig misslang, womit der Ofen aus war: Nach ein paar Konzerten mussten wir Glenn zurückpfeifen, weil es so nicht weitergehen konnte."

Auf der Party nach dem Gig fand ich mich allein mit der Crew wieder. Tony war nicht da, doch Drummer Eric Singer nahm mich zur Seite und meinte: "Es heißt, du würdest morgen von Ray Gillen ersetzt." Daraufhin marschierte ich schnurstracks zu Tonys Zimmer und schlug gegen die Tür – 20 Minuten lang, aber er zeigte sich nicht.

Tony Iommi: *"Uns blieb keine andere Wahl. Ich stand unter Druck und machte mir wegen der verzwickten Situation große Sorgen, denn schließlich war ich nicht erst seit gestern mit Glenn befreundet. So fortzufahren, stand außer Frage, doch sein Zustand war so ernst, dass man nicht vernünftig mit ihm reden konnte, obwohl er das selbst vermutlich gar nicht realisierte. Da er verkrampfte und alles madig machte, war es schlichtweg unmöglich, ihn mit den Fakten zu konfrontieren, denn er wäre sofort ausgerastet. Diskussionen fielen damit von vornherein flach. Glenn glich einem Trinker, denn zu diesem Schlag dringt man auch nicht ohne weiteres vor. Der einzige Ausweg bestand darin, einen anderen Sänger heranzuziehen, zumal auch Don Arden allmählich die Galle hochkam. Als er drängte, Glenn abzusägen, fragte ich: 'Wie soll das auf einer bereits begonnenen Tour funktionieren?' Dennoch führte kein Weg daran vorbei, also ließ ich Ray Gillen die Stücke nachmittags einstudieren. Es widerstrebte mir, aber was sollte ich tun? Deswegen plagen mich bis heute Gewissensbisse."*

Ich schlug gegen mehrere Türen, ohne dass jemand öffnete. Gegen 4.00 Uhr kam Doug Goldstein auf mein Zimmer, der es so formulierte: "Sie lassen dich gehen". Dann gab er mir ein Flugticket, doch bevor ich mich auf die Reise machte, musste ich ins Krankenhaus, wo man herausfand, dass sich mein Kieferknochen verschoben und eine Verletzung hervorgerufen hatte. Das Blut, das dabei auf meine Stimmbänder gesickert und geronnen war, mussten sie herauskratzen, wozu ich eine Betäubungsspritze in den Hals bekam. Der Arzt meinte hinterher, ich dürfe drei Monate lang nicht sprechen und müsse mich meinen Mitmenschen schriftlich verständlich machen. Ferner stellte er mir in Aussicht, vielleicht nie wieder singen zu können.

Nach dem Rausschmiss bei Sabbath musste ich mir nun also zusätzlichen Kummer um eine Nebenhöhlenentzündung machen, die bleibende Schäden verursachen und meinen weiteren Werdegang als Sänger beenden konnte. Ich empfand definitiv Erleichterung, als Tony mir den Laufpass gab, denn leider konnte er gar nicht anders. Ich hatte ihn im Regen stehenlassen – mit einer ausverkauften Tournee. Mochte ich auch in Handgreiflichkeiten geraten sein, wäre es ohne Kokain nie dazu gekommen. Normale Menschen kriegen am frühen Morgen in keinem Hotel auf die Fresse.

Tony Iommi: *"Wir wollten Glenn in den Entzug schicken, doch das ließ er nicht mit sich machen. Zwingen kann man niemanden dazu. Es muss aus eigenem Antrieb geschehen, den er nicht hatte. Er gefiel sich wohl in seiner Abhängigkeit, war also nicht bereit, damit aufzuräumen.*

Bis ich Glenn wiedersah, sollte einige Zeit vergehen. Immer wieder hielt ich mir vor, wie er sein Potenzial verschenkte. Im Laufe der Jahre riss er so viele Brücken hinter sich ab, dass er wieder bei Null anfangen musste. 'Oh, warum willst du mit dem zusammenarbeiten?', musste man sich fragen lassen. Ich fand es traurig, weil ich mir seines Talents bewusst war."

Tiefer konnte ich nicht mehr sinken: Ich hatte meinen Freund Tony Iommi lächerlich gemacht, nachdem ich mit Deep Purple zu einem der größten Rocksänger aller Zeiten geadelt worden war, und wurde zu einem unwägbaren Chaoten, der nicht sprechen, geschweige denn singen konnte. Finstere Zeiten brachen herein.

Kapitel 11:
Über den Berg

Atlanta und Judas Priest

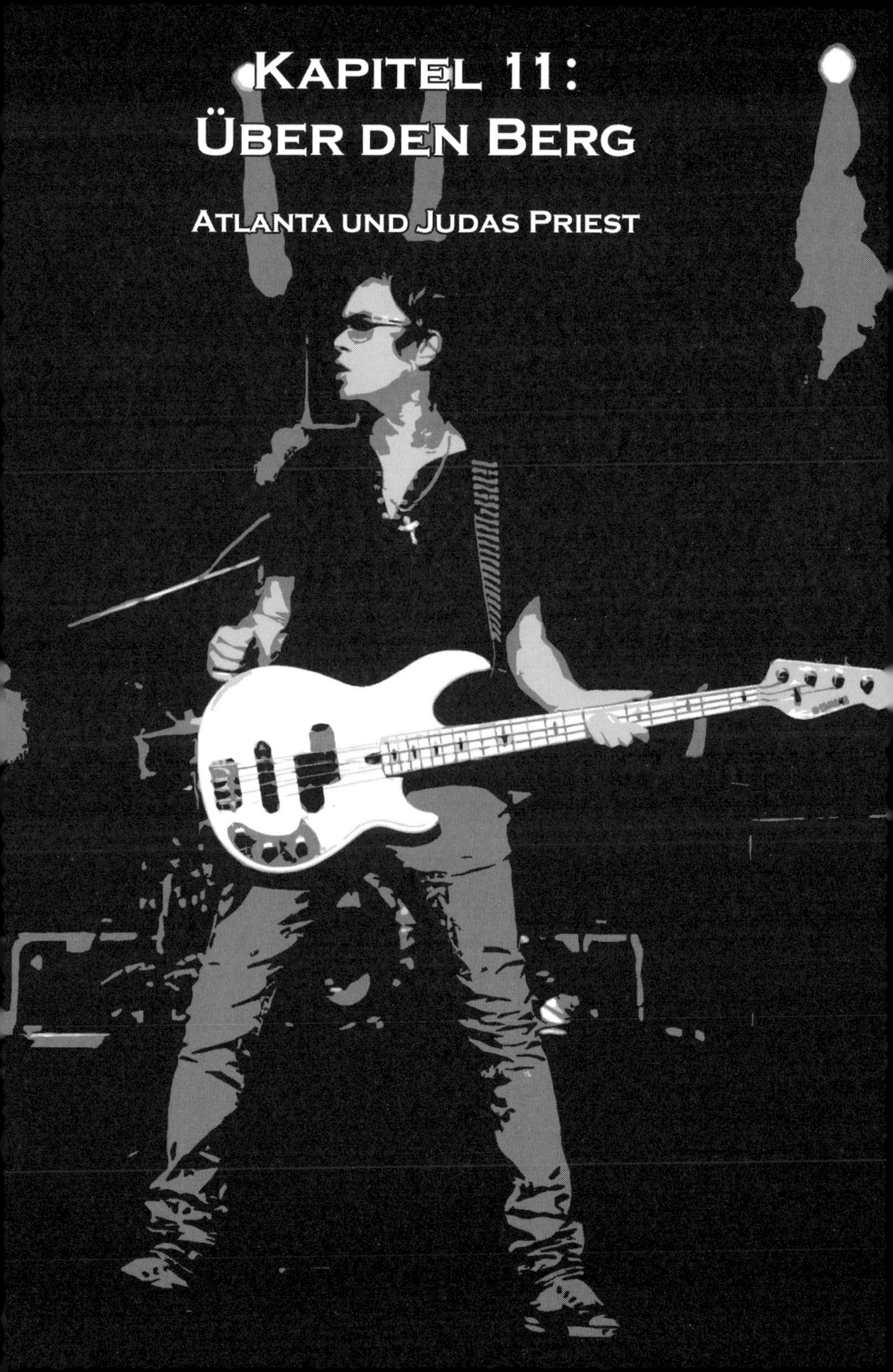

Jetzt saß ich ohne Band in Atlanta und lebte allein von den Tantiemen, die mir Deep Purple einbrachten. Immer noch glaubte ich, mein Drogenproblem allein in den Griff zu bekommen. Aus künstlerischer Sicht herrschte tote Hose.

Nicht dass ich keine Lust aufs Musikmachen hatte, doch ich war zu fertig und wusste nicht, wie ich es aufziehen sollte. Alsdann schlug ich umso weiter mit dem Kokain über die Stränge, obwohl es tatsächlich noch Leute gab, die mit mir rechneten. Ich erteilte aber Absagen mit der Entschuldigung, ich bräuchte eine Auszeit. Große Namen befanden sich nicht darunter, nur eine neu gegründete Combo aus Texas, die einen Sänger für ein Album bei Warner oder RCA suchten. Ich hörte mir die Musik an und fand sie okay, aber nicht berauschend. Nach Black Sabbath fiel ich in ein dunkles Loch. Nachdem ich meine Zelte in L.A. endlich abgebrochen hatte, blieb ich in Kalifornien und zog mit Christine nach Eastlake in eine tolle Wohnung.

Blow wechselte damals für 100 Dollar pro Gramm den Besitzer, doch auf größere Mengen erstattete man Rabatt, also gab ich meinem Dealer zehn Riesen – ich weiß, es klingt aberwitzig – und ließ ganze Bestände aufkaufen, die er mir letztlich doch zu üblichen Konditionen überließ. Ich war so wenig bei der Sache, dass es mich nicht kümmerte. Jetzt saß ich direkt an der Quelle, also nahm mein Konsum zu. Ich verlangte eine bestimmte Menge fürs Wochenende, und mein Dealer rechnete den Betrag von den 10.000 Dollar ab.

Zur gleichen Zeit, da ich ausgelassen war, weil ich eine Freundin hatte, schob ich weiterhin Paranoia, die sich auf klassische Art äußerten: *Sie* lauerten vor dem Fenster und hinter der nächsten Ecke – Fahnder, Nazis, Hexenjäger, Schreckgespenster. Gäbe es Schranktüren öffnen als olympische Disziplin, hätte ich die Goldmedaille gewonnen. Christine badete alles aus.

Alle meine bisherigen Beziehungen hatte ich auf Kokain geführt, angefangen bei Vicky, als es mit Purple zu Ende ging, über Karen bis zur Läuterung. Jedes Girl, mit dem ich zusammen war, wurde zur Gefangenen. Mit anderen Freunden verhielt es sich genauso. Ich wollte mich nur mit Menschen abgeben, die Unmengen Koks verputzten, egal ob meines oder ihr eigenes. Mein Umfeld durfte wie ich nichts als den Stoff im Sinn haben, kein anderes Gesprächsthema kennen. Musik lief diesem Interesse nach wie vor zuwider. Ich besaß noch mehrere Gitarren, auf denen ich gern spielte und dazu sang, wenn ich auf Dope war, aber dies lief nebenher. Bekam ich 30 Sekunden eines Songs zustande, brach ich ab und folgte einer Eingebung für einen anderen. Beide klangen beschissen. Ich schrieb eine Menge schlechter Songs, nahm sie aber zum Glück nicht auf. Jeden Abend machten wir es uns mit einem Eight Ball gemütlich. Der genügt zwei Usern für gewöhnlich über eine Woche lang, aber wir verbrauchten mehrere Gramm in einer Nacht.

Die zehn Mille, die ich meinem Dealer gegeben hatte, konnten wir nicht vollständig verpulvern, weil uns Christines Mutter Carol auf die Schliche kam. Sie wurde in Atlanta vorstellig, da sie der international angesehene Rockstar, mit dem sich ihre Tochter abgab, brennend interessierte. Im September oder Oktober 1986 – jener Herbst war absolut wahnsinnig – feierten wir Carols 40. Geburtstag in unserer Wohnung. Genau, sie war nur fünf Jahre älter als ich.

Ich folgte keinem geregelten Tagesablauf, weil ich regelmäßig Tantiemen erhielt. Purple unterlagen der Quellensteuer, also kam ich nicht zu kurz und konnte von den beiden Schecks leben, die sie mir alljährlich ausstellten. Gespart habe ich nichts; Drogensüchtige verschleudern alles, egal wie viele Nullen ihr Kontostand zählt. Ich beglich Miete und Rechnungen ein halbes Jahr im Voraus, sobald das Geld überwiesen wurde. So musste ich mir nicht ständig Gedanken darüber machen. Den Rest opferte ich der Droge, meiner Gebieterin.

Eines Abends stritt ich mich mit Christine um ihr Goldkettchen, ein prachtvolles Schmuckstück. Als ich es packte und beschädigte, flippte sie aus. Man hätte es reparieren können, aber ich bekam zurecht Schläge dafür. Carol hörte das Gezeter und platzte mit ihrer Pistole ins Zimmer. Da Christine richtig wütend auf mich war, verbündete sie sich anders als sonst mit ihrer Mutter, um mich an einen Stuhl zu fesseln – kein Witz.

> **Carol McCarty:** *"Er kam zurück ins Haus und benahm sich unmöglich. Als er Kokain verlangte, erklärte ich ihm, dass ich keins hatte. Dann schnappte ich meine Pistole und richtete sie auf ihn. Nachdem ich ihn gezwungen hatte, sich auf einen Stuhl zu setzen, band ich ihn mit Christines Hilfe fest, damit er nicht zum Telefon greifen konnte. Ich hätte nie abgedrückt, aber wir schnürten ihn richtig fest, wie man es aus Filmen kennt."*

Ich rechnete ernsthaft damit, durchlöchert zu werden. Man weiß nie, was passieren kann, wenn Leute mit Waffen herumfuchteln. Bis sich Christine versöhnlich stimmen ließ, vergingen mehrere Stunden. Dann banden sie mich endlich los.

Der Frühling 1987 stand vor der Tür. Ich hatte es bei Gary Moore und Black Sabbath verschissen, mit meinem Leben gepokert und verloren. Es war auf allen Ebenen vorbei, weshalb ich mich darauf einstellte, meine restlichen Tage als Drogenwrack zu fristen, gespeist von Purples Tantiemen und ungesundem Essen bis zum Platzen. Zwei Jahre schleppte ich mich mit dieser Einstellung weiter.

Irgendwann begleitete Carol ihre Tochter und mich in einen Club. Ich richtete mich so schlimm zu, dass ich den Laden nicht mehr verlassen konnte. Auf Kokain geschieht es mitunter, dass man steif wird, und so erging es mir. Heute kann ich Witze reißen, von wegen ich sei linksseitig gelähmt gewesen und nur rechts abgebogen, aber nun ja … Nachdem ich locker geworden war, wartete ich auf dem Parkplatz auf Karen. Sie fuhr vor und brachte den Wagen auf meinem Fuß zum Stehen.

Ein andermal bekam ich nach vier Tagen Fasten Appetit auf Pommes, als mein Rausch abklang. Da wir keine Fritteuse hatten, wollte ich sie in einer Pfanne voller Öl zubereiten, was nicht ungefährlich ist. Schlau wie ich war, schnitt ich die Kartoffeln zurecht, warf sie in die Pfanne und verzog mich zum Fernseher. Darüber schlief ich ein. Als ich zu mir kam, sah ich es auf dem Bildschirm flackern: Hinter mir in der Küche wütete ein Feuer. Ich war immer noch so verpeilt, dass ich seelenruhig Strümpfe und Hausmantel anzog, ehe ich zum Herd ging und meinte, die Pfanne mit bloßen Händen von der Platte nehmen zu müssen. Ihr Griff war natürlich glühend heiß, also ließ ich sie fallen. Die Narben sieht man heute noch. Der Fettbrand breitete sich auf den Fliesen aus, während die Haut an meiner Hand Blasen schlug und sich löste. Als ich mich in Bewegung setzte, rutschte ich auf dem brennenden Öl aus und schlug mit dem Kopf gegen die Spülmaschine, wobei ich mir den Kiefer ausrenkte. Just als ich mich langmachte, ging die Sprinkleranlage los.

Steh auf. Du musst hier raus, hörte ich von irgendwoher. Wirklich, Gott gab mir ein, die Flucht zu ergreifen. Kurz darauf trafen Notarzt und Feuerwehr ein, zwei große Einsatzwagen sowie ein Hubschrauber und 50 Cops. Überall an meinem Körper schälte sich Haut ab, und in einem Fuß hatte ich ein Loch, durch das man den Finger stecken konnte. Ich stand unvorstellbare Schmerzen aus. Irgendwie telefonierte ich mit Carol, doch auf einmal war Christine da und weinte, während man mich auf einer Bahre festschnallte. Auf dem Weg in die Klinik litt ich Höllenpein.

Nachdem mir die Ärzte eine starke Dosis Morphin verabreicht hatten, schaute ich zu, wie sie die verbrannte Haut von meiner Hand und einem Bein schnitten. Dabei lachte ich, ein solches Hochgefühl werde ich nie wieder erfahren. Hoffentlich, denn so arm dran wie dort in der Notaufnahme will ich nicht mehr sein. Jetzt weiß ich, warum sieche Patienten Morphin bekommen.

Man legte mir Verbände an, damit ich am folgenden Tag der Beerdigung von Christines Großvater beiwohnen konnte, der zuvor gestorben war. Carol und sie, ihre Schwester Carisa und ihr Vater Lee nahmen mich in einem Van mit auf den Friedhof.

> **Carol McCarty:** *"Kurz nach dem Tod meines Vaters erhielt ich einen Anruf von Glenn. Er brüllte in den Hörer, er verbrenne gerade. Dass er schauspielerte, um Aufmerksamkeit zu heischen, war nichts Neues, doch dann fuhren wir zum Haus und sahen ihn auf der Eingangsterrasse. Seine Socken qualmten, und die Sanitäter entfernten verbranntes Gewebe von seinen Gliedern. Zur Beerdigung in Michigan mieteten wir einen Minivan, damit sich Christine besser um Glenn kümmern konnte."*

Ich saß hinten im Rollstuhl und wurde mit Unmengen von Schmerzmitteln abgespeist. Keine Ahnung, welche Medikamente es waren, aber sie wirkten dergestalt, dass ich die Wochenration, die ich auf Rezept erhalten hatte, an einem Tag aufbrauchte. Ich wurde also high von den Pillen, während die Qualen, die meine Brandwunden und das ramponierte Kinn verursachten, intensiv spürbar blieben. Es war zu typisch: Statt fand eine Beerdigung, doch im Mittelpunkt stand wieder einmal Glenn – sein kaputter Kiefer, sein Rollstuhl und die Tabletten. *Schnell, er muss noch mehr einnehmen ...* Alles drehte sich um mich, einfach ätzend.

In Atlanta blieben wir hinterher zwei, drei Tage bei Christines Eltern. Der Brandschaden in der Wohnung wurde behoben, und bevor wir sie wieder bezogen, ließen wir sie renovieren. Mit einem weiteren Scheck von Purple beglich ich die Mietkosten wie immer auf ein halbes Jahr hin. Die Hausverwaltung in Eastlake war mein Verhalten leid und murrte, sparte sich jedoch, mir zu kündigen. Dennoch musste ich eine andere Bleibe finden, weil die Wände in einem Mehrparteienhaus eben Ohren haben. An den Vorsatz, nie wieder in einem solchen unterzukommen, habe ich mich bis heute gehalten. Später mieteten wir ein Haus auf dem Mountaintop Drive in Marietta. Die Aussicht vom Berg aus war traumhaft, die Gegend ländlich und das Anwesen des nächsten Nachbarn ein gutes Stück weit entfernt. Wenn ich wollte, konnte ich also Krach schlagen.

Irgendwie kam ich noch dazu, im selben Jahr das Lied "City Of Crime" mit Pat Thrall aufzunehmen. Es war auf dem Soundtrack zur Komödie »Schlappe Bullen beißen nicht« vertreten, in der Dan Aykroyd und Tom Hanks mitwirkten. Wir spielten es im New Yorker Hit Factory Studio ein, und die beiden Hauptdarsteller rappten darauf. Mit zwei so souveränen Kerlen zu arbeiten, war klasse. Tom und Dan erwiesen sich als unheimlich nette Menschen. Vor ihnen wollte ich mich am Riemen reißen, obgleich Dan wusste, dass ich Kokain nahm und sich wie sein Bruder Pete Sorgen um mich machte. Wir sprachen auch über John Belushi und dessen Einfluss auf die Comedy-Kultur.

Bevor der Film in die Kinos gelangte, drehten wir ein Video zum Song. Meinen ersten Flug nach L.A. verpasste ich im Drogennebel, was umso peinlicher war, weil gerade solche Produktionen ein Heidengeld kosteten. Statisten warteten in Ziegenkostümen, und wie ich als letzter eintrudelte, steckte man mich gleichfalls in einen solchen Pelz. Ich sah aus wie ein Volltrottel und musste dazu nicht einmal high sein. Genaugenommen kam ich gerade wieder herunter, nachdem ich vier Tage durchgemacht hatte. Ich erinnere mich an meine Zwangsvorstellungen: Ich glaubte, ich sei jemand anders und hatte schon wieder einen zersplitterten Zahn, nachdem ich in irgendein Handgemenge geraten war. Das geschah wiederholt und ist bezeichnend für einen Abhängigen.

Krass wurde es, als ich anfing, Selbstgespräche zu führen und mir ins Gesicht zu schlagen, wenn ich wütend wurde – bizarr, aber bei Geistesgestörten durchaus üblich. Zu der Zeit wog ich 220 Pfund. Als wir den Clip drehten, ahnte ich, dass das Stück in die Top Ten gelangen würde, und so war es dann auch: Die Single »City Of Crime« behauptete sich im Frühjahr 1988 acht Wochen lang auf den vorderen Rängen der Charts. Der erste Tag am Set mit solchen Profis war äußerst anstrengend. Obwohl ich mein Aussehen hasste, musste ich zahlreiche Nahaufnahmen über mich ergehen lassen. Ich konnte nicht aufhören – weder mit dem Fressen noch mit dem Koks – und hing an der Strippe, um einen Dealer heißzumachen, sobald die letzte Einstellung im Kasten war. In jenen Monaten genierte ich mich wie nie zuvor oder danach. Nachdem ich in der Nähe des Flughafens untergekommen war, begab ich mich zum Haus meines Versorgers in L.A. und ließ die Fünf gerade sein. Ich wütete wie die Pest, ein echter Gräuel.

Weihnachten 1987 verbrachten Christine und ich noch in der Wohnung in Atlanta. Sie ließ sich auf eine flüchtige Affäre mit einem Arschloch namens Larry ein, einen früheren Sandkastengefährten. Er kam von der Marine und fing an, sie zu umgarnen. Wenn ich drauf war, machte sie sich mit ihm davon und ließ mich über Nacht allein, doch den Seitensprung gestand sie erst später. So schwierig es war, damit umzugehen, ich musste es akzeptieren. Auch ich war untreu geworden, wenn auch nur sinnbildlich, dafür jedoch die ganze Zeit über – Kokain, meine Gebieterin ... Frauen mussten davonlaufen, wenn sie mich so sahen.

Letzten Endes kam ich nicht damit klar. Dass sie fremdgegangen war, erschütterte mich bis ins Mark, und ich glaube, niemand hat je erlebt, dass ich so weinte wie damals vor Christine. Sie brach mir das Herz, denn ich liebte sie innig als Seelenverwandte. Sie hatte zwei Monate lang meine Wunden verarztet, manchmal sogar mitten in der Nacht, Beine wie Füße gewaschen und mir dadurch schlimmere Narben erspart. Sie musste alles für mich tun, weil ich mich nicht einmal bücken konnte. Bestimmt liebte sie mich auch, aber ich war nicht auszuhalten. Das Leben mit einem Abhängigen gestaltet sich nicht leicht.

Bei einem Dealer konnte ich tagelang aufschlagen. Er ließ mich frei walten und blieb in seinem Schlafzimmer oder Bad, um sich selbst den Kick zu geben, derweil ich befürchtete, jeden Augenblick in eine Razzia zu geraten, und zwar im großen Stil mit Helikoptern und dergleichen. Ich kannte seine Kunden, richtig schwere Jungs, also lagen überall Messer und Knarren herum. Eines Abends tauchte ein zugedröhnter Hitzkopf auf. Ich muss wieder Zuckungen bekommen und gesungen haben oder was weiß ich, und das brachte ihn auf die Palme. Im Nu hatte er eine Pistole gezückt und warf eine schwere Klinge nach mir. Sie blieb knapp vor meinen Füßen im Boden stecken. Während ich alles unheimlich witzig fand und lachte, dämmerte mir trotzdem, dass ich diesem Ort besser fernblieb. Eine Woche später nahm man den Dealer hoch.

Die Stimme, die mich davor warnte, den Bundesbehörden in die Hände zu fallen, verstummte nie während all der Jahre im Rausch: *Man wird dich ausweisen, dein Leben in Amerika und deine Karriere für immer beenden.* Sie war leise, aber beharrlich, und gehörte dem wahren Glenn Hughes: *Komm mit dir ins Reine.* Dieser Dealer saß zwei oder drei Jahre im Bau. Es war also sehr knapp.

Mit »Turbo« traten Judas Priest vor rund 18.000 Zuschauern im Atlanta Omni auf, als sie am Scheitelpunkt ihrer Erfolgskurve tourten. Meine Gebaren, wenn ich kokste, nahmen groteske Züge an: Während die Jungs die Halle beschallten, schnupfte ich in ihrer Garderobe und war so high, als sie von der Bühne stiegen, dass man mich besser abschrieb. Ich stieß überall an, weil ich nicht mehr richtig gehen konnte, und fantasierte herum, bis mich Glen Tipton höflich bat, zu verschwinden. "Wir begleiten dich nach draußen", schlug er vor. "Du brauchst Frischluft." Damit wetzte ich einen weiteren blamablen Moment auf mein Kerbholz.

Auf dem Parkplatz versuchten an die 100 Fans, in den Backstagebereich vorzudringen. Als ich ungefähr eine Stunde später wieder halbwegs geerdet war, brach die Band im Auto auf und hielt neben mir an, um sich zu vergewissern, dass ich allein klarkam. Wie der Wagen weiterfuhr, betete ich, wie ich es schon seit einiger Zeit pflegte, um nüchtern zu werden. Dann reiherte ich auf den Boden. Vor meinen Begleitern kam ich mir vor wie das, was ich gerade erbrochen hatte.

> **KK Downing:** *"Nein, wir selbst haben ihn nicht gezwungen, den Raum zu verlassen. Ich glaube, unser Tourmanager wimmelte ihn ab, aber das war Glenn damals gewohnt. Vor der Show wirkte er sehr angenehm, doch hinterher … Es mutete schizophren an. Eigentlich ist Glenn eine liebe Person und musikalisch ein echtes Schwergewicht. Tags darauf war alles vergeben und verziehen."*

Wenn ihr irgendwo einen Eindruck davon bekommt, wie sich das Leben eines Süchtigen gestaltet, dann auf diesen Seiten. Tonangeber aus der Musikindustrie haben mir erklärt, warum ich lange Zeit ein rotes Tuch für sie gewesen bin: Ich warf mein Talent aus dem Fenster. Als ich endgültig clean wurde, fragten mich die britische Szenejournalisten Malcolm Dome und Dave Ling: "Bleibst du diesmal standhaft? Können wir uns auf dich verlassen?"

Anfang 1988 kontaktierte mich John Norum, der sich gerade mit Europe und "The Final Countdown" unsterblich gemacht hatte. Mein Bier war ihre Musik nicht, doch als ich das Video zum Song auf MTV sah, staunte ich nicht schlecht, denn Johns Spiel erinnerte an Gary Moore. Er hatte die Band nun verlassen, um solo durchzustarten, und lud mich zu einem Gig im Londoner Hammersmith Apollo ein, wo er Ace Frehley supportete. Ich flog hinüber und lernte ihn kennen. Wohl nicht zuletzt, weil ich keine Drogen genommen hatte, fragte er mich, ob ich mit ihm in Stockholm aufnehmen und auf Tournee gehen wolle.

Sodann legten Christine und ich den gemeinsamen Schwur ab, in Schweden kein Kokain anzurühren. Wir wagten also den kalten Entzug in unbekannter Umgebung, und die Story dazu ist nichts weniger als verrückt: Die Nacht vor der Abreise machte ich wie üblich durch, und als wir zum Flughafen in Atlanta aufbrachen, schob ich Kohldampf, also schnappte ich einen Hotdog auf. Leider konnte ich ihn nicht bei mir behalten, als sich der Vogel in Bewegung setzte. Meine arme Sitznachbarin: Da hockte starren Blickes dieser rothaarige Typ mit kaputtem Schneidezahn und hielt seinen Mageninhalt in beiden Händen. Nachdem wir abgehoben hatten, schlurfte ich nach hinten zur Toilette und wusch mich ab. Ich hatte nicht einmal Klamotten zum Wechseln dabei.

In Schweden wohnten wir bei einem Freund von John. Die ersten Jams verliefen großartig, zumal ich wieder Bass spielte. Ab August waren bereits Konzerte anvisiert, für die wir im April proben wollten. Der Ball rollte also, doch eines Abends erwähnte jemand, er habe Speed dabei. Ich hatte während der Entstehung von »Play Me Out« gute Erfahrungen damit gemacht, weil ich davon nicht paranoid wurde, sondern rattenscharf, auch aufs Spielen und Singen. An Herzschäden und andere Nachteile dachte ich nicht. Nach ein paar Tabs war ich happy und blieb wach. Nicht dass ich darauf aus gewesen wäre, mich zu benebeln, aber Süchtige finden flugs einen Grund, es zu tun.

Im Geno, einer Kneipe mit angegliedertem Restaurant, in der ich mich hin und wieder einfand, lernte ich The Tomato kennen, wie er mit Spitznamen hieß, einen Bombenkerl. Er dealte weder, noch war er süchtig, doch ich überzeugte ihn mit meiner hinterhältigen Art davon, mir Speed zu beschaffen und mich mit Gleichgesinnten bekannt zu machen. Schließlich verwies er mich in die Hafengegend, wo ich mir daraufhin jedes Wochenende ein paar Gramm besorgte. Von Montag bis Freitag arbeitete ich mit John, ehe ich die restlichen Tage über mit Christine kuschelte und das alte Laster hervorkehrte. Selbiges ließ sich dann auch montags und dienstags zunehmend schwieriger verbergen, so dass ich mich spätestens Mitte der Woche nach Freitag sehnte und meinen Fokus verlor. John bemerkte es und fand wahrscheinlich auch heraus, was ich trieb.

Der alte Glenn kehrte zurück, und die Proben wurden einmal mehr zum Hindernis. Ich freundete mich mit dem Tennisspieler Vitas Gerulaitis an und schnupfte gemeinsam mit ihm in seiner Wohnung. Als John und ich in Göteborg "Reach For The Sky" fürs schwedischen Fernsehen darboten, hatte mich die Sucht erneut voll im Griff. Die Aufzeichnung verlief glatt. Ich war nach wie vor zu fett, fand die Sendung aber trotzdem cool.

Nachdem ich mit Christine auf eine andere Insel innerhalb von Stockholm umgezogen war, schaute Johns Manager Larry Mazur vorbei. Er hatte mich und Pat Thrall betreut und arbeitete später sowohl für Cinderella als auch KISS. "Glenn, du musst nach Hause fliegen", verlangte er. "In diesem Zustand kannst du weder auf Tournee gehen noch sonst etwas bewegen." Ich war traurig. Norum ließ mich nur ungern ziehen, und ich mochte ihn sehr. Aber Fakt bleibt, dass man als Drogenabhängiger nicht arbeitsfähig ist. Die Grundvoraussetzungen waren einfach nicht gegeben, also kehrte ich reumütig in die Staaten zurück. John weinte, teilweise auch vor Wut, doch mittlerweile habe ich Abbitte geleistet. Zwischen uns herrscht Frieden, und er ist ein klasse Musiker.

Kapitel 12: Kleine grosse Sünden

Meine Rückfälle

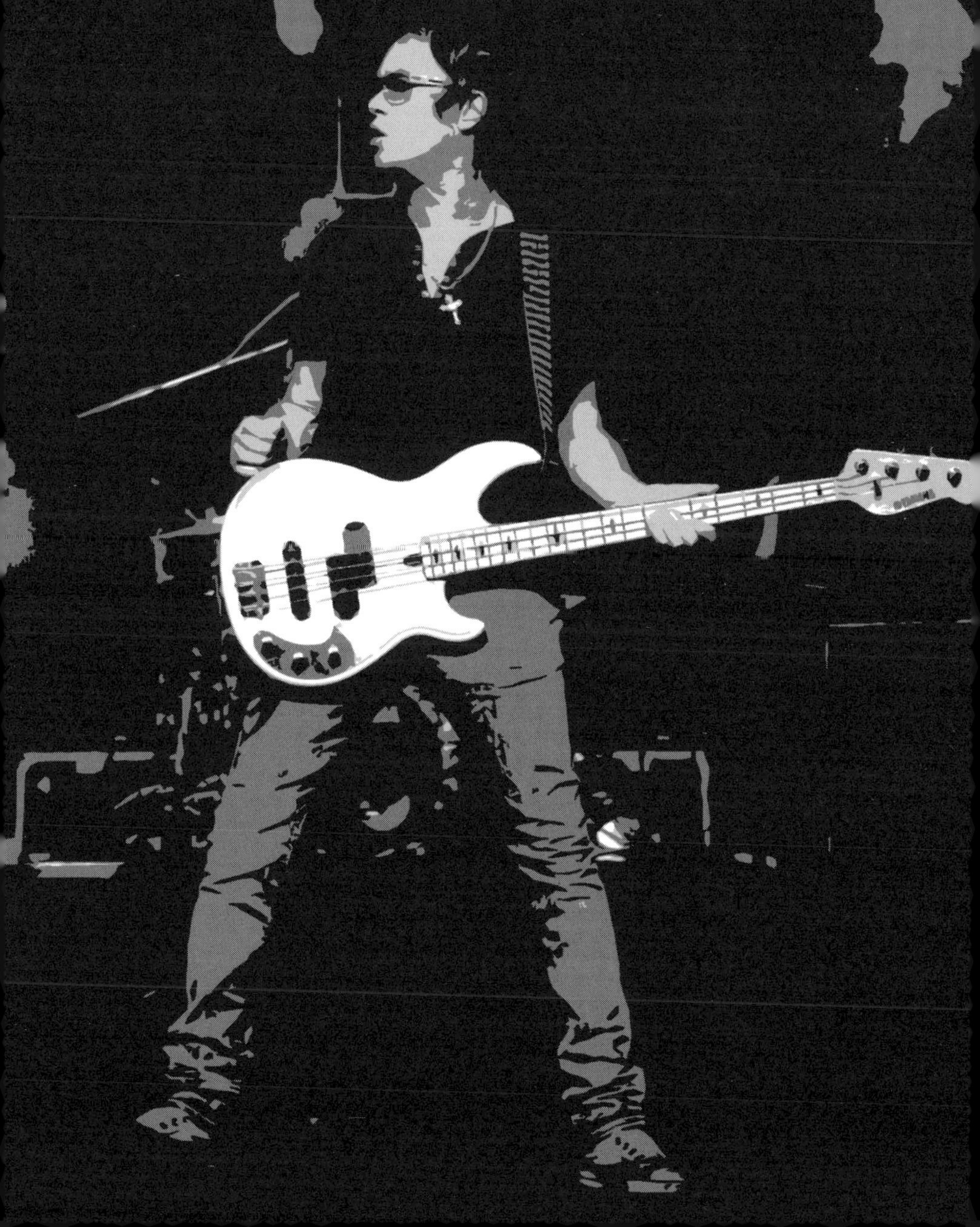

Ab Mitte 1988 wurde ich richtig kribbelig. Im September, das weiß ich noch ganz genau, besorgte ich Stoff und rauchte ihn gemeinsam mit ein paar Schwestern im Geiste, wobei wir uns bis auf die Unterwäsche strippten. Abgefuckt, nicht wahr? Es war schwül heiß, also schwoften wir halbnackt wie eine Bande Hinterwäldler. Wir standen im Bad und erhitzten das Zeug, wobei ich manchmal einen dicken Rock erwischte, von dem nach dem Inhalieren noch ein Stück übrig war. Als eine meiner Freundinnen ihren Stoff damit rauchte, bekam sie einen heftigen Krampfanfall.

Während sie am Boden lag, nahm ihr Freund, der als nächstes an der Reihe war, die Pfeife aus ihrer Hand. Dann trugen wir sie aufs Bett. Als sie wieder zu sich kam, brachen wir alle in Tränen aus, doch sechs Stunden später standen wieder alle vorm Waschbecken, auch sie. Dies war einer jener Momente, in denen ich mich fragte: *Was jetzt, Klugscheißer?*

Im Oktober erhielt ich wieder einen Scheck. Allerdings drängte man uns dazu, die Wohnung aufzugeben, weil unsere Katze Pookie acht Junge geworfen hatte, die natürlich nicht von vornherein stubenrein waren. Die Hauswirtin echauffierte sich nicht nur über das streunende Viehzeug, sondern hasste auch die wiederholten Polizeibesuche, also sollten wir binnen 90 Tagen verschwinden.

Unterdessen begegnete ich Jerry Trimble, einem ehemaligen Leichtgewichtsweltmeister im Kickboxen. Er stammt aus Kentucky, aber die Stadt Atlanta schloss ihn als Lokalhelden in ihr Herz. Heute schauspielert er und sieht immer noch aus wie der junge Kirk Douglas.

> **Jerry Trimble:** *"Ich kenne Glenn seit 1987, als ich ihn in einem Nachtclub traf. Wir verstanden uns gut und schlossen Freundschaft. Ich wurde sein Leibwächter und Trainer, leistete ihm aber auch seelischen Beistand – ein bisschen von allem sozusagen. Der Job war ziemlich locker. Mit wem ich es zu tun hatte, wusste ich bei unserer ersten Begegnung noch nicht, doch als ich dann Nachforschungen anstellte und seine Musik hörte, dachte ich: Mein Gott, der Typ ist unglaublich! Einen so begabten und kreativen Menschen findet man nicht alle Tage. Damals schwelte ein Feuer in ihm; Glenn war getrieben, innerlich aufgewühlt."*

Jerry musterte mich und kam zu dem Schluss, ich müsse in Form kommen, also besuchte er mich zunehmend häufiger zu Hause und schickte sich an, mir die Drogen auszutreiben. An den Wochenenden gingen wir aus.

In der Innenstadt von Atlanta kam es dann vor, dass irgendwelche Zweimeter-Proleten mit Cowboyhüten meinten, Jerry gegen 5.00 Uhr oder so herausfordern zu müssen, weil sie wussten, dass er Boxchampion war. Sein Gesichtsausdruck vermittelte etwas in der Art von: *Nicht schon wieder.* Er sagte ihnen voraus, sie würden es bereuen, sich mit ihm anzulegen. Dann machte er im Handumdrehen drei Mann platt. Er bildete sich allerdings überhaupt nichts darauf ein, sondern hatte ein schlechtes Gewissen.

Jerry Trimble: *"Schwierig war nur, all die Kletten von ihm fernzuhalten, Dealer und anderer Abschaum. Jeder wollte gut Freund mit ihm sein, dies spendieren und das für lau herausgeben. Diese Leute steckten ihm sogar Drogen in die Tasche. Ich war Kampfsportler und zweifacher Weltmeister. Damals wog ich nur 145 Pfund, konnte aber bestens auf mich aufpassen. Da wir das Personal aller Clubs kannten, durften wir uns manches herausnehmen. Ich betrat nur Läden, deren Besitzer, Türsteher und Angestellte ich kannte, denn dann konnten wir uns sicher fühlen. Falls es zu Auseinandersetzungen kam, meinte die Security, ich solle mich der Störenfriede draußen annehmen. Ich stimmte widerwillig zu ... Lustige Zeiten waren das."*

Während der Achtziger verbreitete sich Ecstasy im Süden der USA und wurde anders als in Europa nicht von vornherein als harte Droge verdammt. Jeder nahm es, Sportler, Schauspieler und natürlich ich.

Jerry Trimble: *"Die Typen, die Glenn versorgten, waren richtige Arschlöcher. Drogen aller Art hatten in den Achtzigern Hochkonjunktur, was es umso schwieriger für ihn machte, clean zu werden. Dabei kamen wir uns näher, denn er wollte, dass ich ihn fit machte und ein Übungsprogramm für ihn entwickelte, wie ich es schon für andere getan hatte. So sehr er sich bemühte, diese Leute zu meiden, gelang es ihnen irgendwie, an mir vorbeizukommen, und ehe ich mich versah, war Glenn verschwunden. 'Äh, Jerry', druckste unser Gefolge dann. 'Er ist eben mit einer Gitarre hinausgegangen.' Es war zum Haareraufen, denn wenn er ein Instrument in die Hand nahm, wusste man, woher der Wind wehte: Er hatte einen Geistesblitz und wollte sich austoben. Schon verrückt ... Er stimmte eine Idee an, die großartig klang, und wiederholte sie so lange, bis er ein Ende fand. Dann suchte er sich eine andere Melodie, und am Schluss stand ein kompletter Song.*

Glenn strotzte vor Einfallsreichtum, rang aber mit vielen Dämonen. Mahnte ich ihn dazu, Feierabend zu machen, verlor er sich weiter in der Musik und antwortete: 'Jerry, ich muss einfach spielen.' Zu dumm, dass meistens bald der Wecker klingelte, und nach einer Weile stand zu erwarten, dass sich das morgendliche Training erledigt hatte. Sein ärgster Feind war er selbst. Manchmal indes ließ er während seiner nüchternen Phasen mit sich reden, so dass er sein Übungspensum erfüllte. Ich brachte ihm das Kickboxen bei, Schläge und Tritte, brummte ihm aber auch Sit-ups und Gewichte auf. Er hatte Freude daran und zog es mehrere Tage durch. Gingen wir wieder unter Leute, betonte er: 'Jerry, ich will mir heute Abend wirklich nichts zuschulden kommen lassen.' Dann musste bloß der Falsche vor Ort sein und den besten Freund mimen – schon hatte er wieder Stoff. Glenn ist eine lebende Legende, also möchten Gott und die Welt mit ihm anbandeln.

Bevor ich 1990 fortzog, lebte ich ungefähr ein halbes Jahr lang mit ihm zusammen. 'Ich muss aus dieser Stadt raus', erklärte ich ihm, denn Atlanta machte mich verrückt. Zum Glück kam er kurz darauf endgültig zu sich. Für mich war es Krieg, ein scheinbar immerwährender Kampf."

Gegen Weihnachten 1988 hatte ich kein Geld mehr. Christine und ich waren arm: Gas und Heizung wurden abgestellt, die Telefonleitung gesperrt. Unser Festtagsschmaus beschränkte sich auf jeweils einen Doseneintopf. Schuld trug allein meine Abhängigkeit.

Meine Scheidung war im Herbst des Jahres offiziell geworden. Als ich unsere Katze Pocket noch einmal sah, ehe sie eingeschläfert wurde, kehrte ich auch Karen für immer den Rücken. Es ist schon fast ein Vierteljahrhundert her, und wir sind nicht als Freunde auseinandergegangen. Als ich 1994 versuchte, Kontakt mit ihr aufzunehmen, stellte sie klar, sie wolle nichts mehr mit mir zu schaffen haben, nachdem ich mich so danebenbenommen hatte. Ich bedaure, kein guter Ehemann gewesen zu sein, und wünschte, sie besser behandelt zu haben. Entschuldigt habe ich mich natürlich, aber sie hörte mich nicht an.

Anfang Februar 1989 packte ich meinen Krempel zusammen. Abgesehen von einzelnen Ecstasy-Pillen ließ ich die Drogen vorübergehend aus dem Leib – jawohl, auch Kokain. Deep Purple schickten den nächsten Scheck im März, und bis dahin herrschte Sauregurkenzeit. Ich hatte keine Bleibe mehr, höchstens bei meinen Eltern in England, und stand zum ersten Mal in meinem Leben komplett abgebrannt da. Davor, Freunde um Hilfe zu bitten, zierte ich mich, also vertrauten wir die Sachen einem Unternehmen zum Einlagern an und flogen in meine alte Heimat. Auf meinem Konto zu Hause lag noch etwas Geld, doch davon abgesehen fragte ich mich, wie es weitergehen sollte. Während der beiden darauffolgenden Monate bei Mom und Dad fasste ich keine Drogen an.

Eines Tages erzählte sie mir, David Coverdale habe angerufen. Er lud mich an den Lake Tahoe ein, wo er an einem Album arbeitete. Da Mutter seit je einen guten Draht zu ihm hatte, ließ er sich dazu hinreißen, ihr seine Sorgen um mich zu gestehen. Er wollte mich einem Ernährungsberater vorstellen, weil ich fasten musste. David war zu gütig, denn er half mir uneigennützig und zahlte obendrein eine Menge Geld – 25.000 Dollar, die heute etwa dem Dreifachen entsprächen – für ein bisschen Gesang im Hintergrund.

Ich flog mit Christine auf seine Kosten nach Reno. Die Scheibe, um die es ging, war Whitesnakes »Slip Of The Tongue«. Jimmy Ayres, einer ihrer Betreuer, holte uns am Flughafen ab und steuerte ein feines Hotel an, wo er eine geräumige Suite reserviert hatte. Als David eintraf, nahm er mich in den Arm, schaute mich an und sagte fest entschlossen: "Ich werde dafür sorgen, dass es dir wieder besser geht." Daraufhin machte ich eine Diät und wurde clean. Als im April die Produktion anstand, konnte er auf einen geistesgegenwärtigen Glenn bauen, der allerdings immer noch miserabel aussah; Bier trank ich nämlich weiterhin.

Nachdem mich David mit dem Songs vertraut gemacht hatte, legten wir los. Er stand hundertprozentig hinter mir, obwohl ich nicht in Topform war. Auch aus diesem Grund erachte ich ihn heute als meinen Bruder. Wenn wir uns unterhalten, kommt es mir immer noch so vor, als seien wir die beiden Neuen bei Deep Purple. Dass wir keinen roten Teppich voreinander ausrollen müssen, halte ich für eine großartige Sache. Für seine Rückendeckung damals schulde ich ihm eine Menge, denn der erste Anreiz zur Entwöhnung kam von seiner Seite. Er wünschte sich das Beste für mich.

Die Aufnahmen gestalteten sich nicht einfach. Ich sollte Davids Stimme eine Terz höher doppeln, erklomm dieses Register aber nur mit Mühe und Not, weshalb ich am Ende nur drei Stücke schaffte. Nichtsdestoweniger saß ich danach wieder im Sattel und konnte ein Haus in L.A. mieten. Es stand im Laurel Canyon auf dem Yucca Trail und gehörte Emmett Chapman, der den nach ihm benannten Stick entwickelt hatte, ein Tapping-Instrument. Ich lernte ihn und seine Frau kennen, als ich am 1. Juli einzog. Nach drei Monaten ohne Gifte im Leib und um 20 Pfund leichter fühlte ich mich wunderbar. Ich genoss die Aussicht und pachtete das Grundstück für ein halbes Jahr. John Mayall wohnte gleich gegenüber, und da ich nun über einen Anwalt verfügte, der mich schon während des Engagements bei David beraten hatte, konnte ich über ein Comeback nachdenken.

Nichts da – schon am ersten Wochenende im neuen Heim rief ich einen alten Dealer an. Der Gedanke dahinter war folgender: Ich glaubte, ein paar Krümel verdrücken zu können, denn schließlich hatte ich ein Album mit Whitesnake gestemmt und wurde wieder allerorts geliebt, oder? An den folgenden Sonnabenden legte ich den Hörer neben mein Telefon und den Verstand komplett ab. Crack und Ecstasy kamen auf den Tisch, und zwar im Beisein dicker Fische. Es waren Drogenbarone aus Las Vegas, die sogar einmal einen bevorstehenden großen Coup in meiner Küche besprachen.

Zu jener Zeit hing mir Kerrang!-Mitbegründer Pete Winkelman am Ohr, ich sei einer der besten Sänger der Welt. Er stammt aus der Gegend um Wolverhampton, arbeitete bei Warner und hat später den Fußballverein von Milton Keynes gekauft, die Dons. Ferner erwähnte er, seine Chefs beim Label seien daran interessiert, mich unter Vertrag zu nehmen. Ich sagte ihnen zu und erhielt prompt einen großzügigen Vorschuss sowie die Ausstattung für ein Heimstudio mit 16 Aufnahmespuren. Dorthin zog ich mich häufig zurück, um Musik zu machen – und natürlich um Drogen zu nehmen.

Als Christine einmal übers Wochenende nicht zu Hause war, platzte mein Dealer atemlos herein. Er brachte einen dicken Beutel mit, fünf Kilo Kokain, und bat mich, diesen in Verwahrung zu nehmen. Angeblich war er während eines laufenden Handels aus der Stadt getürmt, als die Gegenpartei schwere Geschütze aufgefahren hatte. Bei der anschließenden Schießerei musste jemand sein Leben lassen, und nun kam eine Lawine ins Rollen. Im Nachhinein wurde mir klar, dass an diesem Coke Blut klebte; mehrere Menschen waren dafür gestorben.

Während ich es nun bei mir versteckte, suchten mich erneut Gangster aus Vegas auf. Zu ihrem Gefolge gehörten Straßennutten, aber auch Schauspieler und eine frühere Miss Louisiana, die ihren Körper verkaufte und sich auf Fellatio mit diesen Typen einließ, um ihr Crack rauchen zu dürfen. Im Laufe jener sechs Monate bot sich selten ein anderes Bild: Party mit 20 Leuten, dass die Fetzen flogen. Fünf Kilo Kokain zieht man allein im Leben nicht weg, und ich konsumierte wohl Mengen, die manch anderen über den Jordan befördert hätten, so großspurig es klingt. Eigentlich sollte ich tot sein. Lastwagenladungen schaufelte ich mir ein, und ich habe keine Ahnung, wie ich es überstand.

Diese Leute wurden so anhänglich, weil man bei mir rauchen konnte. Sie brachten die Rocks, und ich schwang mich zum Gastgeber erster Güte auf. Dabei kam ich mir vor wie Dirk Diggler am Ende von »Boogie Nights«. Mein Haus war ein Drogenbunker. Als ich auszog, fand ich noch mehrere Beutel, die vermutlich Unsummen wert waren, und ließ den Inhalt im Klo verschwinden. Bei mir stolperte man im wahrsten Sinn des Wortes über Kokain.

Kapitel 13: Neubeginn

Endlich clean

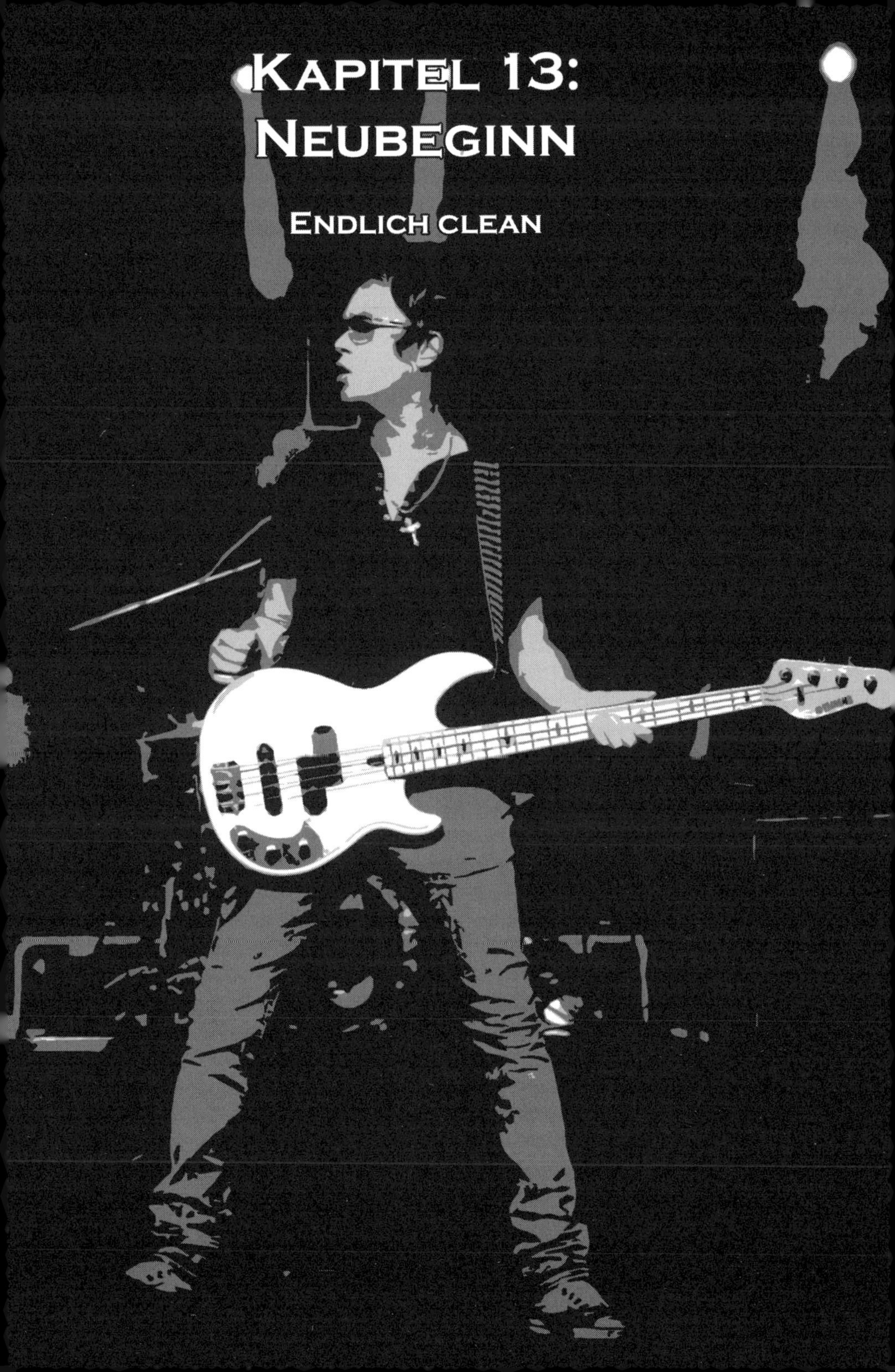

Im Januar 1990 kam es allerorts zu Festnahmen. Eines Abends rauchte eine Besucherin Crack in meinem Bad und stürzte, als sie ins Schlafzimmer kam, unter Krämpfen zu Boden. Die Nachbarn hörten mich schreien und verständigten die Polizei, da es sich anhörte, als würde jemand abgeschlachtet. Ich hob die Frau auf und legte sie aufs Bett. Gerade als sie aufwachte, blinkten die Lichter der Streifenwagen vorm Haus auf. Drei oder vier sah ich, die Schritte der Beamten hörte ich kurz darauf. Sie kamen die Treppe zum Eingang hoch, und in meinem Bad stand der Beutel mit dem Koks. Hätten sie die Bude in dem Augenblick gestürmt, würde ich dies nun nicht schreiben.

Nachdem ich die Lichter in den Zimmern und auf dem Flur ausgeschaltet hatte, erkannte man von außen wenig, wenn man zum Fenster hereinschaute. Aus unerfindlichem Grund rückten die Cops jedoch ab. Mein Herz tat einen Sprung. Könnt ihr euch das vorstellen? Drei Tage später übergaben wir die Möbel erneut einer Lagerfirma und verzogen uns nach England.

Pete Winkelman besorgte uns ein Hotelzimmer, wo wir eine Woche lang blieben, bevor wir ein hübsches zweigeschossiges Haus in Kensington fanden und wie immer für ein halbes Jahr mieteten. Es besaß einen gepflasterten Innenplatz, ganz klassisch wie bei alten Gehöften, und war einfach fantastisch. Da sich Winkelman für den Gitarristen und Produzenten Robin George aus Wolverhampton begeisterte, sollte der meine Stimme ins rechte Licht rücken. Rob hatte eigene Stücke vorbereitet, die ich recht gut fand, also sagte ich zu, obwohl ich mich wieder selbst vergiftete und deshalb hinter meinen Fähigkeiten zurückblieb. Die Musik klang nicht rockig, sondern nach Pop, und war nicht auf mich zugeschnitten, aber okay.

Eingespielt wurde sowohl bei George zu Hause als auch im Nomis Studio und auf der Ridge Farm, einem phänomenalen Aufnahmebunker in London. Ich ließ vom Kokain ab, blieb aber mitnichten drogenfrei, denn was tut der User, wenn die Nase frei ist? Klar, er nimmt Speed. Ein Bekannter empfahl mir einen Dealer aus den Midlands, der alle 14 Tage in London handelte. Ich liebte Speed, aber es sollte mich Mores lehren.

Nach nur einem Monat standen fünf oder sechs Lieder. Der Sommer in jenem Jahr fiel wundervoll aus, und mit dem Vorschuss von Warner kaufte ich ein Haus in Atlanta – ungesehen. Christine fand es, als sie ihre Eltern besuchte, während ich in London beschäftigt war, einen gewaltigen Bau mit fünf Schlafzimmern auf einer Fläche von insgesamt 5.000 Quadratfuß. Obwohl es eine Menge Asche kostete, machten wir ein Angebot. Wir erhielten den Zuschlag und griffen zu, nachdem ich an meinem Geburtstag in die Staaten zurückgekehrt war. Der Einzug ging im September vonstatten. Ich fand es perfekt, auch wegen des riesigen Kellers und weil der Garten so urig war. Dort floss sogar ein Bächlein, und ich weiß noch, wie ich Christine schwor: "In diesem Haus werde ich keine Drogen nehmen." Dann nahm ich sie in den Arm. "Niemals!"

Die Möbelpacker aus L.A. fuhren an einem sonnigen Tag vor, und eine Woche später – wer hätte es gedacht? – orderte ich Speed, um vögeln zu können wie ein Karnickel. Etwas musste sich ändern, und dies geschah, als ich einen Song für The KLF singen sowie im begleitenden Video mitwirken sollte: "What Time Is Love?"

Bill Drummond: *"Eigentlich hatten wir Axl Rose vorgesehen, der uns jedoch versetzte. Wer Glenns Namen in den Raum warf, weiß ich nicht mehr, doch ich war sofort hin und weg: 'Was? Ich hab ihn 1971 mit Trapeze gesehen, klasse Idee!' Ich erwartete einen verlebten Star und befürchtete, er werde uns nicht ernst nehmen, weil uns ganz andere Kaliber großkotzig behandelten, doch beim ersten Ton, den er in der Gesangskabine zu Gehör brachte, erübrigten sich die Zweifel. Glenn strotzte vor Energie."*

Jimmy Cauty: *"Glenn war genau der Richtige und hat brillant gesungen. Wir schilderten ihm gut eine Stunde lang, was uns vorschwebte, und er schnallte es sofort. Dies überraschte umso mehr, da wir eine für die damalige Zeit noch recht unkonventionelle Mischung aus Techno und Rock produzierten. Dass er einen Entzug vorhatte, entging mir, aber ironischerweise war ich zu jener Zeit selbst kein Kind von Traurigkeit. Als verzärtelt konnte ich ihn auch nicht bezeichnen, weil sich der Videodreh wegen des kalten Wassers als Plackerei herausstellte. Am Ende waren wir alle klatschnass, da durfte man nicht empfindlich sein."*

Für alle Mitwirkenden stand fest, dass "What Time Is Love?" überall in Europa zum Hit avancieren würde. *So Glenn,* sagte ich mir. *Jetzt hast du es gepackt und wirst wieder zu »Top Of The Pops« gehen.* Konsequenterweise begab ich mich im Januar für einen Monat ins Betty Ford Center.

Um auf den eingangs erwähnten Infarkt zurückzukommen, so galt er mir nicht als Anstoß, clean zu werden. Bei der Untersuchung in der Notaufnahme in Atlanta zeigte sich, dass es kein schwerer Schlag war. Die Sauerstoffversorgung meines Gehirns blieb nur kurz unterbrochen, aber froh war ich trotzdem über diesen Augenöffner. Dass es ernst war, merkte ich gleich, als ich nicht mehr richtig sprechen konnte. Eine deutlichere Warnung gibt es nicht. Ich bin davon überzeugt, dass Gott uns im Laufe des Lebens wiederholt Zeichen gibt, und dieses war extrem eindrücklich. Ich hatte Höllengrund betreten, doch Schutzengel geleiteten mich wieder hinaus.

Just am gleichen Tag, da ich wieder in England landete, stieg unsere Single in die Charts ein, auf dem fünften Platz, glaube ich. Während meine ehemaligen Mitpatienten ihr Herz in Diskussionsrunden ausschütteten, stotterte ich PR-Termine ab – eine Gratwanderung, die mir jedoch gelang, denn ich nahm weder Alkohol noch schlimmere Drogen zu mir. Andererseits arbeitete ich nicht an mir selbst, damit dies auch so blieb, sondern packte es mit der Einstellung an, mich nach wenigen therapeutischen Meetings auszuklinken, um nicht gestehen zu müssen, wie idiotisch ich mich all die Jahre verhalten hatte. Tritt man zum Entzug an, gilt es zuallererst, sich komplett darauf einzustellen, nicht bloß zu 99 Prozent. Das blieb ich schuldig, um mich mit Halbheiten zu beschwichtigen. Genau die aber lassen Süchtige rückfällig werden.

Nun möchte ich meinem guten Freund Mitchell Binder etwas Platz einräumen. Zu Beginn der Neunziger setzte er sich in den Kopf, Rock-'n'-Roll-Schmuck anzufertigen. Wir trafen uns einmal pro Woche zum Plauschen auf einen Kaffee, bis ich wieder verstärkt auf Tournee ging und ihn aus den Augen verlor. Ende 2005 aß ich mit meiner Frau Gabi sowie Chad und Nancy Smith in Pacific Palisades zu Abend, und wie wir das Restaurant verließen, trat Mitchell ein. Wir drückten uns herzlich, und als ich fragte, wie es ihm gehe, erfuhr ich, dass er seinen Traum in die Tat umgesetzt hatte. Mir waren hier und dort in der Stadt Werbeanzeigen aufgefallen, besonders aber Leute mit extravagant aussehenden Ringen, Ketten oder Armbändern. Mit King Baby – so heißt seine Firma – hat Mitchell sein eigenes Universum erschaffen. Hut ab vor seiner klaren Vision und Furchtlosigkeit in Sachen Kunst. Er zählt zu meinen engsten Freunden und ist durch die gleiche Schule gegangen wie ich. Ich erwärme mich für Menschen, die sich treu bleiben. Wir gehören zu den wenigen Auserwählten und werden am Ende wissen, was es bedeutet hat, zu leben.

Andy Field, ein zweiter langjähriger Freund von mir, starb 1991 an Krebs. Er war die rechte Hand von Marillions früherem Sänger Fish. Zum Gedenken an ihn organisierte ich ein zweitägiges Konzert in Cannock, dessen Erlös seine Hinterbliebenen bekamen. Die Trapeze-Reunion 1994 ergab sich während des anschließenden Auftritts mit Fish im Apollo.

Die drei Jahre dazwischen widmete ich meiner Gesundheit. Musik kam dabei ebenfalls gelegentlich heraus, etwa das 1991er »L.A. Blues Authority«-Album. Dennoch war ich noch nicht so reif wie heute. Den nächsten Meilenstein meiner Karriere stellte kurz darauf die Wiedervereinigung von Trapeze dar. Es war verdammt geil, wieder mit Mel zu jammen.

> **Tony Perry:** *"Threshold setzten sich 1994 mit mir in Verbindung, um die Diskografie der Band weltweit auf CD zu veröffentlichen. Dabei kamen die Jungs überein, wieder gemeinsam Musik zu machen und verstärkten sich mit einem zweiten Gitarristen. Schon die Proben liefen gut, und bevor Trapeze in die Staaten aufbrachen, verkauften sie das Robin 1 in Wolverhampton mehrmals aus. Alle Zeichen standen auf Sturm, derweil die Atmosphäre auf wie abseits der Bühne sehr angenehm war. Leider schlampten die Promoter drüben, weshalb der Andrang enttäuschend schwach ausfiel. Andererseits kam es auf die Chemie unter den Musikern an, und die stimmte genauso wie die Arbeit der Crew und des Managements. Ich freute mich, Glenn wieder emotional stabil und geistig wie körperlich fit zu sehen. So wurde das Wiedersehen anders als 1976 zum Vergnügen."*

Während der Tournee im Juli und August 1994 lud ich einen Freund zur Show in Dallas ein, wo ich noch einmal rückfällig wurde, was nur wenige wissen. Wer nicht begreift, was nachhaltige Abstinenz bedeutet, sollte sich ein Beispiel hieran nehmen. Ich nahm meinen Kumpel mit in ein Striplokal. Er war Bodybuilder, und die Stunden vergingen bei guter Laune ohne besondere Vorkommnisse. Als wir uns aber schließlich mit leichten Damen auf der Rückbank unseres Wagens einfanden, gab er ihnen Liquid Ecstasy oder kurz GHB, einen Neurotransmitter zur Wachstumsbeschleunigung von Muskeln im Schlaf. Widersetzt man sich der ermüdenden Wirkung, bekommt man einen Kick und Lust auf Sex. Er behauptete, es sei ein anerkanntes Medikament und legal wie Koffein oder Nikotin, also sagte ich nicht Nein. Bei den Girls schlug das Zeug an, denn sie gerieten in Wallung und machten es uns mit dem Mund. Es kam mir vor wie ein Wundermittel, und im Glauben, es sei keine richtige Droge, schluckte ich etwas davon mit Wasser.

Schon als es mir die Kehle hinunterlief, fiel ich aus allen Wolken; es erinnerte mich an Ecstasy und war dabei sogar erlaubt. Der Abhängige in mir verlangte aber nach einer Zugabe, als die Wirkung nachließ, zumal ich eine ehemalige Miss North Carolina vor mir hatte. GHB weckte animalische Triebe in mir, machte mich zum liederlich geilen Bock. Sie war jung und schön, doch ich fiel über sie her wie ein Barbar. Nach einer Bombennacht wachte ich auf und dachte: *Gott, war das genial, aber so furchtbar falsch.* Etwas so Gutes kann nicht legal sein.

Dies also zu meinem ersten Schnitzer. Im März 1992 waren Christine und ich von Atlanta nach Los Angeles gezogen, wohin wir nun zurückkehrten. Montagabends traf ich mich stets mit Bekannten aus der Musikbranche und fuhr danach heim, als sei nichts passiert. Meinen nüchternen Freunden erzählte ich nichts davon. Stattdessen stellte ich eine Band zusammen, schrieb Songs und gab Konzerte mit ihr unter meinem Namen. Vordergründig herrschte Normalität.

Als ich im November 1994 nach Amsterdam reiste, scharrte meine Krankheit sprichwörtlich mit den Hufen und gab mir ein, einen Rave zu besuchen. Obendrein stieß ich auf den Nachtclubbesitzer Burt, der mein Schaffen kannte und schätzte. Sein Laden Escape befand sich mitten im Rotlichtviertel. Dort traf ich rund 2.000 halbnackten Männlein und Weiblein auf Ecstasy an.

Ich redete mir ein, die eine oder andere Pille schmeißen zu können, wie es allzu oft geschieht: Der Süchtige sitzt seinem Irrglauben auf, ein einziger Ausrutscher könne nicht schaden und mache niemanden hellhörig. Mein Tourmanager sollte es nie erfahren, und Burt kannte meine Historie nicht, sondern hielt mich für einen Star unter vielen, die Sex und einen zünftigen Rausch suchten. Eine Stunde, nachdem ich ein E genommen hatte, bestand meine Welt nur noch aus Grooves. Ich tänzelte durchs Hotelzimmer und warf eine zweite Tablette ein. Als ich nach fünf, sechs Stunden herunterkam, freute ich mich, weil niemand diesen fabelhaften Abgang mitbekommen hatte.

Zu Hause verschwieg ich es und war mir keiner Schuld bewusst, weil der Teufel mir vorgaukelte, ich hätte mich im Griff. Falls ich doch unterbewusst Gewissensbisse empfand, übertönte er sie mit der Versicherung: *Du hast kein Problem, hast allein getanzt und keinen Schlag bekommen. Beim Frühstück am Morgen warst du wohlauf, also Schwamm drüber.*

Während meines nächsten Abstechers nach Holland orderte ich zehn Pillen bei meinem Spezi. Er brachte sie mir, und daraufhin blieb ich 36 Stunden auf den Beinen. Wieder hielt ich es geheim, indem ich bei ihm im Club blieb, Bräute kennenlernte und mich beim Tanzen verausgabte, große Versprechungen machte und kleine Sünden beging – das Übliche eben, allerdings immer noch unauffällig genug, um keinen Verdacht auf mich zu ziehen.

Im Betty Ford Center hatte man mich darauf vorbereitet, dass ich mich als frischgebackener Abstinenzler eventuell von alten Beziehungen lösen würde. Während ich oberflächlich clean war, verzichtete Christine weiterhin nicht auf ihr Glas Wein und zog am Wochenende durch die Kneipen. Ich blieb zu Hause, denn was sollte ich dort tun, da ich nicht trank? Ohne Alkohol kehrt auf der Piste schnell Langeweile ein, zumindest bei mir. So wurde es schmerzhaft offensichtlich, dass ich mich von Chris trennen musste, um Fortschritte zu machen. Ohne Verlust ging es nicht.

Im Herbst tourte ich durch Europa. Während eines Treffens mit Fans nach dem Konzert in Stockholm machte ich Bekanntschaft mit Åsa Petterson, einer hübschen 21-Jährigen. Sie war natürlich schön, gänzlich ohne Schminke. Ich lud sie zu einer der folgenden Shows ein, wo sie mit ihrem Freund auftauchte, einem sympathischen Knaben. Bevor wir zurück nach Kalifornien jetteten, gab ich ihnen meine Adresse und setzte sie wieder in Stockholm ab.

Zu Hause veränderte sich fortan mein Blickwinkel, denn ich bekam Åsa nicht aus dem Kopf. Im Dezember rief ich in Schweden an, um alles Gute zu Weihnachten zu wünschen. Dabei kam heraus, dass sie vorhatte, sich von ihrem Freund zu trennen. Ich bot ihr an, mich in London zu treffen, wenn ich dort Interviews gab, und sie sagte Ja. In Wirklichkeit hatte ich keine Termine dort, sondern wollte sie unbedingt sehen.

Sie empfing mich am Flughafen in Heathrow, nervös und deshalb umso niedlicher. Nachdem wir in einem Hotel in Kensington eingecheckt hatten, redeten wir bis in die frühen Morgenstunden. Wir suchten Geborgenheit, gingen würdevoll und zärtlich miteinander um, wobei ich zum ersten Mal seit Ewigkeiten nüchtern war. Ich musste die Einfühlsamkeit im Intimen regelrecht neu lernen.

Während meines Aufenthalts in London kam Mom ins Krankenhaus, also nahmen Åsa und ich einen Zug nach Wolverhampton. Ich wollte dort sein, denn das Wohlergehen meiner Eltern bedeutet mir mehr, als ich mit Worten beschreiben kann. Zum Glück durfte Mutter wieder nach Hause, bevor ich nach L.A. zurückflog. Åsa wollte ich gleich nach meiner Rückkehr anzurufen. Wir wussten, dass sich etwas Ernstes anbahnte. Die Entfernung zwischen den USA und Schweden war uns egal.

Am Abend des 21. Februars 1995, einen Tag vor Christines 29. Geburtstag, kam ich in unserem Haus an. Sie sprang gerade unter die Dusche, da fragte ich sie nach ihrem Geschenkwunsch. Ihre Antwort werde ich nie vergessen: "Ich will, dass du ausziehst." Sie meinte es wohl nicht ganz ernst, aber die Worte hallten in meinem Kopf wider. Während sie sich zurechtmachte, klingelte ich bei meinem Bekannten Bill Eskridge durch und bat ihn, mit seinem Kleinlaster herzukommen. Chris trocknete sich gerade ab, als ich meine Platin- und Goldauszeichnungen von den Wänden nahm, das Heimstudio abbaute und mitsamt meinen Instrumenten in Bills Laderaum wuchtete. Letztlich füllten wir zwei Wagen und verließen den Strand. Das teure Zeug kam in Schließcontainer, ehe ich noch einmal zum Haus zurückkehrte, um ein paar Kleider und Schuhe zusammenzupacken. Christines Vater glaubte, wir hätten leichten Stunk und ich käme bald wieder. Stattdessen zog ich in ein Hotel am Hermosa Beach, wo ich ein Jahr blieb. Ich wohnte in einem Eckzimmer mit Blick aufs Meer und bestaunte unwirklich schöne Sonnenuntergänge. Im Frühjahr 1995 stellte ich »Feel« fertig. Wir arbeiteten bei Gary Ferguson, der neben Matt Sorum Schlagzeug spielte, und ließen Pat Thrall aus New York kommen. Matt trommelt übrigens super und hat den Groove gepachtet. Über Ferg muss ich sowieso keine Worte verlieren, denn Funk ist sein zweiter Vorname.

Als die Scheibe im Kasten war, traf ich mich erneut mit Åsa in London. Wir mieteten uns einen Monat in einem Appartement in Mayfair ein, bevor ich sie mit über den großen Teich nahm und bei mir im Hotel unterbrachte. Fortan pendelten wir zwischen L.A. und Stockholm, da ich zweimal im Jahr in Europa tourte. Zuletzt fanden wir eine Wohnung im Stadtbezirk Östermalm, obwohl es zu jener Zeit zwischen uns kriselte. Während sie Zeit in einem Freundeskreis verbrachte, den ich nicht kannte, musste ich verstärkt reisen. Im September 1997 gestand sie, zu Hause jemanden in ihrem Alter kennengelernt zu haben. Das überraschte mich nicht, weil wir uns auseinandergelebt hatten, aber enttäuscht war ich trotzdem. Nachdem ich sie in einen Flieger gesetzt hatte, war es vorbei. 2006 traf ich Åsa bei einem Konzert in Stockholm wieder. Sie hatte nichts von ihrer Schönheit eingebüßt, und ich wünschte ihr viel Glück für ihr weiteres Leben.

Um jedoch in den Neunzigern zu bleiben: Ich hatte gerade meine Scheibe »From Now On« mit Konzerten beworben. Die Band war gut angekommen, aber ich hing von Zeit zu Zeit gewissen Altlasten an, was Musiker gemeinhin mit den Strapazen des Lebens aus dem Koffer entschuldigen. Als wir die Tournee im Juli 1995 hinter uns gebracht hatten, wollte ich mir ein Wochenende in Amsterdam gönnen. Von Burt verlangte ich vorab 50 Pillen. Zwei nahm ich gleich auf dem Weg vom Flughafen zum Escape. Ich geriet so auf Draht, dass mir alles einerlei war, auch weil ich dachte, mein Verhalten sei stimmig, denn ich fühlte mich mit

mit mir im Reinen und kokste wenigstens nicht. *Diese Nacht werde ich schon überleben,* sagte ich mir, und ohne zu flunkern: Von den 50 Tabletten habe ich an jenem Wochenende gut 40 selbst geschluckt. Die Sucht ergriff Besitz von mir und trachtete danach, mein Leben zu beenden. Krankenhaus und Schläuche in der Nase genügten nicht; es musste der Exitus sein.

Dann geschah Folgendes: Im Club trank ich Wasser und verschenkte etwas Ecstasy an Chicks. Burt hatte selbst welches. Die Party fand sonntagnachts ihren Höhepunkt, weshalb ich länger im Land blieb. Am übernächsten Abend – ich war in seinem Haus – ging es mir dreckig, und zwar richtig. Ich spreche nicht von Brechreiz, sondern einem Schwächeanfall und leichter Orientierungslosigkeit im Zuge des extremen Flüssigkeitsverlustes. Vor allem aber hatte ich große Angst, also wählte ich die Notrufnummer und ließ mir am Telefon helfen. Nachdem ich viel Wasser getrunken und etwas gegessen hatte, besserte sich mein Zustand Ich atmete auf: *Oha, nochmal davongekommen.* Wenn man sich nicht mit Ecstasy auskennt, steht man schnell dumm da. Ich schwenkte von Koks auf Beans um, weil ich meinte, sie würden mich im Gegensatz dazu nicht umbringen.

Jetzt belog ich sowohl meine Freunde als auch mich selbst wieder nach Strich und Faden. 1996 machte ich Ferien bei Burt und genehmigte mir erneut 50 Tabletten. Einmal mehr begann ich schon am Flughafen mit dem Schlucken, da ich mir ein Freundschaftsspiel der Wolverhampton Wolves gegen Barcelona anschauen wollte. Ich musste also in wenigen Stunden wieder aufbrechen und stand nun mit dem Zeug in der Tasche da. Außerdem hatte ich wohl Geld zu viel, denn mir fiel nichts Besseres ein, als Burt eine Viertelunze Kokain zu kaufen. Nachdem ich beim letzten Mal überlebt hatte, musste ich jetzt, wenn es nach meinem Dämon ging, der Armut anheimfallen. Irgendwie wirkte das Ecstasy diesmal nicht, also sagte ich zu ihm: “Ach was, lass mich mitziehen.” Mit dem Zeug im Schädel wurde mir unheimlich: Ich hatte die erste Line seit fünf Jahren gesnieft und erinnerte mich sofort an meinen Herzinfarkt. Schon fantasierte ich wieder von bösen Bullen und SS-Männern, die durch Schornsteinschächte schlüpften. Daraufhin stand ich vom Tisch auf und gab Burt zu verstehen, er könne den ganzen Scheiß behalten. “Ich brauche das nicht mehr.”

Dennoch geschah es eine Woche später in Dallas ein zweites Mal, weil ich es mir bereits während der Anreise vornahm. Amsterdam hatte den Schalk geweckt, und jetzt traf ich mich mit einem Bekannten aus Trapeze-Zeiten. In seinem Haus wusste ich mich ungestört. *Du bist schon okay,* hielt ich mir vor. *Musst dich erst wieder an den Stoff gewöhnen.* Obwohl mein Freund nichts von Burt erfuhr und nur gehört hatte, ich sei schon länger clean, ließ er einen Kumpel und Dealer mit einer halben Unze Blow antreten. Klar, mit geringen Mengen gab ich mich nicht zufrieden, und dieses Zeug erwies sich als erstklassig rein. Nach zwei Gramm bekam ich einen Anfall; mein Herz schlug wie blöde, und ich hyperventilierte, weshalb ich einen Schluck Wodka trank, der alles noch schlimmer machte.

Dass ich Unmengen Koks die Toilette hinuntergespült habe, um mich selbst davor zu bewahren, ist bekannt, und nun rieselten wohl an die vier Gramm ins Rohr, bevor ich mich zurückpfiff und den Rest der Freundin meines Bekannten überließ. Der vernünftige Glenn gab nun den Ton an: *Wach auf, oder du wirst sterben.* Er hielt es für besser, dass ich die Zeit in Texas ohne Alk und Drogen zubrachte, verstummte aber nach zwei Tagen, als ich 45 wurde. "Was tut es?", fragte ich mich laut. "So alt wird man nur einmal." Ich besorgte eine Unze Schnee und 100 E, mit denen ich vier, fünf Tage lang von einem Extrem ins andere fiel.

Übrigens beanstandete ich die Qualität des Stoffes und drückte dem Dealer Kohle für eine weitere Unze in die Hand. Die versüßte ein paar Stripperinnen, meiner Freundin Lynn und mir die folgende Woche. Die Manager irgendwelcher Kneipen mit Fleischbeschau, bei denen ich noch wegen Trapeze gut angeschrieben war, versorgten mich darüber hinaus mit Girls.

Lynn Everett: *"Einige Stripperinnen begleiteten uns nach der Sperrstunde gemeinsam mit ihrem Chef. Abgesehen von den Pillen stand uns auch anderer Stoff zur Verfügung, mit dem wir bis in die Morgenstunden feierten. Dabei hatte ich etwas mit einem Mädchen, das aussah wie Elle McPherson. Glenn beschäftigte sich unterdessen mit zwei anderen im Nebenzimmer."*

Ich wechselte immerzu ab – erst eine Line, dann eine Pille und so weiter. Als mich Lynn eines Morgens weckte, war ich mit 100-Dollar-Scheinen zugedeckt, ich musste beim Zählen eingeschlafen sein. In jener Woche wichste ich insgesamt 20 Riesen drauf, für Stoff, erotischen Tischtanz und was nicht alles. Niemals in meiner 25-jährigen Drogenkarriere verlebte ich dermaßen euphorische Tage. Die schwarze Seele lachte: *Du hast es gepackt, ein Mordsspektakel ohne Herzinfarkt und mit Rudelbumsen!*

Lynn Everett: *"Einmal hieß es, wir gingen zu einem Gig der Band Live, deren Promoter ich gut kannte. Glenn bummelte, und auf einmal hörte ich einen Knall aus dem Bad: Er war von der Toilette in die Wanne gefallen. Ich lachte ihn aus und drängte, er solle die Albernheiten lassen, weil ich endlich aufbrechen wollte. Nach dem Konzert schlief er im Taxi ein, während er die Beine zur Decke ausstreckte."*

Jener 21. August 1996 geht in Sachen Dekadenz in die Geschichte ein. Mein Leiden heuchelte mir vor, ich hätte alles richtiggemacht, aber in L.A. brauchte ich hinterher eine gute Woche, bis ich ruhigen Schlaf fand. Ein volles Jahr lang rührte ich keine Drogen an. Nichts.

Lynn Everett: *"Seine hässliche Fratze zeigte Glenn meistens, wenn wir allein und wieder heruntergekommen waren, kurz bevor ich mich zurückziehen wollte, um am nächsten Tag nicht am Stock zu gehen. Er konnte nicht, weil Monster unterm Bett und im Schrank lauerten, im Ofen oder Badezimmer und vor den Fenstern, deren Rollläden wir längst heruntergelassen hatten. Deswegen musste ich stundenlang alle fünf Minuten so tun, als durchsuchte* *ich das Haus. Er sperrte sich schließlich in einem Zimmer ein, vor dem ich wachen sollte, wobei er im Viertelstundentakt nach mir rief, um sich zu vergewissern, dass ich meine Pflicht erfüllte."*

Lassen wir Zahlen sprechen: Von 1994 bis 1997 wurde ich sechsmal im großen Stil rückfällig, kleinere Sünden außen vor. 1996 hatte ich das Vergnügen, erneut mit Tony Iommi zu arbeiten.

Tony Iommi: *"Als mein Manager erwähnte, Glenn habe den Drogen abgeschworen, schöpfte ich neue Hoffnung und stellte den Kontakt wieder her. Ich war froh, dass er sich fasste, wenngleich er es nicht leicht hatte, weil er sich vor aller Welt beweisen musste. Schließlich war er allen Versprechungen zum Trotz wiederholt von seinen guten Vorsätzen abgekommen. Auch ich blieb skeptisch, sicher."*

Die Songs, die wir zwei ausarbeiteten, erschienen 2000 unter dem Titel »The DEP Sessions«.

Tony Iommi: *"Die Aufnahmen waren ein Klacks. Glenn zeigte reges Interesse, sang und spielte wie ein Gott. Redete man mit ihm, blieb er bei der Sache, wo es zuvor den Anschein hatte, als stellte er die Ohren auf Durchzug. Er bezeugte aufrichtigen Ehrgeiz, und weil er sowohl weiterhin abnahm als auch seine Haare kurzgeschnitten hatte, glaubte ich bisweilen, mit einem ganz anderen Menschen zu musizieren."*

Wem lief ich im Jahr darauf über den Weg? Gary Moore. Nachdem wir uns im Mai oder Juni 1985 zerstritten hatten, stand er nun im Stockholmer Restaurant Spy Bar vor mir. Es war kurz nach Mitternacht, und ich wollte gerade aufbrechen, als mir jemand sagte, er sitze an der Theke. "Cool", erwiderte ich. "Lass ihn ruhig wissen, dass ich hier bin." Kurz darauf ging Gary auf der Suche nach mir herum und erkannte mich nicht, als ich mich direkt neben ihm aufbaute. Ich war 50, wenn nicht gar 70 Pfund leichter. Schließlich packte ich ihn beherzt und fragte: "Was geht ab?" Es war ein ziemlich emotionaler Moment; ich hatte als nüchterner Mann Frieden mit ihm geschlossen. "Ich möchte mich aufrichtig bei dir, deinem Manager und Virgin entschuldigen", begann ich. "Mein Benehmen war furchtbar mies und ein tiefschwarzer Fleck auf meiner beileibe nicht weißen Weste. Bitte verzeih mir, denn das wünsche ich mir von ganzem Herzen." Er tat es. Zuerst wirkte er verdrießlich, dann froh und letztlich überschwänglich. "Wenn du willst, spiele ich auf deinem nächsten Album Gitarre", verblieb er, ehe ich wesentlich erleichtert meiner Wege ging.

Ihr wollt bestimmt endlich hören, wie ich ein für allemal von den Drogen weggekommen bin, oder? Nun, 1997 war ich mit meiner Band auf Tournee und umwarb erneut eine Schwedin. Nach St. Patrick's Day wollte ich eine Woche in Dallas bleiben – ja genau, wieder einmal Texas. Da ich ahnte, was passieren würde, ließ ich mir im Hotel Marriott Courtyard eine geräumige Suite mit drei Schlafzimmern geben. Nachdem ich eine Stereoanlage und einen tragbaren

Fernseher mit Videorekorder für Pornos organisiert hatte, herrschte lauschige Clubatmosphäre.

Nach ein paar Lines fiel mir das Atmen zunehmend schwerer, weshalb mein Kumpel Pete Schlaftabletten besorgte, um mich zu beruhigen. Auf Koks kann das in die Binsen gehen, aber ich wurde tatsächlich nur müde und schlief beim Essen ein. Das war mir bis dato noch nicht passiert, ist aber wohl ein Muss für jeden Rockstar. Sodann gab ich mir einen Ruck, verkroch mich in die Suite, sperrte die Tür ab und zog Ohrstöpsel an, ehe ich ins Bett ging.

Auf dem Rückweg nach L.A. kam ich wieder einmal zu dem Schluss, es könne so nicht weitergehen. Dabei hielt ich mir die sechs Fehltritte der vergangenen drei Jahre vor Augen, von denen kaum jemand etwas wusste. Den Sommer verbrachte ich allein in dem Haus, das ich mir nach der Trennung von Christine gekauft hatte. Statt mich an die Nächstbeste zu hängen, pflegte ich alte Freundschaften. Eines Tages war ich mit meiner Katze im Schlafzimmer und durchstöberte einen Koffer, weil ich ausmisten wollte, als ich in einer Socke auf übersehenes Ecstasy stieß. Ich war sowieso der ungekrönte König im Verstecken und Vergessen, quasi wie ein Junkie.

Was nun? 23.00 Uhr und allein mit einer Handvoll Pillen ... *Na ja, es ist kein Kokain,* sagte ich mir und ließ die Jalousien herunter. Dann nahm ich etwas davon und blieb soweit gefasst. Nach sechs Stunden und ein paar weiteren Tabletten rief ich eine Freundin an, ein wohlbehütetes Mädchen ohne Ahnung von meinen Eskapaden. Ich lud sie ein. “Zieh einen Regenmantel mit was Nettem darunter an”, gab ich ihr mit auf den Weg. Als sie in der Tür stand, sah sie mich schweißgebadet und mit verzerrter Grimasse. Robert Louis Stevenson hatte es sich wahrscheinlich genau so vorgestellt – fehlten nur noch Mantel und Zylinderhut. Es war wirklich wie im Roman: Ich mutierte vom braven Männchen zum triebhaften Freak. Die Gute war kaum eine Stunde bei mir, als sie den Notarzt rief, weil ich meinte, mein Herz spiele nicht mehr lange mit.

Nach vielleicht anderthalb Minuten hörten wir Sirenen. Als ich die Polizei sah, murmelte ich ein Gebet: “Gott, bitte lass mich jetzt nicht sterben.” Ich fürchtete mich davor, im Drogenrausch abzukratzen und dem Allmächtigen nicht nüchtern gegenüberzutreten. Im Krankenwagen klemmten sie mich an Apparate und gaben Gas, woraufhin ich anfing, panisch um mich zu schlagen.

“Ihr versteht nicht”, rief ich. “Ich bin keiner der üblichen Verdächtigen”, doch der Fahrer blaffte: “Halt die Fresse, du Loser, oder ich bremse und hau dir aufs Maul!” In dem Moment ging mir ein Licht auf, und ungelogen – seitdem rühre ich weder Alkohol noch anderen Dreck an.

Mir ist egal, was Außenstehende denken, denn mir geht es allein darum, morgens mit Würde in den Spiegel zu schauen. Ich weiß, Psycho-Drogen versetzen mich in einen Zustand, der nicht in meinem Sinne ist, und bedroht mein Leben. Ich würde mit Gewissheit sterben, nähme ich sie weiterhin.

Jene sechs Episoden zwischen 1994 und 1997 ließen sich leicht unter den Teppich kehren, aber damit täte ich mir keinen Gefallen. Die Mittel, die ich zu mir nahm, sind Gift – Kokain als Pulver und Crack, Ecstasy und Speed gleichermaßen. Sowohl meine Mutter als auch Ärzte und Anwälte versuchten, mich davon loszueisen, aber geschafft hat es letztlich der Fahrer jenes Krankenwagens. Sprach Gott aus seinem Munde? Keine Ahnung, doch es zeigte Wirkung.

Seltsamerweise stellte sich in der Klinik heraus, dass mir nichts fehlte. Die beiden Tage, während derer ich zur Beobachtung bleiben musste, kosteten bestimmt eine Menge, und der alte Glenn Hughes hätte sich nach der Entlassung gleich wieder abgeschossen, aber er war nicht mehr da. Ich hatte reinen Tisch gemacht und zeigte der Krankheit die kalte Schulter.

Weshalb habe ich das nicht früher publik gemacht? Es musste im passenden Kontext und auf einer angemessenen Plattform stattfinden. Wer dieses Buch ganz liest und es nach der Schilderung der Fahrt ins Hospital immer noch nicht blickt, dem ist nicht zu helfen. Zwischen 1974 und 1991 ist mir vieles durch die Lappen gegangen, allem voran die spirituelle Reife. 17 Jahre lang trat ich in dieser Hinsicht auf der Stelle, was einer Bankrotterklärung gleichkommt. Ich habe Rauschmittel im Wert von über einer Million Dollar konsumiert, und das war dämlich, denn hätte ich es bleibenlassen, wäre im Gegenzug vielleicht zehnmal soviel Geld in meine Kasse gewandert. Nach dem letzten Vorfall war mein ideelles Konto sprichwörtlich geplündert, aber ich habe es geschafft, den stark übergewichtigen, ungesunden Drogennarren zu einem lauteren Typen umzumodeln.

Sheila Hughes: *"Ich schenkte ihm volles Vertrauen. Als er diesen Schlussstrich zog, wusste ich, dass er es ernst meinte."*

Kapitel 14: Aufbauarbeit

Meine Wiedergeburt

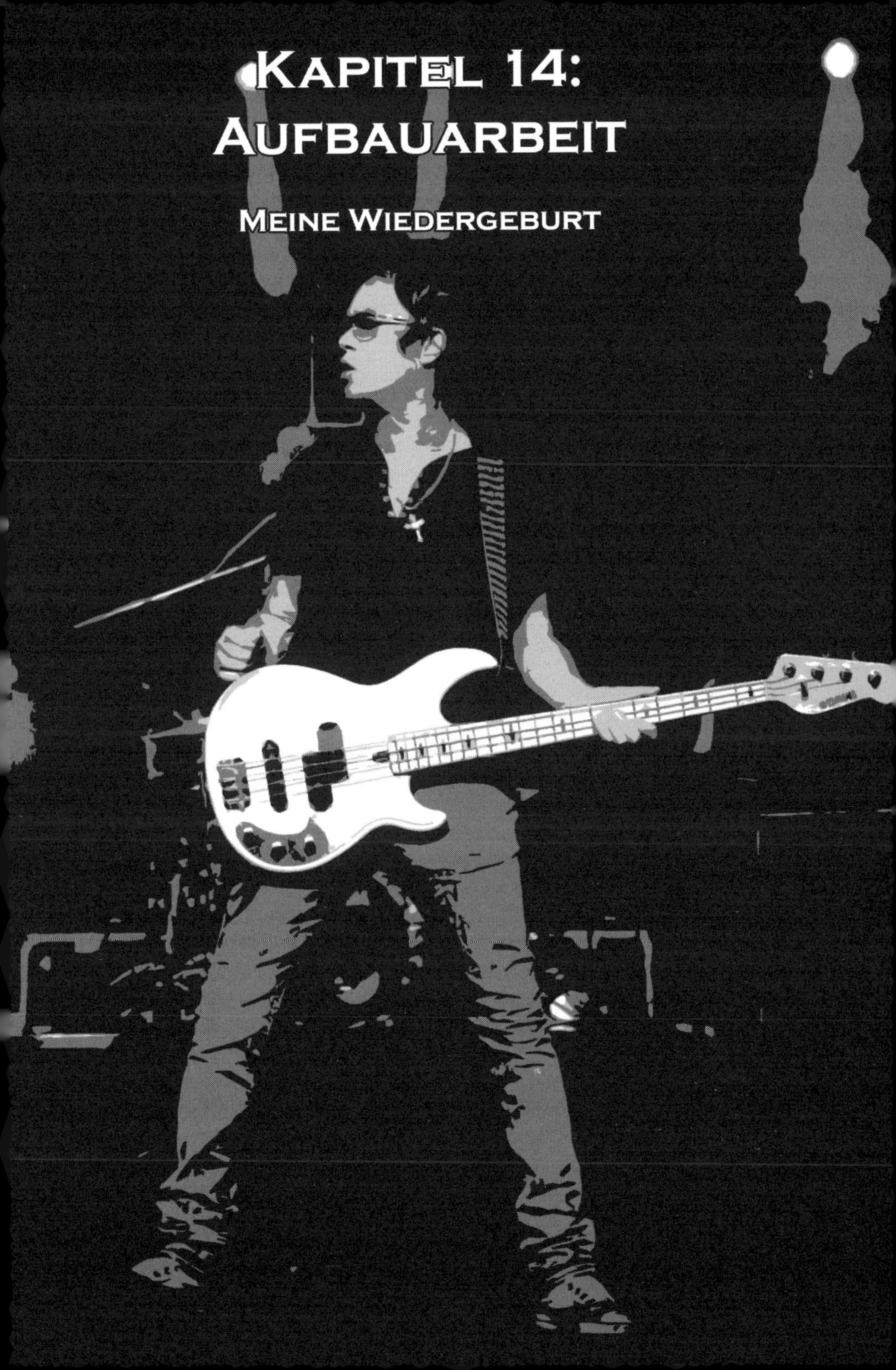

Als ich mir 1996 die Haare schneiden lassen wollte, empfahl mir ein Freund einen Friseursalon auf der Melrose Avenue in Hollywood. Dort begegnete ich Cindy Levinson, eine quirlige Frau mit ansteckendem Lachen. Sie bemerkte, mit einem Musiker aus England verheiratet zu sein, ging aber nicht weiter darauf ein. Sechs Wochen später schaute ich wieder vorbei und erkundigte mich nach dem Namen meines Landsmannes. Es war Robert Smiths Kollege Lol Tolhurst. Die beiden hatten The Cure gegründet, eine meiner Lieblingsbands Ende der Achtziger. Ihre Musik ist sehr originell; man erkennt sofort, um wen es sich handelt, wenn einer ihrer Songs im Radio läuft.

Cindy lud mich zum Abendessen bei ihnen zu Hause ein, und wir verstanden uns sofort sehr gut. Ich war damals Single und tat nach mehreren Bauchlandungen mit Schwedinnen wohl auch gut daran. Vier Jahre lang traf ich mich mit Cindy und Lol zum Lunch im Old King's Head auf dem Santa Monica Boulevard, ehe wir auf der Third Street Promenade einkauften, wo ich meiner neuen und gesünderen Sucht frönte, dem Anhäufen von Klamotten. Die meisten trug ich nicht einmal, ehe ich irgendwann alles der Heilsarmee spendete. Cindy und Lol sind sehr nette Menschen und trösteten mich über manchen Hänger hinweg, den ich Mitte bis Ende der Neunziger hatte.

Zu Weihnachten 1999 besuchte ich meine Eltern in Cannock. Angesichts meines neuerlichen Junggesellendaseins fragte Dad: "Willst du dir ständig den Laufpass von Skandinavierinnen geben lassen, Sohn, oder findest du noch einmal eine Frau aus deiner Nähe, mit der du etwas gemein hast und alt werden kannst?" Darüber brütete ich fortan.

> **Tony Perry:** *"Über Monate hinweg zeichnete sich ab, dass Glenn seine Unzulänglichkeiten ernsthaft überwinden wollte. Dabei vergingen Jahre, doch er hielt tapfer durch und packte die Übel an der Wurzel. Seine alte Persönlichkeit kehrte zurück, bis wir uns wieder in seiner Gesellschaft wohlfühlten. Nicht zuletzt deshalb sind Mel und Dave neue Projekte mit ihm angegangen."*

Als ich noch süchtig war, lag mir nichts ferner, als eine ernste Beziehung einzugehen. Ich sah übel aus und konnte mich selbst nicht leiden. Jeder Abhängige räumt den Drogen absoluten Vorrang ein, und im berauschten Zustand hat man ohnehin ganz anderen Sex als mit klarem Kopf. Besonders bei regelmäßigem Konsum wandelt sich das Triebverhalten und hat überhaupt nichts mit dem eines normalen Menschen zu tun. Man wird zum Tier und lässt sich völlig gehen. Der Höhepunkt mag noch so intensiv sein: Ich würde meine Gesundheit nicht wieder dafür aufs Spiel setzen. Ich war zu solchen Zeiten zwar arg überheblich, sprengte mich aber nicht drei, vier Tage lang mit Freunden weg, um dann mit der Erwartung in eine Bar zu stürmen, das erstbeste Mädel herumzukriegen. Das wäre auch nicht realistisch gewesen. Zudem gab ich mich auch während der hitzigsten Phase nicht mit Chicks ab, die sozusagen auf die Drogenszene abonniert waren. Einen Rest Moral bewahrte ich mir stets, und Tatsache blieb: Keine dieser Bräute fand ich sonderlich attraktiv. Obwohl ich im Dusel durchaus an Sex dachte, stand er immerzu an zweiter Stelle.

Drei Monate nach der Unterhaltung mit Dad, genauer gesagt am 10. März 2001, hatte ich meine schicksalhafte erste Begegnung mit Gabi Dotson.

Gabi Hughes: *"Ich kannte Glenns Schlagzeuger Gary seit fünf, sechs Jahren, weil er auf einer Party eines Kunden der Musikproduktionsfirma war, in der ich seinerzeit arbeitete. Ferg fragte mich einmal, ob ich einen Freund hätte, was ich verneinte. 'Mit Mitte 30 bekommt man schwerlich jemanden ab', fügte ich hinzu, 'weil die meisten in diesem Alter schon unter der Haube sind.' Daraufhin erzählte er mir von seinem Kumpel und Sänger – dem besten überhaupt angeblich. 'Willst du ihn kennenlernen?' Ich sagte Ja und bat Gary, ihn nicht weiter zu beschreiben, weil ich mir eine eigene Meinung bilden wollte.*

Deep Purple waren mir ein Begriff, also hatte ich ein bestimmtes Bild von dem Mann vor Augen, der bei mir anklopfen sollte – langes, aber schütter werdendes Haar als Ausdruck dafür, dass er den fortschreitenden körperlichen Verfall nicht akzeptierte. Ich saß also dem Klischee des abgehalfterten Rockstars auf, hegte aber keine eigentliche Vorstellung von Glenn. Da Ferg ihn mochte, musste er okay sein. Ich konnte nichts verlieren, und gegen ein schlichtes Treffen ließ sich nichts einwenden.

Dazu kam es schließlich im Restaurant 72 Market Street in Venice, Kalifornien, das Dudley Moore gehörte, dem verstorbenen Schauspieler. Glenn kam im Nadelstreifenanzug und hatte fülliges Haar. Da machte ich Augen, zumal er braungebrannt war, weil er ins Sonnenstudio ging, wie er mir gestand. Ich antwortete: 'Oh, das sollten Sie nicht tun, es ist ungesund.'

Ich wusste nicht, dass er nicht trank, und wollte unbedingt am Tresen sitzen, weil ich gerade von einer stressigen Geschäftsreise gekommen war. In New York hatte ich an mehreren Abenden zusammen mit Kunden gegessen, also war mir nicht danach, schon wieder an einem Tisch zu klemmen. Ich hatte Lust, zu trinken und locker zu plauschen, was ihn dazu nötigte, sich dazuzusetzen und Wasser zu bestellen, obwohl er kalorienarme Cola bevorzugte. Sogar das Dinner nahmen wir auf den Barhockern zu uns, aber er war die ganze Zeit über sehr witzig. Als ich aufstand, um zur Toilette zu gehen, spürte ich förmlich, dass er auf meinen Hintern starrte.

Hinterher war ich nicht schlüssig, was ich von ihm halten sollte, wünschte mir aber definitiv, wieder mit ihm auszugehen, um ihn besser kennenzulernen. Ich suchte keinen Mann zum Heiraten, sondern wollte einfach hin und wieder ein Date. Die Brechstange setzte ich also nicht an, zumal ich mich als typisch einsame Karrierefrau sah, die nur ihren beiden Katzen Rechenschaft ablegen musste.

Nichtsdestoweniger passierte alles weitere Schlag auf Schlag: Nach einem Monat fragte ich mich, was er sich von unseren Treffen versprach, und stellte ihn zur Rede: 'Wie du diese Frage beantwortest, werde ich dir nicht übelnehmen. Ich will einfach wissen, was du denkst – sind wir fest zusammen? Sag Ja oder Nein; ich kann mit beidem leben, aber nicht mehr länger im Dunkeln tappen.' Hätte er noch mit anderen Frauen ausgehen wollen, wäre dies kein Problem für mich gewesen, aber er meinte, er sehne sich nach einer festen Beziehung, in der nur eine einzige Frau eine Rolle spiele, und die dürfe gern ich sein. Als die Fronten geklärt waren, konnten wir ungezwungener miteinander reden. Spielchen wie unter jüngeren Leuten ersparten wir uns.

Daraufhin führte eines zum anderen. Eines Tages saßen wir mit ein paar Bekannten bei mir zusammen, und wie ich in der Küche die Spülmaschine füllte, gab er mir zu verstehen, er fände es toll, wenn ich zu ihm zöge. Ich stellte allerdings klar: 'Nimm das jetzt es nicht persönlich, denn ich würde es jedem Mann sagen: Ich setze mich nicht in ein gemachtes Nest und spiele Heimchen am Herd, denn davon habe ich nichts. Ich gäbe Verantwortungen ab, aber wieso sollte ich das? Ich habe nichts gegen Heiraten, will aber in meinem eigenen Haus bleiben und nicht auf Vater-Mutter-Kind machen.' Er zeigte sich verständig, machte aber sofort einen Heiratsantrag. Ich überlegte: Vielleicht war dies wirklich der nächste logische Schritt in meinem Leben. Zwei Wochen später steckte ein Ring an meinem Finger."

Ohne meine Verflossenen herabsetzen zu wollen: Ich wusste gleich beim ersten Treffen, dass ich mit einer hochintelligenten Frau sprach, von der ich viel lernen konnte. Gabi ist zugleich einer der lustigsten Menschen auf diesem Planeten. Gern wiederhole ich mich und behaupte, Gott lässt nichts auf der Welt ohne Grund geschehen. Es war vorherbestimmt, dass wir beide uns begegnen. Dank ihr erkannte ich deutlicher, was wenige Jahre zuvor noch im Verborgenen gelegen hatte.

Gabi bildet das Rückgrat unser Familie. Ständig ermutigten sie mich dazu, meinem Herzen zu folgen. Wir verbringen viel Zeit im Garten, machen uns die Hände beim Aussetzen schmutzig und sehen zu, wie die Pflanzen blühen. Spreche ich von Familie, meine ich unsere Hunde, was zumindest Tierfreunde nachvollziehen können. Ich schätze mich glücklich, aller Unbill und Versuchung zum Trotz überlebt zu haben, um einer echten Schwesternseele zu begegnen, die meinem Dasein die Krone aufsetzt. Gabi ist genauso exzentrisch wie ich, aber wer uns kennt und einmal gemeinsam erlebt hat, wird uns als himmlisches Paar im Gedächtnis behalten.

Blicken wir zurück auf die Zeit nach dem 23. November 1997, an dem ich meinte, an einem Infarkt zu sterben, bevor die Worte eines Krankenwagenfahrers mein Leben veränderten. Ich kannte die gängigen Praktiken zur Suchtüberwindung bereits und hatte mich von meinen früheren Therapiepaten – darunter ein anderer Musiker sowie ein Rechtsanwalt – durchs Zwölfstufenprogramm leiten lassen. Während des ersten Meetings stellte ich mich in den 90 Sekunden, die man dort üblicherweise erhält, als Neuling vor und sprach über die Rückfälle der vergangenen drei Jahre. Dann lauschte ich Andy, der in Vietnam gedient hatte und schlicht bekannte: “Ich habe bis zur Besinnungslosigkeit gesoffen.” Den Satz fand ich so treffend, dass ich ihn auf mich ummünzte und anfügte: “Ich habe bis zur Besinnungslosigkeit Drogen genommen.”

Dass ich wenige Monate vorher so kurz davor gestanden hatte, nüchtern zu werden, und doch sehr weit davon entfernt war, mutet eigentlich verrückt an. Am 31. August 1997 zum Beispiel wohnte ich einer Dinner Party in Beverly Hills bei und trat zur Theke, um Drinks zu bestellen, wobei ich mich wie immer, wenn ich damals in Los Angeles war, mit dem Konsum zurückhielt. Plötzlich berichtete CNN von Prinzessin Dianas tödlichem Unfall in Paris, und ich stand 20 Minuten lang wie erstarrt da. Ich wollte unbedingt mitverfolgen, wie sich die Lage zu Hause in England entwickelte, also musste ich wach bleiben. Jemand orderte Cappuccino in großen Tassen, und ich trank zwei oder drei davon, obwohl ich weder Tee noch Kaffee mag. Kokain oder Speed standen nicht zur Debatte, aber dieses Zeug knallte ebenfalls ordentlich, und ich schlief tatsächlich nicht ein, während ich fernsah. Ich fand es traurig: Diana war auch nur ein Mensch, aber wir alle himmelten sie an, oder?

Was ich während der Bestandsaufnahme Mitte der Neunziger nicht berücksichtigt hatte, war das Verhältnis zwischen der Menge an Drogen, die ich konsumierte, und der erhofften Wirkung. Ob ich Kokain, Ecstasy oder Speed nahm: Sobald es in meinen Blutkreislauf gelangte, war ich auf und davon In meiner eigenen Welt, einem wahrlich unschönen Ort, an den ich nie mehr zurückkehren möchte. In meinem Kopf klaffen dunkle Abgründe, und nach Andys Bemerkung kam ich nicht umhin, ihn zu bitten, im Zuge des Programms mein Fürsprecher zu werden. Er war seit 20 Jahren clean und ein Soldat in jeder Hinsicht. Er redete wie ein tougher Kerl, also näherte ich mich nur zaghaft: “Hi, mein Name ist Glenn, und dies ist mein erster Tag hier. Können wir uns beim Mittagessen unterhalten?”

Ich schüttete mein Herz aus und fragte ihn, ob er die Patenschaft übernehme, weil ich es diesmal richtigmachen wollte. Andy entgegnete: “Bist du bereit, zum Äußersten zu gehen?” Das versicherte ich ihm: “Ich schlage jede Richtung ein, die du mir vorgibst.” Die Rolle eines Sponsoren im Rahmen der Therapie besteht darin, den Süchtigen während der verschiedenen Phasen zu begleiten. Diesmal musste ich es gründlich durchführen und rigoros ehrlich bleiben. Zuvor hatte ich es nicht fertiggebracht, nennt es Schwachstellen in meiner Rüstung. Während der drei Jahre, in denen ich mehrere Rückfälle erlitt, war ich geduckt durchs Leben gelaufen, aber jetzt gedachte ich, aufrecht zu gehen. Ich konnte jedem in die Augen schauen und gestehen, doch derjenige, der mich am besten verstand, war ein Ex-Alkoholiker. Genau so jemanden brauchte ich als leitende Hand.

Andy war ein strenger, aber herzlicher Begleiter. Wir lasen jeden Tag zusammen und besuchten werktags Meetings in Hermosa Beach. Beim Lunch besprachen wir dann, was ich jeweils gehört und gelernt hatte. Ich gewöhnte mir eine gesunde Routine an, Meditation nach dem Aufstehen, das Bett richten und die Zähne putzen, dann duschen. Davon bin ich bis heute nicht abgerückt. Außerdem sind Bücher zur Lebenshilfe sehr wichtig für mich geworden, genauso wie der rege Kontakt zu meinem Unterstützer. Dies lege ich jedem ans Herz, der das Gleiche durchmacht.

An Weihnachten 1997 steckten ich mitten in der Therapie. Andy verbrachte mehr Zeit bei mir als in seinem eigenen Haus. Er schaute mir beim Textschreiben über die Schulter und schmökerte nach wie vor mit mir. Dann sagte er voraus, ich würde sagenhafte Musik komponieren und noch besser singen, falls ich alle Stufen der Entwöhnung hinter mich brächte, woraufhin ich lachte, weil ich der Auffassung war, meinen Zenit schon mit Purple oder spätestens meinem Soloalbum »Feel« erreicht zu haben. Er blieb jedoch bei seiner Meinung: "Vertrau mir, wenn ich es dir sage." Fürs folgende Jahr nahm ich mir vor, in L.A. zu bleiben.

Für lieblose, herunterziehende Menschen habe ich keine Zeit, und wer immerzu schwarzsieht, morbide Gedanken hegt und Weiterentwicklung scheut, darf sich ebenfalls verziehen. Dieses Leben ist Gottes Geschenk und doch nur ein Atemhauch im Vergleich zu dem, was danach kommt. Ich glaube fest an ein Jenseits und möchte hinter mir aufgeräumt haben, sobald die Zeit zum Abtreten naht. Wenn es eines zu vermeiden gilt, dann Lug und Trug. Als ich Andy fragte, ob ich die sechs Rückfälle hier anschneiden soll, meinte er: "Du musst, vielleicht rettest du Leben damit."

Im Januar 1998 spielte mein Kollege Marc Bonilla live mit Keith Emerson, den ich einst beim California Jam kennengelernt hatte. Wir zogen Bob Burch heran, der auch mit Elton John arbeitete, ließen Joe Travers trommeln und Ed Roth Keyboard spielen Wir waren eine tierische Band, und ich durfte ein Stück von ELPs Klassiker »Tarkus« in meinem Stil interpretieren. Dabei wuchsen Keith und ich eng zusammen. Er ist ein Ausnahmemusiker – und ich habe schon viele getroffen, die in ihrem jeweiligen Bereich Gutes leisten, sich aber ansonsten als ziemliche Luftpumpen erweisen. Nicht so Keith. Auf den gemeinsamen Fotos von damals erkennt man, wie entspannt ich war. Ich nahm brav meine Stufen und fühlte mich wohl dabei.

Als wir in Holland spielten, stieß ich auf den Arzt Carl Vanempten, dem ich von meinen Schnitzern erzählte. Er wurde mein Freund und empfängt mich jedes Mal, wenn ich im Land bin, im Haus seiner reizenden Familie. Wo ich meine Aufenthalte zuvor penibel unter dem Gesichtspunkt der Drogenbeschaffung plante, treffe ich mich heuer auf Reisen nur noch mit Menschen, die mir guttun. Man muss seine Suchtanfälligkeit bedenken und konstant an sich arbeiten. Ich kenne Männer wie Frauen, die nach einem Vierteljahrhundert Abstinenz in eine Kneipe latschen und sofort zu trinken anfangen könnten. Der Dämon steht quasi in den Startlöchern und wartete darauf, das Heft erneut zu übernehmen. Abhängigkeit jeder Art ist eine verblüffend tückische, mächtige Krankheit.

In der zweiten Jahreshälfte zog ich auf die Halbinsel Palos Verdes um, wo ich bis heute lebe. Dort wollte ich immer schon wohnen, auch weil man eine unvergleichliche Sicht auf den Ozean genießt, also erfüllte ich mir den Traum. Wünscht man sich wirklich etwas Bestimmtes, bekommt man es auch, wie Andy zu sagen pflegt. Hierher kann ich mich zurückziehen, wenn ich Ruhe und Frieden haben will. Dieses Fleckchen ist so verschlafen, dass ich nicht einmal meine Nachbarn kenne.

An meinem 47. Geburtstag war ich wieder einmal in Denver und spielte mit einer neu zusammengewürfelten Band. Ein Jahr zuvor hatte ich einen massiven Rückfall erlitten, doch jetzt bestritt ich diesen Tag zum ersten Mal seit Jahren nüchtern. Voller Stolz verkündete ich es Mom am Telefon: "Ich feiere clean!" Das bedeutete mir sehr viel.

Als nächstes stand mit Monsters Of Rock in São Paulo ein stilistisch recht breit gefächertes Festival an. Neben mir traten Dream Theater, Manowar und Slayer auf, die bei allem Respekt nicht unbedingt meine Musik machen. Allein meiner Band und mir oblag es, der Veranstaltung etwas Seele zu schenken, indem wir den Massen mit funky Rock der alten Schule schmeichelten, und das vor imposanter Kulisse: 30.000 Zuschauer sind kein Pappenstiel, und wir kamen großartig an.

Im September setzte ich mich sechs Wochen lang mit meinem Gitarristen J.J. Marsh zusammen, um intensiv an Songs zu arbeiten, wie ich es zu Anfang meiner Karriere gepflegt hatte. Daraus entstand »The Way It Is«. Den Rest des Folgemonats verbrachten wir mit Aufnehmen. Mein Alltag ist heutzutage von vorne bis hinten durchorganisiert: Ich bestimme, wann wir ins Studio gehen, und lege den Tag fest, an dem die Plattenfirma ein Album hören darf. Während dieser Session lag mir gerade das Titelstück am Herzen, mit dem ich ausdrückte, dass ich voranschreiten wollte. Die Fans mochten es damals nicht blicken, aber "The Way It Is" behandelt meine Genesung. Die Scheibe als ganze klingt klassisch und dennoch frisch; für mich war sie insgeheim ein Comeback.

Zum Jahrtausendwechsel realisierte ich, dass ich mehr Zeit investieren musste, wenn ich weiterhin auf Zack bleiben wollte. Obwohl ich nun mehrere Jahre sauber war, bedurfte es zusätzlicher Anstrengungen, um als Mensch zu wachsen, also verordnete ich mir eine Pause und kehrte der Öffentlichkeit den

Rücken. Gleichzeitig wohnte ich doppelt so vielen Meetings bei und beschränkte mich in meinem Umgang auf Andy. Einige Treffen hielt ich bei mir zu Hause ab, denn jeder Drogen- oder Alkoholkranke wird bestätigen, dass man besser handelt, statt sich von Angst lähmen zu lassen, wenn man seinen Glauben nicht verlieren möchte. Ein Tatmensch bin ich ja sowieso.

Ich kann ewig über mein tolles Leben schwadronieren, doch solange ich nicht entsprechend handle, bleiben meine Worte Seifenblasen. Ich kenne einen anderen ausgezeichneten Musiker, der 2000 mit einem mörderischen Album aufwarten wollte, das er bis heute schuldig bleibt. Während alle Welt raucht, Kaffee in sich hineinschüttet und davon spricht, aktiv zu werden, bin ich es wirklich und bewege etwas – nicht weil ich Kohle brauche, sondern für meinen Seelenfrieden. Auf diese Weise behütet mich Gott. Ich bin Problem und Lösung in einer Person. "Slowbriety" nenne ich das, was ich praktiziere, indem ich bedachtsam einen Fuß vor den anderen setze. Ich muss mich nicht mehr zwanghaft an die zwölf Stufen halten, weil mich die Routine wie selbstverständlich auf Trab hält. Sie ist in meinem Hirn verankert, ein simples Programm für komplizierte Leute. Wer seinen Intellekt dabei zu verbissen bemüht, wird wieder irgendwo am Tresen landen.

Nach fast drei Jahren erntete ich die ersten Früchte meiner Abstinenz, also wollte ich lautstark beweisen, dass mit mir wieder zu rechnen war. Bill Eskridge schlug Mitte 2000 vor, ich solle ein Weihnachtsalbum in Angriff nehmen, was ich von vornherein ausschlug, so es im Rock-Kontext geschehen sollte. Zu viele Künstler aus diesem Bereich haben das traditionelle Liedgut vergewaltigt, und dahinter wollte ich mich nicht einreihen. So entstand »A Soulful Christmas«, das sich dem Titel gemäß an beseeltem Rhythm and Blues und Jazz orientiert. Ich liebe die Platte.

Am 25. November heiratete ich Gabi. Einen Monat später starb Bill an Krebs. Jemanden wie ihn gibt es kein zweites Mal, und er fehlt mir sehr.

Ungefähr zur gleichen Zeit traf ich Paul Rodgers, als wir beim selben Festival auf dem Programm standen. In den Siebzigern war er für mich der Inbegriff eines charismatischen Rocksängers. Wir sind miteinander befreundet, doch ich verbeuge mich tief vor Paul. Es ist immer toll, einen Star kennenzulernen, der als Mensch auf dem Boden bleibt. Ich hasse nichts mehr, als aufgeblasene Egos und Typen, die schon mit ihrem Auftreten vermitteln, man möge sie bloß nicht ansprechen. Wir alle sind Gottes Kinder und sitzen im selben Boot. Paul ist clean und hat einen ähnlichen Pfad wie ich beschritten. Ich bewundere jeden, der seine persönlichen Schlachten geschlagen und als Sieger daraus hervorgegangen ist.

2001 nahm ich an einer Tournee teil, deren Strippenzieher ich nicht nennen möchte, weil sie wirklich ätzend ausfiel. Mein Anreiz bestand darin, dass mein Kollege Joe Lynn Turner seine Beteiligung angekündigt hatte. Ich wusste, es handelte sich um ein von Geschäftsleuten ersonnenes Unterfangen, doch das Wiedersehen mit Freunden war es mir wert, zumal ich nicht schlecht dabei verdiente. Nun ist es generell so, dass ich gar nicht oft genug proben kann und die Bühnenshow am liebsten minuziös choreografiere, indem ich einem Musiker diese Passage und dem nächsten jene Harmonie zuweise, doch hier bekam ich Leute vorgesetzt, die sich weder vorbereiteten noch darum kümmerten, wie das Endergebnis klang. In meiner Welt steigt niemand auf die Bühne, ohne zu wissen, was seine Mitstreiter tun. Das erste Konzert auf Hawaii lief ohne vorherige Probe ab. Ich hatte mir meinen Part soweit zurechtgelegt, betrat im Grunde genommen aber unerschlossenes Gebiet. Die anderen Sänger traf keine Schuld an dem Chaos, sondern die Verantwortlichen hinter den Kulissen. Andauernd wurde umdisponiert und zurechtgestutzt, ein einziges Flickschustern. Nun ja, Perfektion bleibt ein Wunschtraum.

Eine interessante Fußnote noch: Im Juni spielten wir im Amsterdam, wo ich meine Ecstasy-Quelle Burt wiedersah. Er freute sich aufrichtig, dass ich den Drogen adieu gesagt hatte. Allerdings zieht man an, was man unterbewusst sucht, und ich gebe mich nicht mehr mit verdrehtem Volk ab, weil ich eben nicht darauf aus bin, wieder so zu werden.

> **Gabi Hughes:** *"Nachdem ich zahlreichen Konzerten von Glenn beigewohnt habe, begreife ich, wie schwierig das Leben auf Tournee ist. Mit Glamour hat es wenig zu tun. Man kommt an einem Ort an, lässt seine Siebensachen im Hotel und begibt sich zum Soundcheck. Gutes Essen ist Luxus, und schneller als erwartet steht man auf der Bühne. Zwischen Mitternacht und 3.00 Uhr oder so ist man unterwegs, dann schleppt man sich aufs Zimmer und gönnt sich eine Mütze Schlaf, bevor sich die Tretmühle am folgenden Tag weiterdreht. Ruhe bleibt Mangelware, vor allem wenn man mit dem Bus reist. Steht man zu spät zum Frühstück auf, muss man hungern, bis man die nächste Stadt erreicht. Das führt bis zu einem Punkt, an dem man nicht mehr weiß, in welcher man sich gerade aufhält – und ist man wieder zu Hause, wirkt die Wirklichkeit surreal. Gut, ich spiele mit, wenn die Männer damit leben können, schließlich wünscht sich niemand eine giftende Ehefrau wie aus »Spinal Tap«."*

In jenem Sommer komponierte ich Lieder für das erste Album meines Projekts mit Joe Lynn Turner. Sie waren auf seine Stimme und Stilistik zugeschnitten, also poppiger Rock. Steht man auf Achtziger-Bombast, ist man bei Joe an der richtigen Adresse. Er macht das ganz wunderbar, wohingegen ich in den Siebzigern verwurzelt bin, was man den Songs anhört, die ich für mich geschrieben habe. Letzten Endes zielte das Album auf den japanischen Markt ab. Wir gedachten, am 11. September 2001 bei mir daheim mit der Vorproduktion zu beginnen, woran ich mich natürlich noch überdeutlich erinnere. Joe wollte sich morgens zum Flughafen in New Jersey aufmachen, doch während er frühstückte, geschah der Anschlag aufs World Trade Center, den er von seiner Wohnung aus sah. Als er anrief, stand ich bereits gebannt vorm Fernseher – um 6.20 Uhr Ortszeit an der Westküste, wenn mich nicht alles täuscht – und verfolgte live mit, wie das zweite Flugzeug in den anderen Tower krachte. Zwangsläufig schoben wir »HTP« vorläufig auf, um genau zu sein eine Woche. Die Texte entstanden zuletzt, und im Oktober gingen wir ins Studio. Joe kommt aus einem anderen Genre, aber ich lasse nichts über ihn kommen.

2002 trat ich in Südamerika auf und stellte fest, dass ich froh sein konnte, in den Achtzigern nicht dort gespielt zu haben, weil ich dann vermutlich nicht lebendig herausgekommen wäre. Ich ließ die Mitglieder meiner Band wissen, dass ich den Feierlichkeiten im Anschluss an die Gigs fernblieb. Stattdessen begab ich mich sofort auf mein Hotelzimmer und war zuletzt auch der einzige von 14 Mann, der keinen Tropfen Alkohol oder sonst etwas anrührte. Ich entzog mich der Gefahr, während mir mancher versicherte: "Keine Sorge, wir haben seit Jahren nicht gekokst." Tja, wenn ich dann morgens zum Frühstück in den Speisesaal kam, lümmelten die anderen immer noch in der Bar herum, weil sie kein Ende fanden.

Ich fasste es als Härteprüfung auf. Dadurch, dass ich mir ins Gedächtnis rief, dass mich Suff und Drogen in tiefste Niederungen gezwungen hatten, kam ich automatisch darauf, dass eine Line hiervon oder ein Schluck davon zu Paranoia, Psychosen und letztendlich auch zum Tod führten. Auf russisches Roulette war ich nicht sonderlich scharf, und nötig hatte ich es sowieso nicht mehr.

> **Cherie Currie:** *"Ich war 2003 auf der NAMM Show und bekam mit, dass Glenn dort auftrat, also lief ich schnell zu der Halle, in der er spielte. Seitdem wir uns gesehen hatten, waren gut 20 Jahre vergangen. Auf der Bühne stand ein stattlicher Mann mit kräftigem Organ, während ich einen pummeligen Kerl suchte. Als ich Zuschauer fragte, wann Glenn beginne, zeigten sie auf den stolzen Sänger im Rampenlicht. Da erst erkannte ich ihn an seinem Gesicht. Ich war verdutzt und traute meinen Augen nicht, lief dann aber nach vorn und meldete mich während einer Pause. Er schaute mich grinsend an: 'Erheblicher Unterschied, was?'"*

Ich würde Drogenkonsumenten in drei Sparten einordnen: Wochenendtrinker, die werktags ranklotzen und samstags neben ein paar Drinks die eine oder andere Line wegziehen, Kampfsäufer an der Schwelle zum Alkoholismus, deren Privatleben auf der Kippe steht, und drittens Leute wie mich, die den Schuss nie hören. Ich rate jedem davon ab, zu harten Drogen zu greifen, weil man mit ziemlich großer Wahrscheinlichkeit hängenbleibt. Andererseits verdamme ich niemanden, der mit gelegentlichem Nasenspaß und einem Schnäpschen hin und wieder leben kann. Erwartet aber nicht, dass ich mich auf ihn einlasse. In Südamerika stieß ich wieder auf Kokain, erlebte Komasaufen und andere zweifelhafte Vergnügungen – allerdings gottlob nicht am eigenen

Leib. Seit meiner rigorosen Abkehr verspürte ich kein einziges Mal den Drang, schwach zu werden.

Gabi Hughes: *"Bevor ich mit Glenn zusammenkam, machte ich mir kaum Gedanken um Rauschmittel. Ferner bin ich mir sicher, viel zu viel getrunken zu haben, als wir uns kennenlernten, und er sorgte dafür, dass ich mich deutlich zurücknehme, eine zweifellos positive Entwicklung. Ich habe eine Menge von ihm gelernt und kann bestimmten Charakterzüge auf den Grund gehen, die er an den Tag legt. Trinke ich zu viel Wein zum Dinner, wache ich am nächsten Morgen mit Katzenjammer auf. Was andere Drogen angeht, bin ich gänzlich unbedarft. Das soll auch so bleiben. Glenn muss sich nicht sorgen, wobei Frauen generell ein bisschen anders gepolt sind: Wir sprechen uns untereinander aus, während Männer dazu neigen, Probleme in sich hineinzufressen. Glenn lässt sie heraus, nachdem er gelernt hat, wie es funktioniert, denn jede Therapie rät von Verdrängung ab."*

2004 brannte ich auf Musik, die meinem Naturell entspricht und mich zur Gänze erfüllt. Hörbar gemacht habe ich dies auf »Soul Mover«, das vermutlich zu meinen bekanntesten Soloalben gehört. »Songs In The Key Of Rock«, das im Vorjahr entstanden war, hatte seine Vorzüge, doch erst beim Komponieren der neuen Songs wurde mir bewusst, dass ich zu meinen Anfängen zurückgehen musste, statt Erwartungen von vornehmlich japanischen Labels zu erfüllen.

Die Stücke vermitteln den Eindruck eines Menschen, der sein Leben geordnet hat und sich nicht darum schert, was andere von ihm halten. Sie klingen knackig, besitzen einen verboten guten Groove und drücken ohne Umschweife aus, wie ich ticke. Als ich sie schrieb, wollte ich nicht bloß dem Standard genügen, den ich selbst etabliert hatte, sondern die Messlatte deutlich überspringen. Auf dieser Scheibe hört man das sehr gut, und der Grund dafür, dass ich vorerst keine weitere nachlegte, bestand darin, dass ich nicht das Gefühl hatte, sie toppen zu können.

Auf »Soul Mover« trommelte zum ersten Mal mein Freund und Bruder Chad Smith von den Red Hot Chili Peppers, deren gigantischen Schmiss er auf mein Material übertragen hat. Ohne ihn klänge es völlig anders, und wenn ich ihn als großen Neandertaler bezeichne, ist das nichts weniger als ein Ausdruck meiner Liebe zu ihm. Ich fühle mich geehrt, dass er mich zum Patenonkel seines Sohnes Cole gemacht hat.

Sein Einstand bei mir stellt gleichzeitig den Gipfel meiner gesanglichen Leistung dar. Leute wie Dave Ling, Malcolm Dome oder Gary Moore haben im Laufe der Jahre gesagt, man verzeihe Glenn Hughes alles, sobald man ihn singen höre, aber es war nicht so, dass ich mich mit Drogen zuballerte, weil ich mich für den geilsten Frontmann unter der Sonne hielt. Ich sehe mich als Überlebenden, denn wir alle wissen, dass ich dem Tod fünf- oder sechsmal knapp entronnen bin. Andernfalls hätte ich nie die Gelegenheit erhalten, Platten wie

»Soul Mover« zu veröffentlichen. Sie markiert das Wiederaufblühen meiner Schaffenskraft und den ersten Schritt auf dem Weg, den ich auch heute noch beschreite.

Wenn ich Musik komponiere, werde ich ein besserer Mensch. Ihr erkennt es an meinem hüpfenden Gang, ich selbst an der Art und Weise, wie ich die Sonne und meine Umwelt wahrnehme. Ich freue mich über meine Gabe und die Chance, Menschen diese Lieder vorzusingen, Sachen wie "Soul Mover" eben. Ich habe das Album mehr oder weniger selbst in die Hand genommen, ohne millionenschwere Budgets oder die Möglichkeit, es in die Charts zu hieven. Berühmt geworden bin ich ohnehin durch Mund-zu-Mund-Propaganda, also bleibe ich weiterhin im Gespräch. Jahr für Jahr wohnen Fans meinen Shows bei und bringen bereits ihre Kinder mit. Ich zeichne mich durch meine Stimme aus. Rührt man den Einzelnen im Publikum zu Tränen, wird klar, dass man etwas Gutes tut.

Jeder hegt andere Vorstellungen von dem Stil, den ich pflegen soll. Ich kann Rock oder Funk singen, Soul, Jazz sowie Blues, und nimmt man all dies zusammen, ergibt dies die Essenz meines Schaffens. »Feel« von 1995 tönte eher flippig, doch mit dem Groove von »Soul Mover« und Songs wie "Orion" oder "Dark Star" gab ich ein Statement ab. Dass es letztlich auch kommerziell ziemlich erfolgreich wurde, hätte ich nicht gedacht, aber heute kriegen die Leute nicht genug davon. Es entstand im Sommer 2004 in der Hitze des San Ferndando Valley. Die Grundspuren waren binnen zweier Tage im Kasten, da wusste ich schon, dass ich es einmal zu meinen liebsten Soloalben zählen würde. Songwriting, Einspielen und Singen – alles bereitete Riesenspaß und keine Mühen. Vereinzelt klingen Trapeze an, weniger Hammondorgel und umso mehr Dur-Septakkorde sowie kleine Nonen, die für meine Musik charakteristisch sind. Solches Tonmaterial findet im Rockbereich eher seltene Verwendung, aber ich wollte alle Register ziehen. In kreativer Hinsicht war 2004 ein super Jahr für mich. Früher war ich stärker in Japan präsent, doch mittlerweile siedle ich mein Hauptpublikum in Europa an. Meine Bemühungen haben sich ausgezahlt, und ich toure fast jedes Jahr dort.

Die beiden Platten, die ich mit Joe Lynn Turner aufnahm, gingen stärker in eine Richtung, der ich mich eigentlich entziehen wollte, und das meine ich ausdrücklich nicht abwertend. Schließlich tummeln sich Topsongs darauf, sehr melodisches Material mit eindeutigem Verweis auf die Achtziger. Bloß erfüllte es mich nicht richtig. Ich kann es nur immer wieder sagen: Ich schreibe, spiele und singe nur noch Musik, die mich als Mensch zufriedenstellt, und genau das tat »Soul Mover«.

Tony Iommi schickte sich zu seinen ersten offiziellen Alleingang an. »Iommi« entstand ungefähr zeitgleich in einem Studio in Birmingham. Auch ich sollte ein Stelldichein geben, half Tony jedoch zuallererst dabei, einen geeigneten

Drummer zu finden. Chad fiel flach, also zogen wir zunächst Taylor Hawkins von den Foo Fighters in Betracht, ehe wir uns auf Kenny Aronoff festlegten, der ordentlich ins Mett haute. Auch er groovte unwiderstehlich und war bestimmte der beste Mann für den Job. Als er fest im Sattel hockte, sichteten wir die Songs und spannten Bob Marlette als Producer ein. Tony ließ mir beim Ausarbeiten der Melodien alle Freiheiten, und ich durfte sogar die Grundstrukturen der Stücke auf der Gitarre festsetzen, wohl weil wir uns schon so lange kennen und gemeinsam viel Dreck geschluckt haben. Tony ließe niemanden so nahe an sich heran, den er nicht kennt. Wir zwei haben es wirklich dicke: Er gehört fast schon zu meiner Familie.

Weil ich nicht zum Sänger einer Band wie Black Sabbath tauge, versuchte ich auch nicht, Tonys Scheibe in diesem Stil aufzuziehen. Wir komponierten Lieder, die opulenter klingen, in die Beine gehen und sogar zu den härtesten gehören, die Tony je auf einem Tonträger verewigt hat. Diese scharfe Rock-Kante kam mir neben meinen Soloausflügen sehr gelegen. Ich fühlte mich wohl dabei, zwei verschiedene Schuhe anzuziehen.

Ein selbstbewusstes Album als Einzelkämpfer sowie eine Kollaboration mit einem der größten Hardrock-Gitarristen der Welt – keine schlechte Bilanz für dieses Jahr. Als Chad einen Coversong aufnehmen wollte, wurde mir bewusst, dass man am besten Künstler aus einem anderen Genre interpretiert. Ich würde beispielsweise keinen Track von Stevie Wonder wählen, obwohl er großen Einfluss auf mich ausübte. Schlussendlich nahmen wir "Nights In White Satin", was insofern nahelag, als dass es ein Klassiker ist und weil mir Moody Blues zum ersten Erfolgserlebnis verholfen hatten.

Wir probten das Teil einmal vorher, ehe wir es live zusammen aufnahmen, wobei John Fruscian{tes} farbenfrohes Gitarrenspiel für eine sehr eigene Note sorgte. Wir stellten es für den Soundtrack zum Film »Stealth – Unter dem Radar« zur Verfügung und packten es gleichfalls auf mein nächstes Album »Music From The Divine«. Es steht wie »First Underground Nuclear Kitchen«, das letzte im Bunde, sinnbildlich für mein neues Leben. Black Country Communion – eine Band, wie sie für mich geschaffen ist – gründeten wir kurz darauf.

> **Gabi Hughes:** *"Glenn hat meinen Segen bei allem, was er musikalisch anfängt. Ich gebe seinen Interessen bereitwillig Vorrang und muss nicht ständig verhätschelt werden. Da ich mich immer schon zu Künstlertypen hingezogen fühlte, verstehe ich auch sehr gut, was andere als Glenns Schrullen bezeichnen würden. Nicht dass ich selbst davor gefeit wäre: Ich hege eine Sammelwut und ergehe mich in Nostalgie, was sich in meiner Vorliebe für alte Folgen von »Drei Engel für Charlie« äußert. Ich muss Glenn nicht ununterbrochen an der Hand nehmen, erfasse ihn aber als Persönlichkeit und unterstütze sein Tun. Er wird nie an einem Bankschalter arbeiten können, und das verlange ich auch nicht. Nein, ich gehöre nicht zu den Fu-*

rien, die ihre Gatten zwingen, alles aufzugeben, damit Frauchen nicht zu kurz kommt. Ich bin mir nicht einmal sicher, ob er genau weiß, was ich in meinem Job tue, aber auch das macht mir nichts aus. Es reicht, wenn er an meinen Geburtstag denkt und zu Weihnachten da ist.
Einmal ging er übrigens tatsächlich mit Chad zum Dinner aus, statt unseren Hochzeitstag zu feiern. Mir hinterließ er neben dem Waschbecken eine braune Papiertüte mit Gleitöl und einem dunkelrosa Dildo. Das war wirklich die Höhe."

Kapitel 15: We're Just The Band …

Black Country Communion

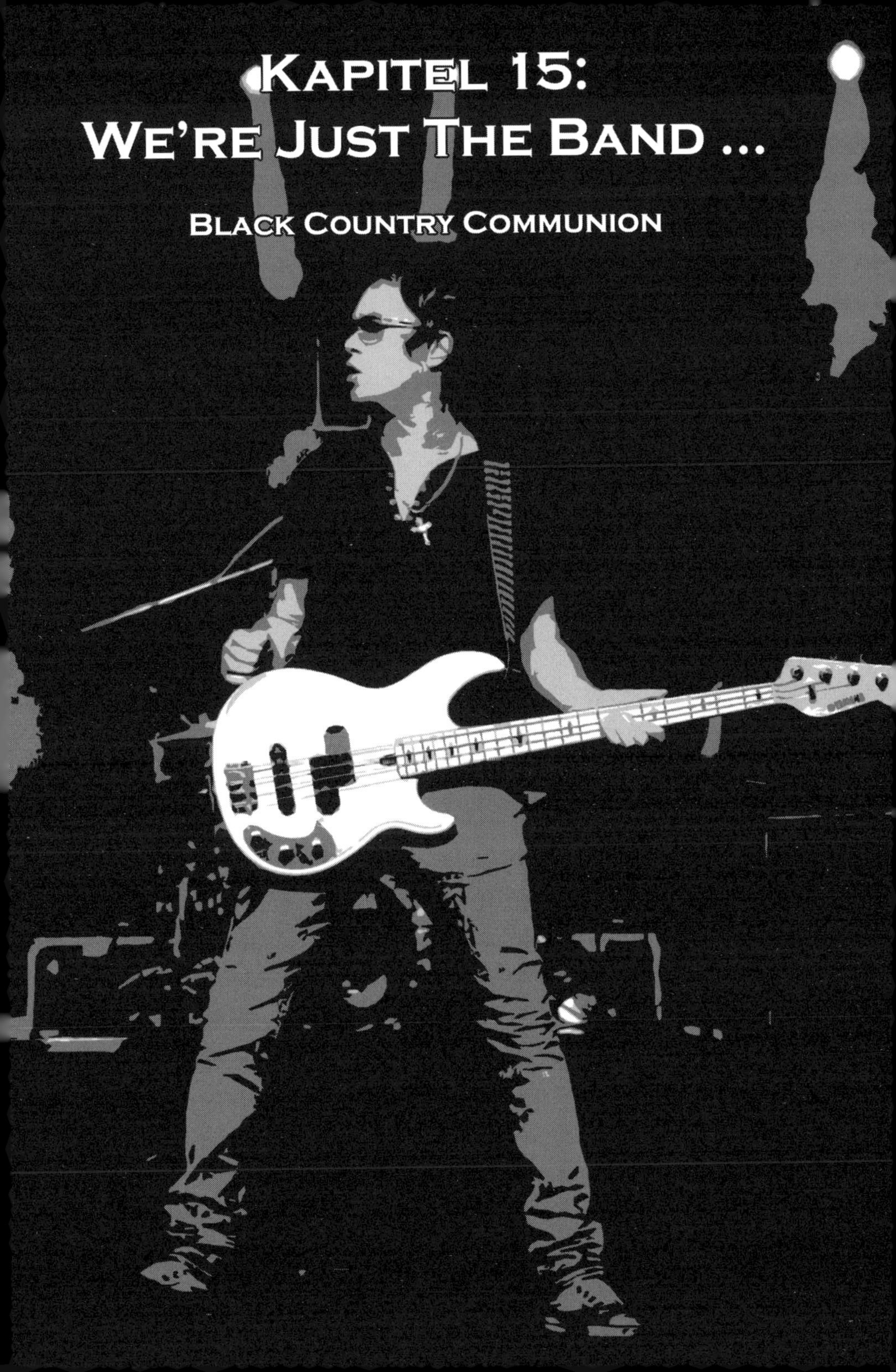

Das Jahr 2010 war gelinde gesagt ein Highlight für mich. Als mich Tony Iommi bat, anlässlich der Gedenkshow für unseren Freund Ronnie James Dio auf dem High Voltage Festival zu singen, sagte ich natürlich sofort zu. Wir zollten dem Verstorbenen Tribut und zelebrierten seine Lieder, wobei ich glaube, dass er es so gewollt und das Gleiche für mich getan hätte.

Schließlich wohnten er, Wendy, Karen und ich unter einem Dach, während Stücke wie "Neon Nights" oder "Children Of The Sea" entstanden. Wie ich schon sagte, halfen wir ihm beim Finden einer Bleibe in L.A. und unternahmen bis circa 1982 vieles gemeinsam. Abgesehen von etwas Gras gab sich Ronnie nicht mit Drogen ab, und er war der einzige Amerikaner mit britischem Humor, den ich je kennengelernt habe. Einen zuvorkommenderen, sanftmütigeren Menschen als ihn gab es nicht. Als ich mit meiner Abhängigkeit gegen die Wand fuhr, nahm er mich fast wie ein Vater zur Seite und in den Arm. "Das bekommen wir wieder heil, nicht wahr?", sprach er mir zu. Im Gegensatz zu manch anderem lachte er mich niemals aus, sondern grämte sich meinetwegen. Häufiger als einmal weinte ich mich an seiner Schulter aus.

Nun schlug die Stunde des Debüts meiner neuen Band Black Country Communion. Unseren Wundergitarristen Joe Bonamassa lernte ich auf der NAMM Show 2007 in Anaheim kennen. Mit seinem Drummer war ich bereits per du, wohingegen sich Joe an der Bar abseits des Gewimmels recht zurückhaltend gebärdete. Er zieht es vor, keine Wellen zu schlagen. Nachdem wir einander für unser musikalisches Schaffen gelobt hatten, verabredeten wir uns zum Jammen. Im Rahmen gemeinsamer Aufnahmen für das russisches Rockprojekt Pushking ein paar Monate später fanden wir uns zum gemeinsamen Abendessen ein. Hinterher nahm er mich mit in sein Studio.

Während des nächsten halben Jahres trafen wir uns dreimal zum lockeren Zocken, wobei die Frage aufkam, auf welchen Stil wir uns festlegen sollten. Ich schlug aufs Wesentliche beschränkten Rock vor, aber ernst wurde es erst, als wir bei einer Veranstaltung des Musikgeschäfts Guitar Center im L.A. House Of Blues spielten und den Produzenten Kevin Shirley auf den Plan riefen.

> **Kevin Shirley:** *"Wir begegneten uns erstmals 2000, als ich mit der mittlerweile aufgelösten Band Tidewater Grain arbeitete, für die er etwas sang. Er blieb für ein paar Tage bei mir hängen, aber danach sah ich ihn nicht mehr, bis er mit Joe Bonamassa bei einem Event fürs Guitar Center auf die Bühne stieg. Als ich die zwei hörte, hatte ich das Gefühl, zum ersten Mal seit Langem authentischen Classic Rock zu erleben. Zahllose Gruppen brüsten sich mit Einflüssen von Deep Purple und Led Zeppelin, lassen diese Reminiszenzen aber missen. Glenn und Joe waren eine Offenbarung."*

Nach dem Konzert lief Kevin japsend heran und meinte: "Ihr müsst eine Band gründen! Lasst mich Jason Bonham und Derek Sherinian für euch anrufen!" Joe und ich wechselten verwunderte Blicke. “Äh … okay”, erwiderten wir, und 24 Stunden später stand die Besetzung.

Kevin Shirley: *“Jason war für mich der nächstliegende Kandidat, und da Joe unbedingt einen Partner wie Jon Lord brauchte, fragte ich Derek. Die Musik, die dabei herauskam, spricht längst für sich selbst. Sie entwickeln sich unverkrampft und haben mit ihrem zweiten Album an Härte zugelegt, gewissermaßen Fuß gefasst. »2« orientiert sich stärker am Bühnensound, wohingegen der Einstand noch ein wenig wie ein Gebräu aus Free, Zep und Purple klang. Jetzt hört man, wie Black Country Communion zusammen in einem Raum spielen. Sie sind außergewöhnlich und im Studio der Traum jedes Produzenten, als Menschen hingegen verschworen wie eine Bruderschaft.”*

Wenn dieses Buch erscheint, haben wir zwei Studioalben veröffentlicht und sehen einer langen Karriere entgegen, so Gott will. Eine Zeitlang führten wir die Hörercharts von Planet Rock Radio an, aber das war noch nicht alles, versprochen.

Joe Bonamassa: *“Glenn bestimmt das Geschehen auf der Bühne und ist ein waschechter Rockstar; das Wort beschreibt ihn perfekt, auch wenn es negative Assoziationen hervorruft. Privat gibt er sich bescheiden oder fast scheu, dafür aber humorvoll – aber wehe, man stellt ihn wieder vor die Scheinwerfer und stöpselt seinen Bass ein: Dann dreht er auf und erstaunt uns jedes Mal aufs Neue. Black Country Communion sind eine All-Star-Band, die diesem Namen auch gerecht wird … kein Hype, dafür aber Potenzial ohne Ende!”*

Tut es als Budenzauber ab oder verklärt es zum Schicksal – ich nenne es Karma. Alles fügt sich im Sinne eines übergeordneten Plans, ob man ihn auf Gott oder was auch immer zurückführt. Viele Weggefährten leben nicht mehr, sind körperlich oder mental zerrüttet, haben ihr Feuer verloren und braten jetzt Buletten. Wir vier hingegen sind zusammengekommen wie gesucht und gefunden.

Julian Lennon: *“Als ich Glenn und seine Band zum ersten Mal live erlebte, erinnerten sie mich an die Klassiker von einst. Sie klingen wie Cream auf Funk und Soul, eine seltene Mischung in diesem Bereich. Ihretwegen erscheint mir Rockmusik jetzt in einem neuen Licht. Black Country Communion haben mich überwältigt, und dann dieses Organ … Ich bin hingerissen.”*

Dass ich mit Joe Musik mache, war genauso vorherbestimmt wie die Zusammenarbeit mit Bonhams Sohn. So kreativ wie heute war ich noch nie; ich schreibe 365 Tage im Jahr Lieder. Wir lachen oft miteinander und ziehen alle an einem Strang. Für uns zählt vor allem das Hier und Jetzt, die Liebe zur Musik. Mir ist, als hätte ich mich all die Jahre auf diese Zeit vorbereitet.

Kevin Shirley: *“Glenn ist eine Marke für sich. Als Sänger zeigt er sich janusköpfig, weil er unterschiedliche Stile beherrscht, sowohl den Soul von Stevie Wonder als auch hohe Schreie. Mit ‘Burn’ zerschneidet er immer noch*

Glas, obgleich ich am liebsten höre, wenn er absichtlich zurückhaltend knurrt. Sein Bassspiel vergisst man mitunter, aber auch dafür gilt: Weltklasse."

Ich muss mit ungefähr 16 zum Songwriting gekommen sein. Damals fing ich an, Gedichte zu schreiben, während sich die Musik nach und nach anfügte. Wie es bei Lennon und McCartney, Richards und Jagger aussah, weiß ich nicht, aber ich war vermutlich kein Frühchen. Da mich das Meer faszinierte, fiel mir 1970 der Titel "Seafull" zu. Der Song klingt unheimlich, und die Leadgitarre folgt der Art, wie ich mich gesanglich ausdrücke. Dabei erhob ich die Stimme zum ersten Mal ohne Scheu. Schon ein Jahr zuvor waren "Nancy Grey" und "The Giant's Dead" entstanden, aber dieses Stück brachte den Stein ins Rollen. Mein erster Rocker "Medusa" entwickelte sich zur gleichen Zeit. Das Hauptmotiv – gespielt auf Akustikgitarre über F-Dur und E-Moll – ist mir in Fleisch und Blut übergegangen. Diese zwei Akkorde verwende bis heute gern.

"Medusa" verhalf Trapeze in den USA und besonders in Texas zum Erfolg. Jeder Radiosender zwischen Memphis und Houston jagte es gemeinsam mit Mels "Black Cloud" über den Äther. Damit wurde ich ein ernsthafter Komponist, aber ohne die Möglichkeit, Anfang der Siebziger in den Staaten zu leben und Konzerte zu spielen, hätten die Stücke, die ich danach schrieb, niemals zu einer Scheibe wie »You Are The Music ... We're Just The Band« geführt."

"Way Back To The Bone" und "Will Our Love End" verklärten mein L.A. Girl Yvonne Dupree, ersteres in Erinnerung an die sexuell aufgeladene Atmosphäre während ihrer Tänze im Whiskey A Go Go, wenn alle Augen auf ihr laszives Beckenkreisen gerichtet waren, das zweite in Form eines Abgesangs nach unserer Trennung. Bei "Coast To Coast" herrschte Aufbruchstimmung, als ich dem UK den Rücken kehrte und durch die Staaten reiste. Erwachsenwerden ...

»Play Me Out« verbinde ich mit viel Schmerz. Darauf verarbeite ich ausschließlich mein Zerwürfnis mit Vicky und ihre Beziehung zu Jon Lord. Als ich daran arbeitete, stand ich dem Tod nahe – zwei Wochen ohne Schlaf, ihr habe es gelesen. Auch wenn es unter dem Einfluss von Drogen entstand, stellte es einen Wendepunkt für mich dar. Ich musste frei von äußeren Einflüssen schreiben und aufnehmen, um der Selbstverleugnung habhaft zu werden und den Verlust meiner Freundin an einen früheren Mentor verarbeiten.

Die Partnerschaft mit Pat Thrall war hingegen ein Vergnügen, weil die Chemie zwischen uns stimmte. Wer weiß, was daraus hätte werden können? Black Sabbaths »Seventh Star« wiederum betrachte ich mit gemischten Gefühlen. "Heart Like A Wheel" widmete ich Christine, die just in mein Leben getreten war, während "In Memory" von Tonys Mutter handelt. »Fused« im neuen Jahrtausend fiel uns wesentlich leichter. Wir sind schon ein einzigartiges Duo, der ehrenwerte Tony und ich. Auch er könnte jeden Tag einen Qualitätssong abliefern. "Grace" und "I Go Insane" sagen eigentlich alles über unsere Verbindung aus.

Andy behauptete ja, ich würde noch tiefer schürfen, sobald ich clean sei. Die Drogen stahlen meinen Stolz und erstickten die Leidenschaft, weshalb ich nicht mehr ungezwungen schreiben konnte. Meine Diskografie liest sich recht imposant, wobei »Soul Mover« die Rückkehr zum Rock bedeutete. Höre ich "Don't Let Me Bleed", "Blue Jade", "I Don't Want To Live That Way Again", "Addiction", "Satellite", "This Is How I Feel", "Imperfection" und "The Way It Is", so bin ich zuversichtlich, mein Leben nicht weggeworfen zu haben.

Ich erachte Songwriting als zweitschönstes Geschenk meiner Lossagung von Rauschmitteln, denn dadurch kann ich meiner Freiheit Ausdruck verleihen. Heutzutage komponiere ich zumeist in den Abendstunden und wenn Gabi zugegen ist. Spät nachts fällt mir eigentlich immer etwas Brauchbares ein. Dann kommt das Diktiergerät zur Geltung, das stets auf meinem Nachttisch liegt; und entdecke ich morgens beim Abhören stimmige Ideen, arbeite ich diese in meinem Studio aus.

Was Black Country Communion betrifft, fehlen mir offengestanden weitere Worte. Zu Weihnachten 2010, als ich die Zeile "I'm going back to the Black Country" in der Wolverhampton Civic Hall zum ersten Mal auf einer Bühne sang und die Fans sie lauthals wiederholten, bewegte dies Welten für mich. Von da an war mir klar, dass ich alle Klippen umschifft hatte und mir endlich selbst verzeihen durfte.

Ein Wort zu Menschen, die mir viel bedeutet haben: Während der zwei Jahre, in denen ich an diesem Buch schrieb, verlor ich vier teure Freunde - Mel Galley, Mike Watson, Andy Attwood und Ronny James Dio. Im Januar 2008 rief Tony Perry an und erzählte, Mel habe eine Verhärtung im Hals, die auf einen Tumor schließen lasse. Die endgültige Diagnose stand noch aus, aber mit Speiseröhrenkrebs war ich bereits vertraut, da Mike darunter litt und es nicht überlebte. Ich wollte Mel beistehen, also erkundigte ich mich gleich am nächsten Tag nach seinem Befinden. Am Telefon konnte er kaum mehr sprechen. Kurz darauf ließ man ihn wissen, er habe nicht mehr viel Zeit.

Ich nahm mir vor, möglichst viel Zeit in Cannock zu verbringen. Vor seinem Tod sah ich ihn noch fünfmal, stets liebevoll betreut von seiner Frau Annette und seinem Sohn Mark, Tony Perry und Andy Attwood. Sie und mich - sonst wollte er niemanden sehen. Andy spielte bis zum Ende Domino mit ihm. Ich hörte ihm beim Sinnen über spirituelle Themen zu. Er gestand mir seine Angst, ich sprach ihm gut zu und hielt seine Hand. Bei jedem weiteren Besuch war er dünner, am Ende ein bloßes Gerippe, das dem alten Mel kaum noch ähnelte. Als ich ihn umarmte, kam er mir vor wie aus Papier, eingefallen geradezu. Im Juli ging er von uns. Ich liebte ihn wie einen Bruder. Ohne Mel Galley gäbe es keinen Glenn Hughes. Ich bin froh, ihn begleitet zu haben und seine Stütze gewesen zu sein. Für seine Hinterbliebenen werde ich einstehen, solange ich lebe.

Bei seiner Begräbnisrede blieb ich gefasst, bis ich über seine Comeback-Shows sprechen musste, die eigentlich im Mai 2008 in Cannock stattfinden sollten: Er hatte sie ausverkauft. Ich vermisse ihn so sehr und muss immer daran denken, wie wir die Hallen 1972 in Texas im Sturm genommen hatten. Unsere Jugend war wundervoll. Mel, Dave und ich – drei einfache Bengel aus den Midlands – eroberten dank Tony Perrys beherzter Arbeit die Welt. Sie nahm uns derart gewogen auf, dass selbst John Bonham und Moody Blues, Steve Marriott und Stephen Stills Hochachtung zeigten. Andy Attwood erzählte, Bonzo habe Trapeze in Interviews als bestes Rocktrio der Welt gerühmt.

Unsere Hunde oder besser gesagt Kinder will ich ebenfalls nicht unerwähnt lassen, allen voran Lily, die wir 2001 in New York gekauft haben. Wolfie indes fand ich ein Jahr später in einem Tierheim in Hermosa Beach. Mac ist ein Orange Belton English Setter, den wir 2007 aufnahmen, nachdem man ihn angeschossen mit abgerissenem Vorderlauf in einer Wiese gefunden hatte. Wir erfuhren von seinem Drangsal und schenkten ihm ein neues Zuhause. Fehlt nur noch Daphne, die 2009 in South Central L.A. ausgesetzt wurde. Auch für sie gab es Platz bei uns.

Nein, meine Eltern habe ich nicht vergessen; vielmehr widme ich Mom und Dad alle Aufmerksamkeit, die ein Normalsterblicher aufbringen kann. Die Maxime, mich meinen Mitmenschen nützlich zu erweisen, verfolge ich seit der Therapie unentwegt. Weil Mutters Herz nicht mehr mitspielt, können die beiden nicht mehr verreisen. Wir machen das Beste daraus.

> **Sheila Hughes:** *"Er gibt sich die Schuld, aber das ist Unsinn. Ich käme niemals auf den Gedanken, ihm etwas vorzuwerfen. Das Leben folgt eben nicht immer der Linie, die man vorzugeben glaubt."*

Dad beklagt, sie hätten nie so lange in England bleiben, sondern in sonnigere Gefilde ziehen sollen. Wenn sie nach Los Angeles kamen, durften sie sich stets von mir verwöhnen lassen. Wir aßen zum Beispiel in Restaurants, zu deren Kundschaft Sinatra und der Rest des Rat Packs gehört hatten.

> **Cherie Currie:** *"Wir liefen uns erst kürzlich wieder über den Weg. Ich ging mit ihm und Gabi in New York aus. Es war schön, denn sie ist eine tolle Frau, und ich freue mich, dass er sich wohlfühlt. Er ist fest in der Gegenwart verankert und feuert aus allen Rohren. Wirklich: Bessere Musik als heute hat er nie gemacht. Daraus schöpfe ich Hoffnung für mich selbst und jeden Träumer in diesem Geschäft, der glaubt, sich ein zweites Mal und stärker denn je nach vorn kämpfen zu können. Ich zehre ehrlich gesagt immer noch von unserer gemeinsamen Zeit. Höre ich Glenn singen, speziell mit seiner aktuellen Band, ähnelt dies einer religiösen Erfahrung. Er ist eine Institution ohnegleichen. Die geistige Verbindung, die von Anfang an zwischen uns bestand, wird nie abreißen. Glenn ist ein toller Mensch mit allem, was dazu gehört, und ich liebe ihn einfach. So war es, und so wird es bleiben. Ihn Freund nennen zu dürfen, macht mich stolz."*

Carl Swann: *"Als Glenn 2000 in Europa für UFO anheizte, hatte ich schon länger mit seinem Manager zu tun, der damals auch Michael Schenker betreute. Ich begleitete die Tournee als Zuständiger fürs Merchandise. Schließlich fasste ich auch Fuß im Business, weil die Zuständigen merkten, dass man sich auf mich verlassen kann. Ich bin mit Deep Purple Mark III und IV aufgewachsen, wobei mir Glenn stets ein Rätsel blieb, weil er auf einmal von der Bildfläche verschwand, beinahe wie Nick Drake. Ihn dann persönlich zu treffen war umso interessanter. Als einzige Briten in diesem Tross quatschten wir hin und wieder. Vielleicht klingt es übertrieben, aber ich glaube, dass er mich Jahre später zu seinem Manager machte, musste so kommen."*
Tony Perry: *"Glenn und ich, wir gingen miteinander durch dick und dünn. Seine Fähigkeiten als Künstler stellte ich dabei nie in Abrede, aber am wichtigsten erscheint mir, dass er sich seiner dunklen Seite gestellt und sie überwunden hat. Heute ist er ein rundum großartiger Kerl."*
Jerry Trimble: *"Glenn wäre gestorben, hätte er sich nicht von den Drogen losgesagt. Er ist zu etwas Größerem, Besserem bestimmt und dem Ruf gefolgt, ohne seine Liebenswürdigkeit einzubüßen. Er hat sich seit je um seine Mitmenschen gekümmert und ist der liebste Freund, den man sich wünschen kann. Heute kommt hinzu, dass er sich nicht aus der Bahn bringen lässt, aufs Jetzt konzentriert und vor Disziplin strotzt. Früher blitzten diese Vorzüge allenthalben vereinzelt auf und gerieten ins Hintertreffen, sobald er Amok lief. Dies war nicht der wirkliche Glenn, sondern ein selbstherrliches Zerrbild, denn tief drin blieb er ein braver Kerl. Hätte ich ihm das nicht angesehen, wäre ich nie auf ihn eingegangen. Er kehrte das genaue Gegenteil seines wahren Ichs nach außen, einen Tyrannen nämlich, der mir völlig gegen den Strich ging. Seit damals ist er vielleicht einen Tick reservierter geworden, aber immer noch der Glenn Hughes, der mich von Beginn an vereinnahmte. Dass er sein Leben entrümpelt hat, macht den Unterschied aus."*
John Varvatos: *"Chad Smith machte uns miteinander bekannt, nachdem ich ihm gesagt hatte, wie gut mir ihr gemeinsames Album gefalle. Chad meinte, Glenn werde sich freuen, dies zu hören, und prompt rief der Meister persönlich bei mir an. Wir plauderten, und später besuchte er mich in meinem Designstudio in New York. Ich fühlte mich gebauchpinselt, weil ich Glenns Laufbahn schon seit Trapeze verfolgte. Als ich auf der High School war, hatte ich sie in Detroit gesehen. Später, während seiner Zeit bei Purple, las ich von seinen gemeinsamen Exzessen mit Tommy Bolin und schenkte auch Hughes/ Thrall ein Ohr. Als Solokünstler spielt er in einer ganz eigenen Liga. Ich besitze alles von ihm und werde verlegen, wenn er behauptet, meine Arbeit zu schätzen. Er sieht immer noch knackig aus und streift topfit über die Bühne, wo die meisten anderen Musiker in seinem Alter stagnieren. Dass er seinen Ausnahmestatus nicht als selbstverständlich ansieht, macht ihn umso*

sympathischer. Zu College-Zeiten ließ ich mir ein Foto von ihm zum Poster vergrößern, das ihn im weißen Anzug während des Auftritts beim California Jam 1974 zeigte. Der Schnappschuss besaß das gewisse Etwas und hat mich auf dem Modetrip gebracht. In jungen Jahren hatte ich schon in einem Kleidergeschäft gearbeitet, und während ich mich durch die Schule mogelte, kaufte ich eine Menge Klamotten, um Leuten wie Glenn, Robert Plant oder Jimmy Page nachzueifern. So gelangte ich in die Fashion-Szene. Ich kann mir gut vorstellen, dass er seine Arbeit mit der gleichen Einstellung in Angriff nimmt wie ich. Der Zusammenhang besteht sowieso, denn Musik und Mode haben schon zu Zeiten von Elvis Presley aufeinander eingewirkt."

Tom Morello: *"Glenn und ich traten beim gleichen Wohltätigkeitskonzert im Roxy auf. Ich wusste im Vorfeld nichts davon, doch als ich ihn traf, wurde ich nicht müde, ihn für seinen Beitrag zu Deep Purple zu lobhudeln. Hinterher unterhielten wir uns noch eine Weile im Rainbow. Er war erste Sahne, wortgewandt und smart, ohne auf die Uhr zu schauen. Stattdessen antwortete er geduldig auf die Fragen, die ich ihm zu allen möglichen Nebenschauplätzen seiner Laufbahn stellte, wie es Fans eben tun."*

Phil Daoussis: *"Ich war so froh, als ich Glenn wieder obenauf und clean sah. Damals war mir bewusst, dass er nicht ewig so weitermachen konnte. Mit Drogen erlebt man kein Happyend – nur ohne. Alle Wege führen ins Grab oder den Knast, aber er ist aus dem Schneider."*

Epilog

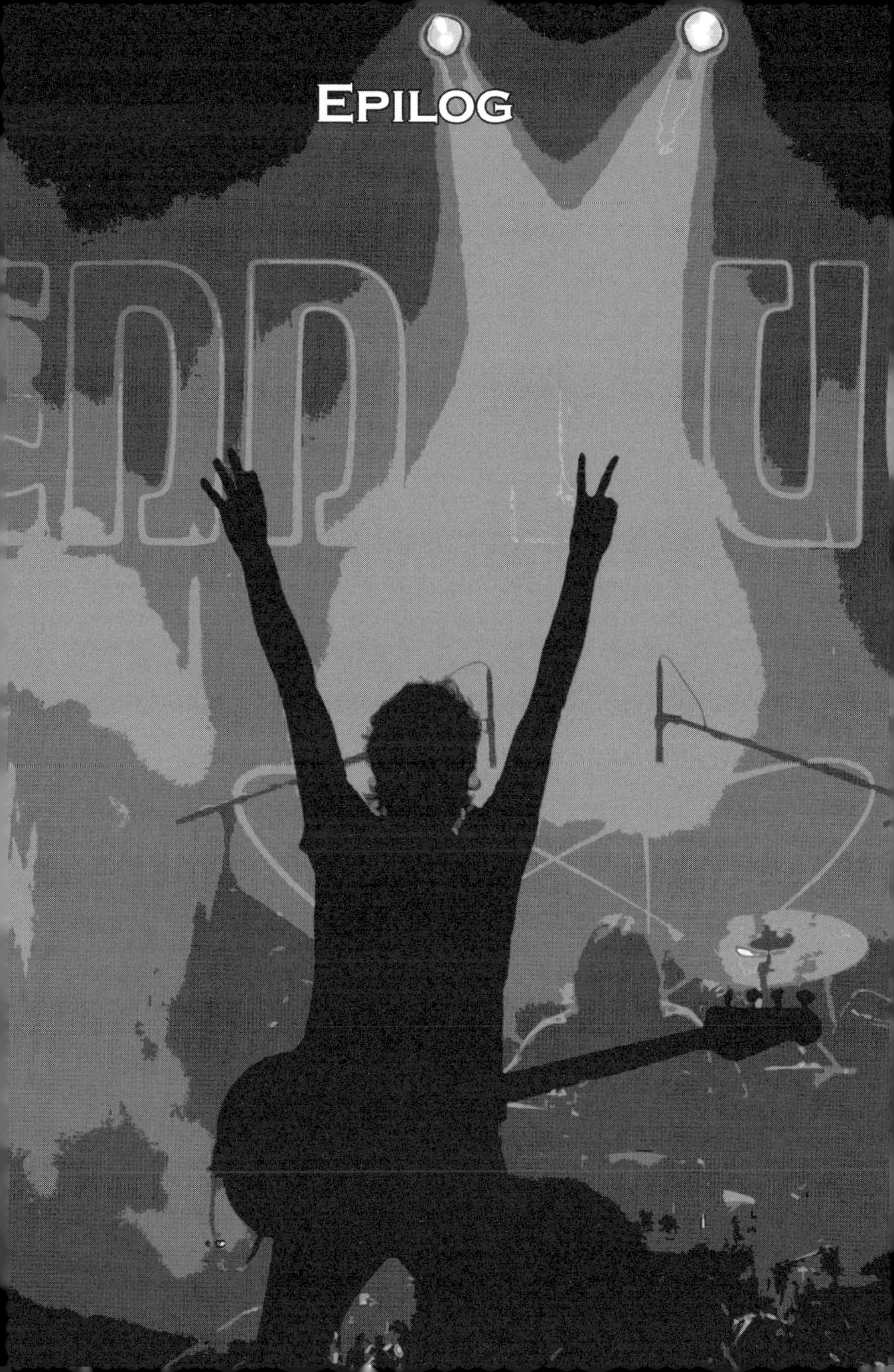

Ich kann mir nicht vorstellen, ohne die Fähigkeit, Musik zu schreiben und auf Bühnen darzubieten, weiterzuleben. Ich habe begriffen, dass ich in den Wirren des Kosmos als einer von wenigen Menschen auf der Gewinnerseite stehe, indem ich dieses Geschenk erhalten habe. Dafür wandle ich weiter in Demut, es ist mir so wichtig wie die Luft zum Atmen.

Diese möchte mir die Krankheit abringen, indem sie mir einflüstert, sie existiere gar nicht. Einmal vollbrachte sie das Undenkbare und stahl meine Leidenschaft für die Musik. Dennoch bereue ich nichts, weil ich nur auf diesem Weg zu dem werden konnte, was ich heute bin. Geheimnistuerei ist mir fremd, denn sie würde mein Leben gefährden. Ich hätte im Stillen so fortfahren, mich weiterhin selbst verleugnen und entsetzlich aufführen können, aber konsequente Offenheit und Verantwortungsbewusstsein zu propagieren, ist mir lieber. Ich hoffe, die Message kommt an.

Tony Iommi: *"Glenn zeigt Rückgrat. Ich ziehe meinen Hut und freue mich für ihn, denn er hat sich aus dem Gröbsten gewunden, wo andere längst auf der Strecke geblieben wären."*

Bill Hughes: *"Ich bin sehr stolz auf Glenn - nicht nur wegen seiner Musik, sondern weil er ein guter Mensch ist."*

David Coverdale: *"Kurz gesagt: Glenn ist erwachsen geworden. Als Musiker waren wir schon in jungen Jahren vollreif, aber nicht als Menschen. Wegen unseres Erfolges durften wir damals so kindisch sein, wie wir wollten, aber Gott sei Dank half uns die zunehmende Lebenserfahrung sowie nicht zuletzt unser Glaube dabei, uns weiterzuentwickeln. Ich möchte Glenns Bekanntschaft nicht missen. Die Musikindustrie erweist sich als unbeschreiblich treulos und tritt dich mit Füßen, sobald deine fetten Jahre zumindest augenscheinlich vorbei sind. Diese Unsitte färbt auch auf viele Künstler ab, doch wir zwei haben von ersten Tag an zusammengehalten und uns gegenseitig unterstützt. Heute noch loten wir unsere Grenzen aus und schreien so hoch, dass nur Hunde uns hören. Ich gönne ihm den Erfolg, Glenn ist mein Bruder und wird es immer bleiben. Danke, dass ich dich kennenlernen und mit dir arbeiten durfte. Ich wünsche dir, dass du stets über dich hinauswächst und alles erreichst, was du anstrebst."*

Ich musste meine einstweiligen Rückfälle - egal in welchen Ländern oder Situationen - brutal offenlegen, denn nur so, glaube ich, ließ sich das Verlangen des finsteren Glenn stillen. Diese Patzer führten mit dazu, dass ich schließlich den Riegel vorschob und Heilung suchte, also sagen wir einfach, ich bin durchs Fegefeuer gegangen.

Alle Versprechen werden wahr, wenn ich Gott in mein Herz und alle Furcht fahren lasse. Je ehrlicher man zu sich selbst ist, desto üppiger fallen die Meriten aus. Dabei bin ich vor allem geistig gewachsen. Ich habe zugehört, gelesen und gelernt, um mich der Güte Gottes gegenüber öffnen zu können. Dabei musste ich seinem Zeitplan folgen, nicht meinem eigenen, schließlich ist er ein vielbeschäftigter Kerl.

Die Ehefrau eines guten Freundes sagte in den Siebzigern voraus, ich werde das letzte Wort behalten und das Feld kurz vor der Zielgeraden von hinten aufrollen, um als Sieger hervorzugehen, aber euch genügt wohl zu wissen, dass ich noch nicht an der Herzlungenmaschine hänge und die Radieschen weiterhin von oben betrachte, unter tropischer Sonne und mit freien Gedanken.

Ich bekam die Erleuchtung – auf ein Neues!

In Liebe,

Glenn Hughes,
Los Angeles, 2011

Diskografie

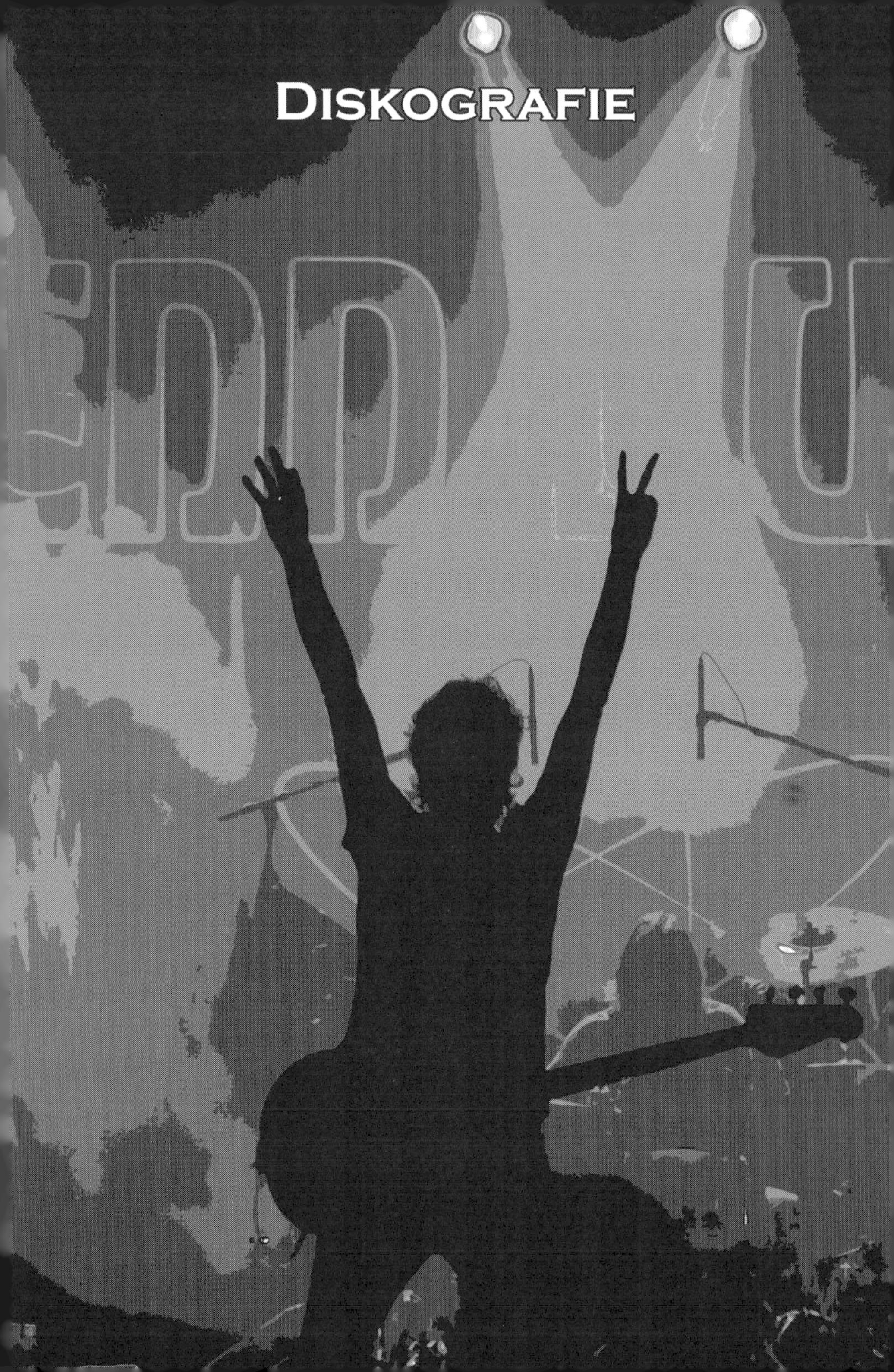

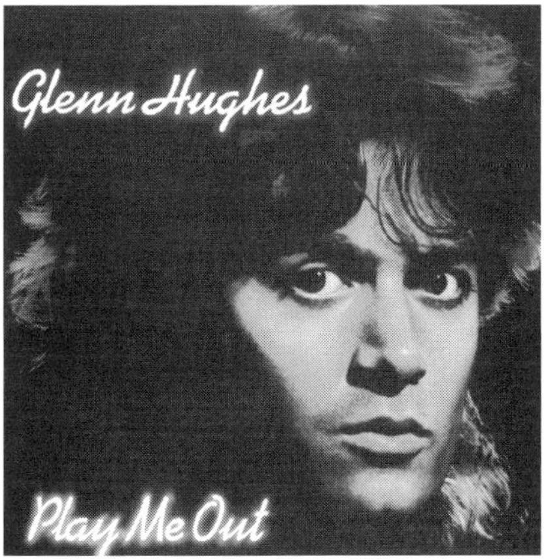

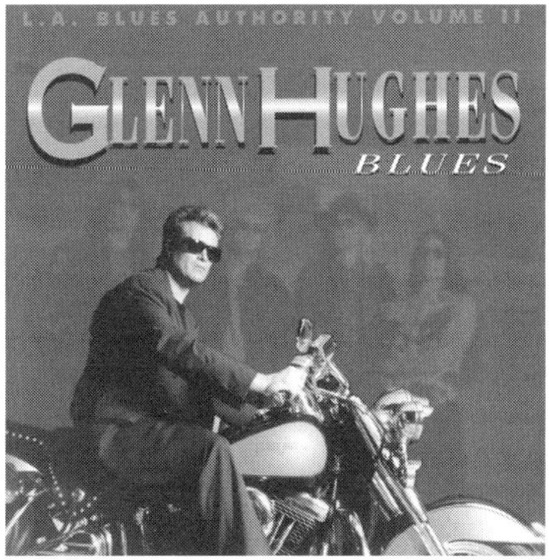

Solo:

»Play Me Out« 1977
»L.A. Blues Authority Volume II: Glenn Hughes – Blues« 1992
»From Now On« 1994
»Burning Japan Live« 1994
»Feel« 1995
»Play Me Out« 1995 – Wiederveröffentlichung mit den Bonustracks "Getting Near To You", "Fools Condition", "Take Me With You" und "She Knows"
»Addiction« 1996
»Greatest Hits: The Voice Of Rock« 1996
»Talk About It« 1997 – Single-CD mit den exklusiven Live- und Akustikstücken "Kiss Of Fire", "Coast To Coast" und "You Keep On Moving"
»The God Of Voice: Best Of Glenn Hughes« 1998 – Compilation
»The Way It Is« 1999
»Return Of Crystal Karma« 2000
»From The Archives Volume I: Incense & Peaches« 2000 – Demos und bislang unveröffentlichte Tracks

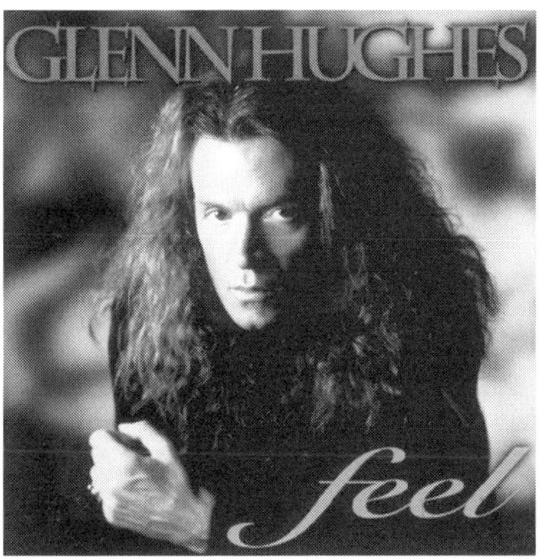

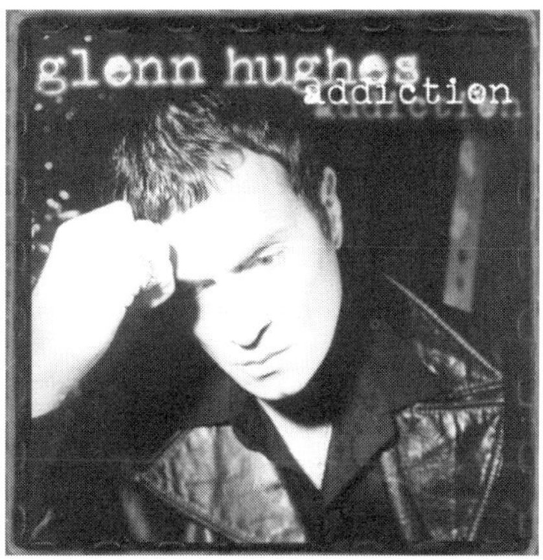

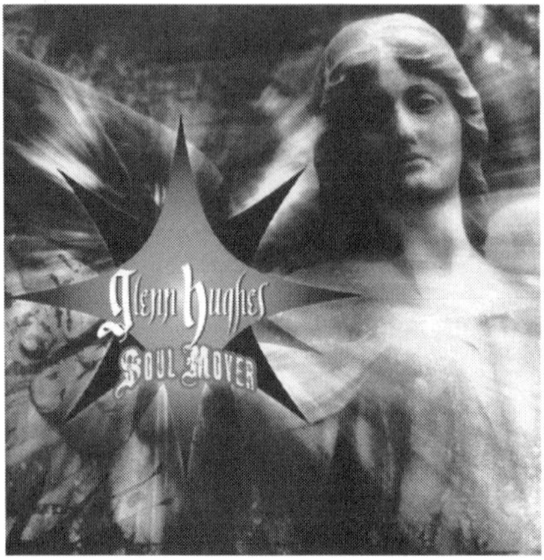

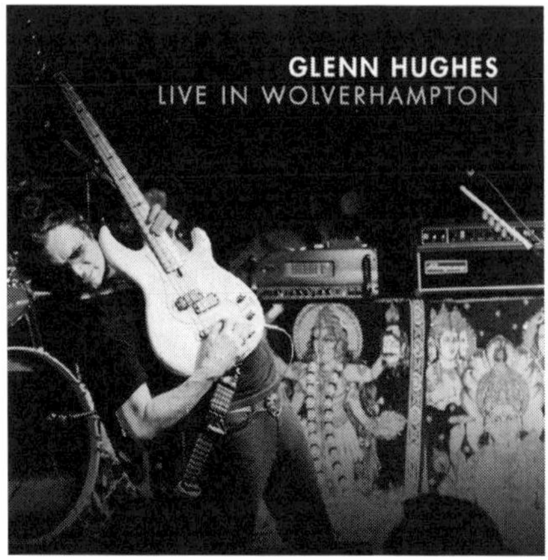

»A Soulful Christmas« 2000
»Building The Machine« 2001
»Different Stages: The Best Of Glenn Hughes« 2002 – Compilation
»Songs In The Key Of Rock« 2003
»Soulfully Live In The City Of Angels« 2004 – CD und DVD
»Soul Mover« 2005
»Freak Flag Flyin'« 2005 – Livemitschnitt von der UK-Tour 2003
»Music For The Divine« 2006
»This Time Around: An Anthology 1969 – 2007« 2007

»Live In Australia« 2007 – CD und DVD, Akustikprogramm mit Jimmy Barnes als Gast bei "Gettin' Tighter"
»First Underground Nuclear Kitchen« 2008
»Glenn Hughes Alive Drive« 2009 – USB-Stick, mit Videos, Streams und Zugangscode zu exklusiven Web-Inhalten.
»Official Bootleg: Live In Wolverhampton: Full Band Show« 2009 – iTunes download, Livemitschnitt vom 6. Juni 2009

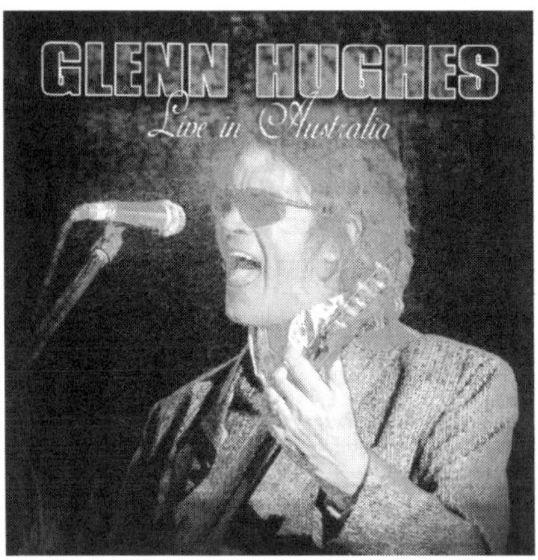

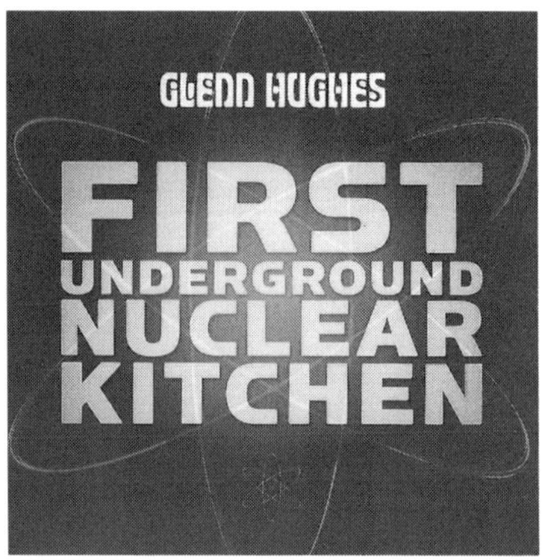

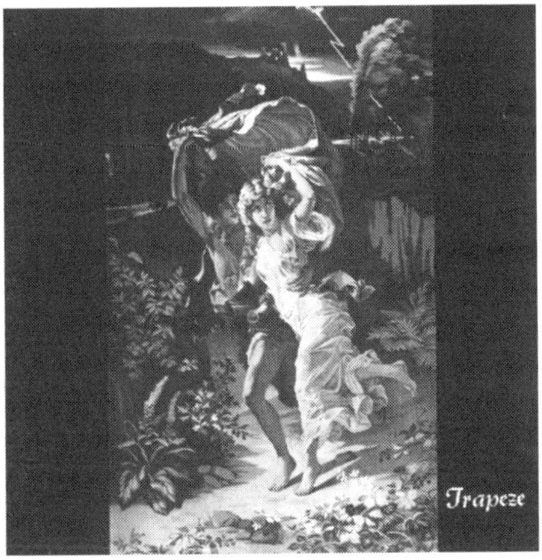

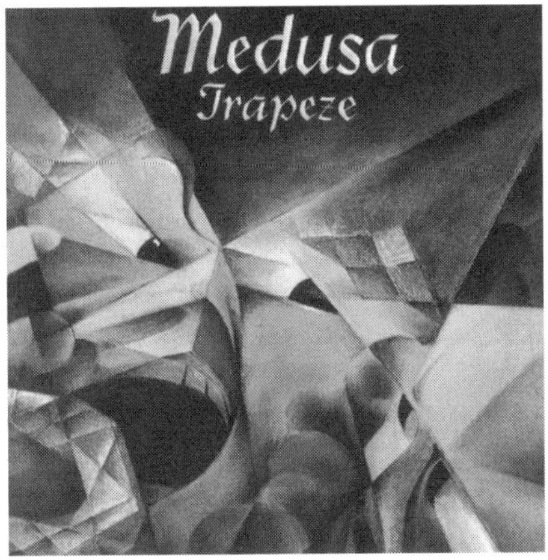

»Official Bootleg: Live In Wolverhampton – You Are The Music: An Evening Of Trapeze«
2009 – iTunes download,
Livemitschnitt vom 7. Juni 2009
»Live in Wolverhampton« 2011 –
CD und DVD, Zusammenschnitt der beiden Bootlegs
»The Scenes From The Life Of A Rock Star« 2011 –
EP, Zehnzoll-Vinyl, limitiert
auf 400 schwarze und 100 weiße Scheiben inklusive Autogramm

Bands:

Finders Keepers
»Sadie« 1968 –
Single, B-Seite "The Cleaning Lady"

Trapeze
»Trapeze« 1969
»Medusa« 1971
»You Are The Music … We're Just The Band« 1972
»The Final Swing« 1974 – Compilation
»Trapeze« 1975

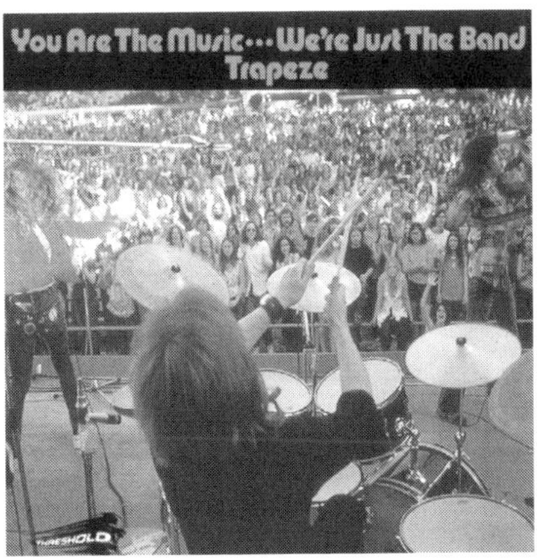

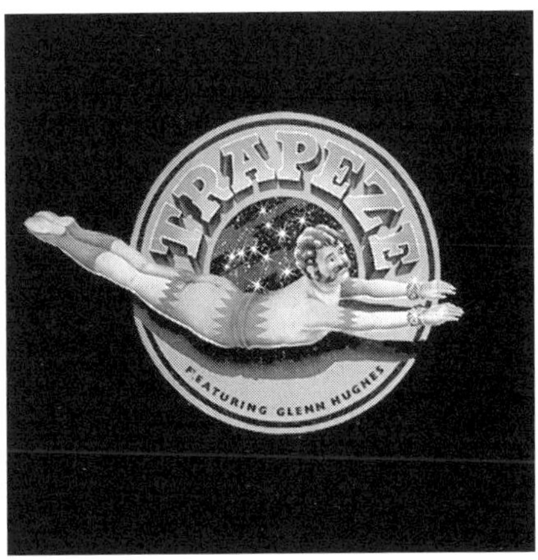

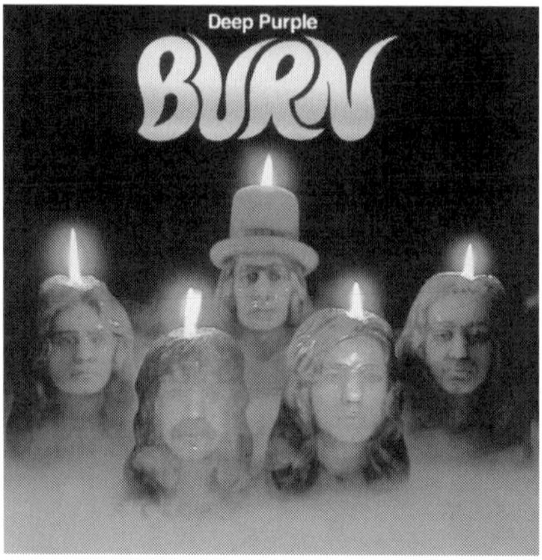

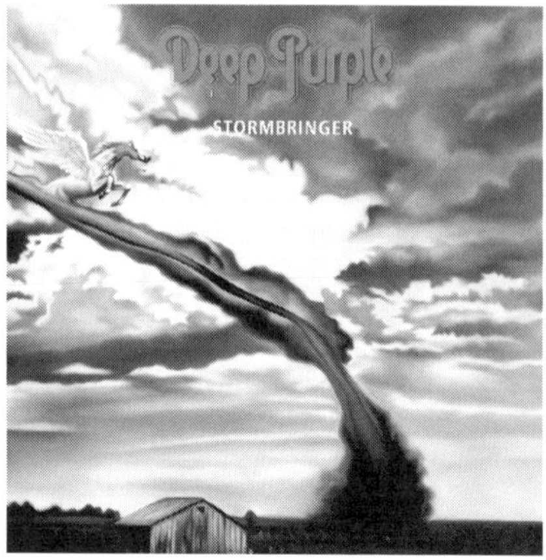

»Way Back To The Bone« 1986 – Compilation
»High Flyers: The Best Of Trapeze« 1995 – Compilation
»Live: Way Back To The Bone« 1998
»Welcome To The Real World: Live 1992« 1998

Deep Purple

»Burn« 1974
»Live In London« 1974
»Stormbringer« 1974
»Made In Europe« 1975
»Come Taste The Band« 1975
»Last Concert In Japan« 1976
»The Deep Purple Singles As & Bs« 1993
»On The Wings Of A Russian Foxbat: Live In California 1976« 1995
»California Jamming: Live 1974« 1996
»Mk III: The Final Concerts« 1996
»Days May Come And Days May Go: The 1975 California Rehearsals, Volume 1« 2000

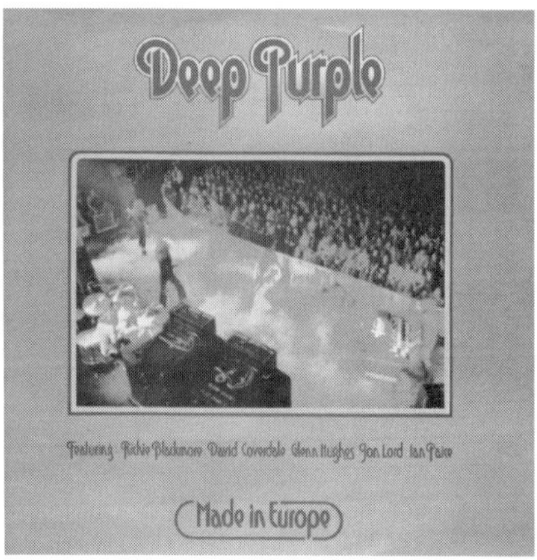

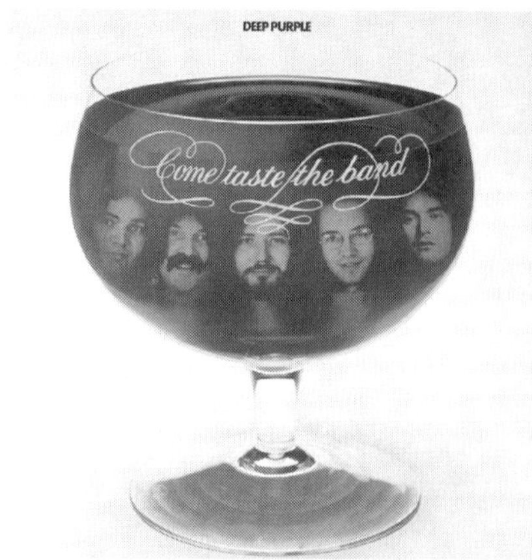

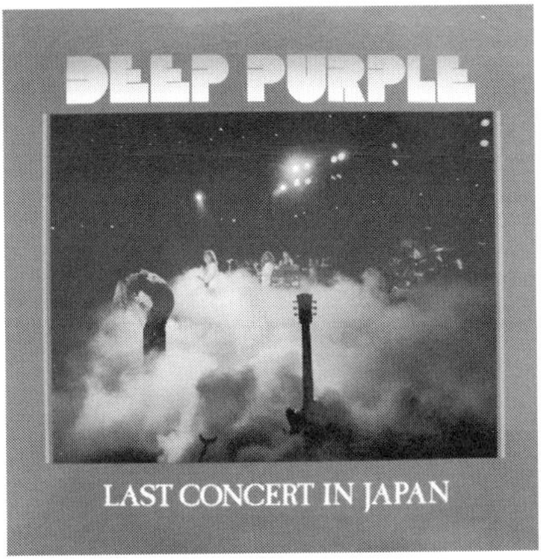

»1420 Beachwood Drive: The California Rehearsals, Volume 2« 2000
»This Time Around: Live In Japan 1975« 2001
»California Jam« 2003
»Perks & Tit« 2003
»Just Might Take Your Life« 2003
»Live In Paris 1975« 2004
»Burn: Remastered 30th Anniversary Edition« 2004
»Stormbringer: Remastered 35th Anniversary Edition« 2009

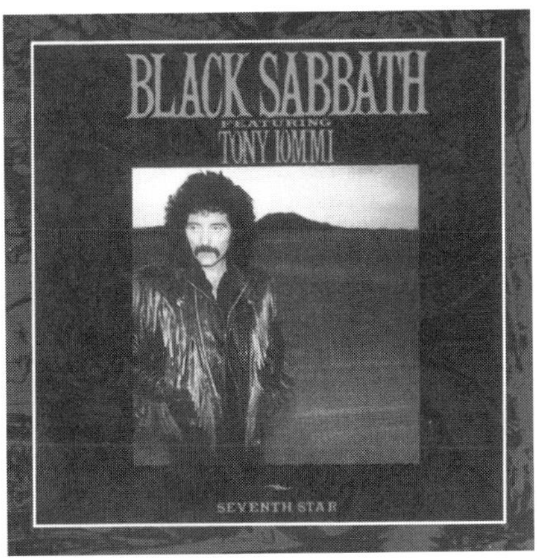

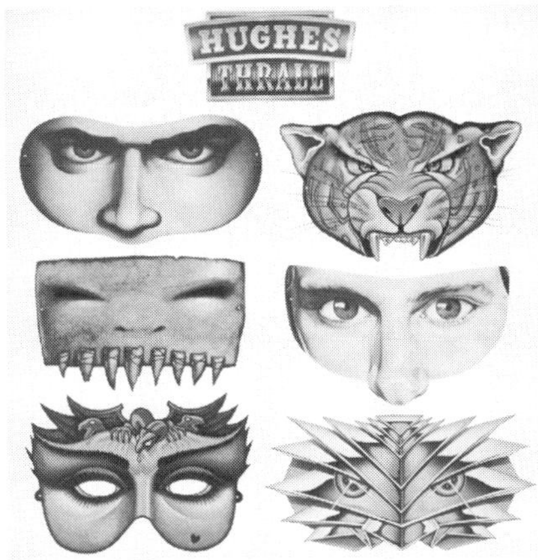

Hughes/Thrall

»Hughes/Thrall« 1982
»Hughes/Thrall« 2007 – neu abgemischt mit Bonustracks

Black Sabbath

»Seventh Star« 1986

Hughes Turner Project

»HTP« 2002
»Live In Tokyo« 2002
»II« 2003

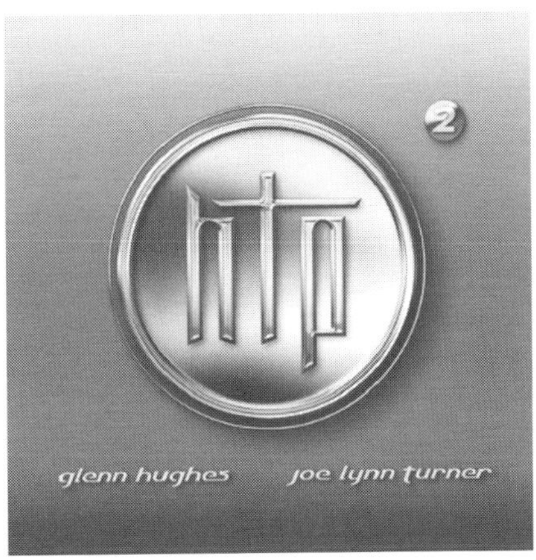

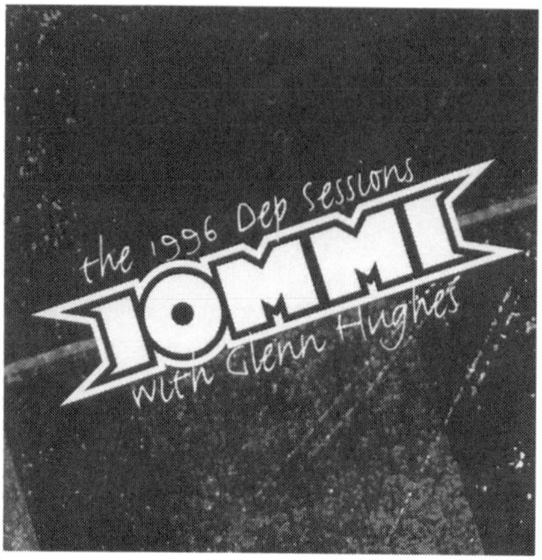

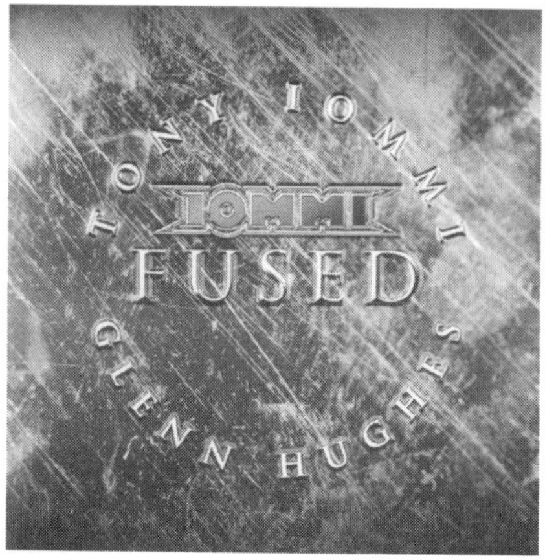

Tony Iommi

»The 1996 DEP Sessions« 2004 –
Bootleg als offizielle
Veröffentlichung
»Fused« 2005

Black Country Communion

»Black Country« 2010
»2« 2011
»Live Over Europe« 2011 –
CD, DVD und Blu-ray

Sessions

Roger Glover & Guests
»The Butterfly Ball And The Grasshopper's Feast« 1974 –
Gesang bei "Get Ready"
Jon Lord »Windows« 1974 –
Bass, Gitarre und Backing Vocals
Tommy Bolin »Teaser« 1975 –
Gesang in "Dreamer"
Verschiedene Interpreten »The Wizard's Convention« 1976 –
Gesang bei zwei Stücken

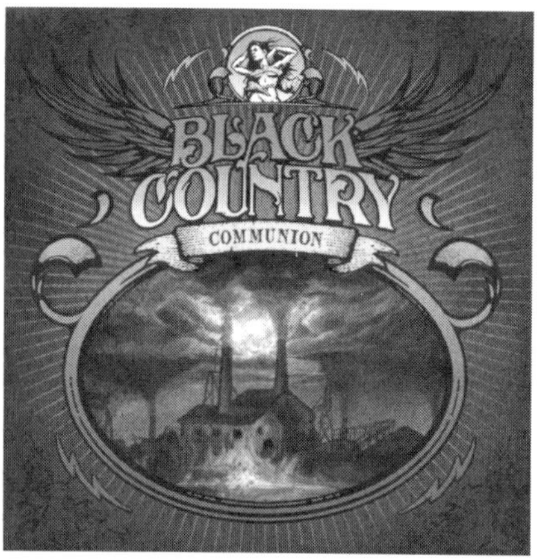

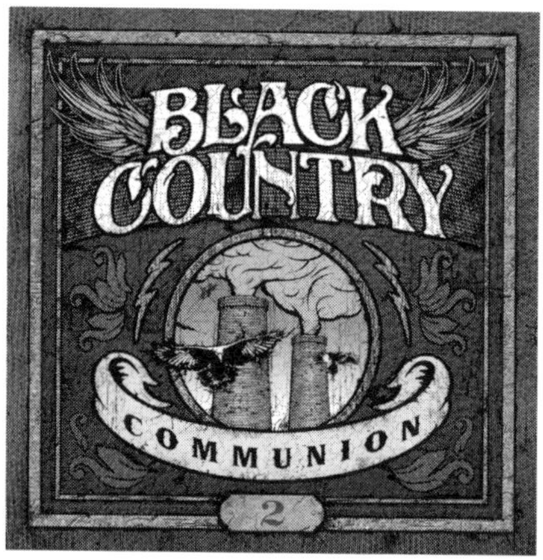

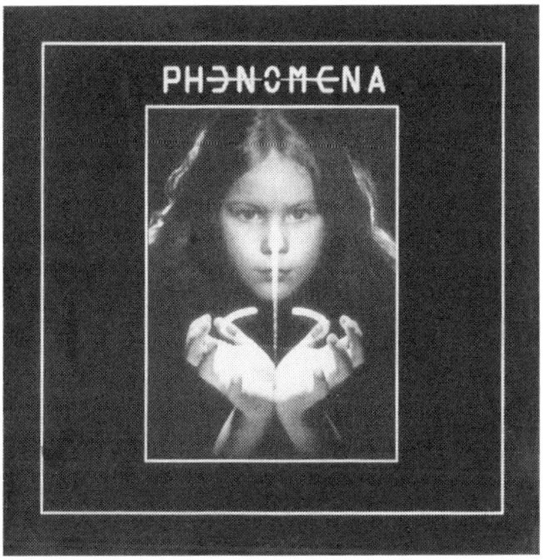

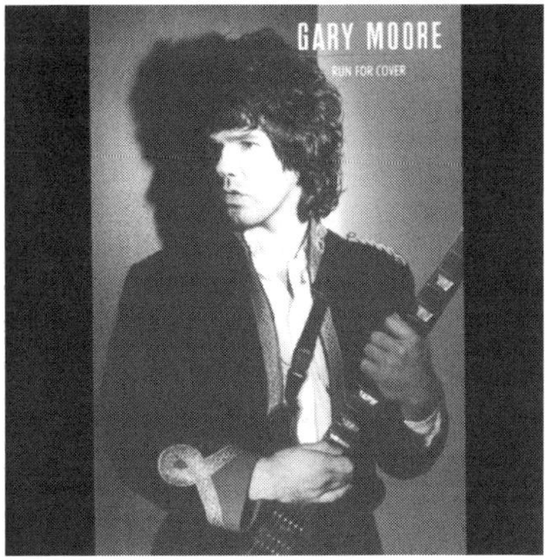

Pat Travers »Makin' Magic« 1977 – Backing Vocals bei "Stevie"
4 On The Floor »4 On The Floor« 1979 – Gesang
Climax Blues Band »Lucky For Some« 1981 – Backing Vocals bei "Shake It Lucy"
Night Ranger »Midnight Madness« 1983 – Backing Vocals
Heaven »Where Angels Fear To Tread« 1983 – Backing Vocals bei zwei Stücken
Phenomena »Phenomena« 1985 – Gesang
Gary Moore »Run For Cover« 1985 – Gesang bei vier, Bass bei fünf Stücken
Verschiedene Interpreten »Dragnet: Music From The Motion Picture Soundtrack« 1987 – Gesang im Refrain von "City Of Crime"
Phenomena »II: Dream Runner« 1987 – Gesang bei drei Stücken
Whitesnake »Slip Of The Tongue« 1989 – Backing Vocals
XYZ »XYZ« 1989 – Backing Vocals und Inspiration
Notorious »Notorious« 1990 – Backing Vocals
Verschiedene Interpreten »Music From And Inspired By The Film Highlander II: The Quickening« 1990 – Gesang bei "Haunted"
L.A. Blues Authority »L.A. Blues Authority« 1991 – Gesang bei "Messin' With The Kid"
The KLF »What Time Is Love?« 1992 – Single, Gesang im Refrain
Lynch Mob »Lynch Mob« 1992 – Backing Vocals
John Norum »Face The Truth« 1992 – Gesang bei mehreren Tracks
Geoffrey Downes/The New Dance Orchestra »Vox Humana« 1993 – Gesang bei "Video Killed The Radio Star"
Sister Whiskey »Liquor And Poker« 1993 – Backing Vocals
Marc Bonilla »American Matador« 1993 – Gesang bei "A Whiter Shade Of Pale"
George Lynch »Sacred Groove« 1993 – Gesang bei zwei Stücken

Stevie Salas »Stevie Salas Presents: The Electric Pow Wow« 1993 – Gesang bei "I Was Made To Love Her"
Mötley Crüe »Mötley Crüe« 1994 – Backing Vocals bei "Misunderstood"
Manfred Ehlert's Amen »Manfred Ehlert's Amen« 1994 – Gesang bei drei Stücken
Verschiedene Interpreten »Smoke On The Water: A Tribute« 1994 – Gesang bei "Stormbringer"
L.A. Blues Authority »Volume V, Cream Of The Crop: A Tribute« 1994 – Gesang bei "Born Under A Bad Sign"
Hank Davison & Friends »Real Live« 1995 – Gesang bei "Highway Star" und "The Liar"
Brazen Abbot »Live And Learn« 1995 – Gesang bei drei Stücken
Wet Paint »Shhh ..!« 1995 – Gesang bei einem Track, Backing Vocals
Richie Kotzen »Wave Of Emotion« 1996 – Backing Vocals bei "Stoned"
Liesegang »No Strings Attached« 1996 – Gesang bei drei Stücken
Asia »Archiva 1« 1996 – Backing Vocals bei "Tears"
Verschiedene Interpreten » To Cry You A Song: A Collection Of Tull Tales« 1996 – Gesang bei "To Cry You A Song"
Verschiedene Interpreten »Dragon Attack: A Tribute To Queen« 1996 – Gesang bei "Get Down Make Love"
Amen »Aguilar« 1996 – Gesang bei einem Stück
Glenn Hughes/Geoff Downes »The Work Tapes« 1998 – Gesang
Glenn Hughes, Johnnie Bolin & Friends »Tommy Bolin: 1997 Tribute« 1998 – Gesang
Stuart Smith »Heaven And Earth« 1998 – Gesang bei "See That My Grave Is Kept Clean"
Verschiedene Interpreten »Humanary Stew: A Tribute To Alice Cooper« 1999 – Gesang bei "Only Women Bleed"
Verschiedene Interpreten »Encores, Legends & Paradox: A Tribute To The Music Of ELP« 1999 – Gesang bei "Knife Edge"

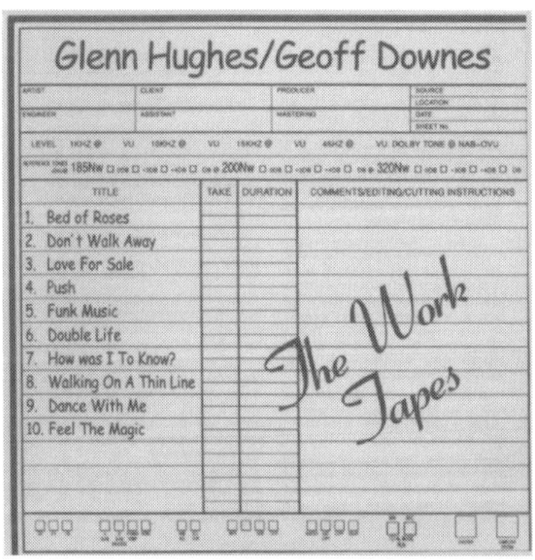

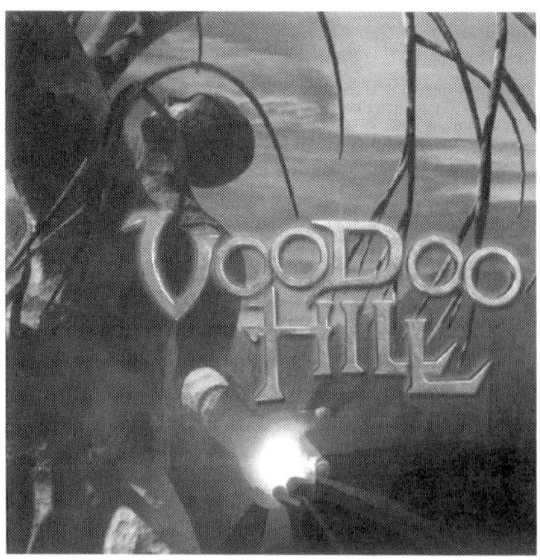

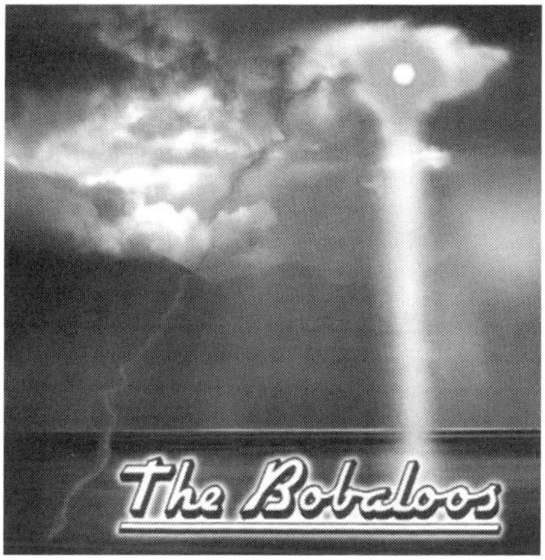

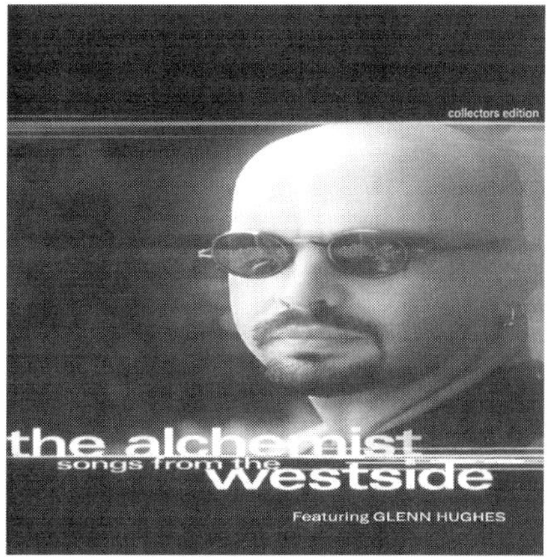

The Bobaloos »The Bobaloos« 1999 – Gesang bei sechs Stücken, Backing Vocals
Niacin »Deep« 1999 – Gesang bei "Things Ain't Like They Used To Be"
Erik Norlander »Into The Sunset« 2000 – Gesang bei "Rome Is Burning"
Tidewater Grain »Here On The Outside« 2000 – Backing Vocals
Voodoo Hill »Voodoo Hill« 2000 – Gesang
Craig Erickson Project »Shine« 2000 – Gesang bei "Wild Dogs"
Nikolo Kotzev »Nostradamus« 2001 – Gesang bei mehreren Stücken
Max Magagni »Twister« 2001 – Bass und Gesang bei "Can You Get It Up"
Verschiedene Interpreten »Stone Cold Queen: A Tribute« 2001 – Gesang bei "Killer Queen"
Verschiedene Interpreten »Another Hair Of The Dog: A Tribute To Nazareth« 2001 – Gesang bei "Piece Of My Heart"
Verschiedene Interpreten »Let The Tribute Do The Talking: A Tribute To Aerosmith« 2001 – Gesang bei "Kings And Queens"
Ape Quartet »Please Where Do We Live?« 2001 – Gesang bei "It's Gonna Break"
The Voices Of Classic Rock »Voices For America« 2001 – Gesang bei "America The Beautiful"
Ellis »Elll« 2002 – Gesang bei "Growing Wise"
Ryo Okumoto »Coming Through« 2002 – Gesang bei "Highway Roller"
Verschiedene Interpreten »Pigs And Pyramids: An All Star Lineup Performing The Songs Of Pink Floyd« 2002 – Gesang bei "Young Lust"
Jeff Scott Soto »Prism« 2002 – Gesang bei" I Want To Take You Higher"
The Alchemist »Songs From The Westside« 2002 – Gesang bei sechs Stücken
Aina »Days Of Rising Doom« 2003 – Gesang bei mehreren Stücken

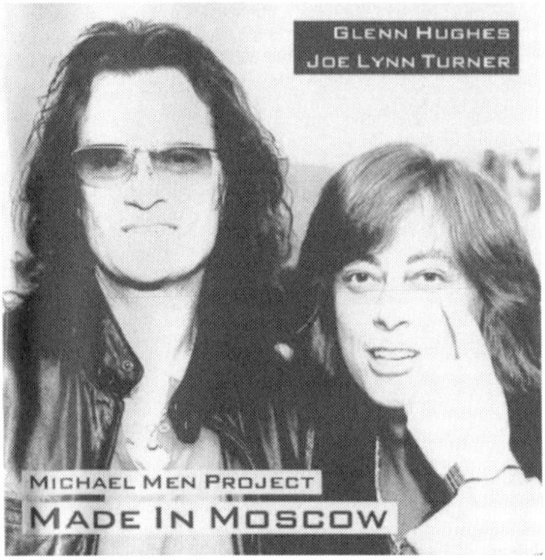

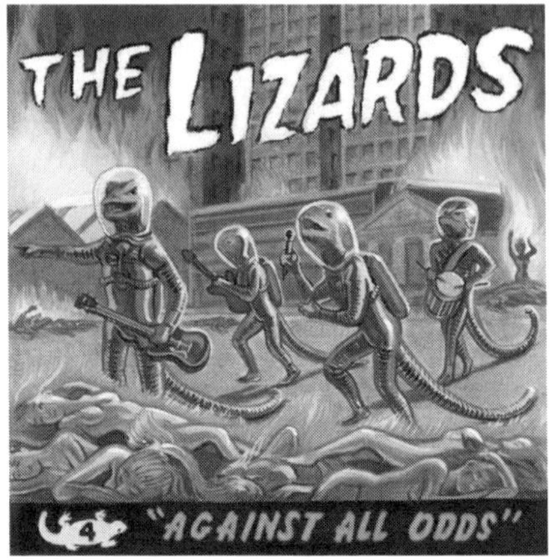

Chris Catena »Freak Out!« 2003 – Gesang bei mehreren Stücken
Voodoo Hill »Wild Seed Of Mother Earth« 2004 – Gesang
Verschiedene Interpreten »Sabbath Crosses: Tributo A Black Sabbath« 2004 – Gesang bei "No Stranger To Love"
Vargas Blues Band »Love, Union, Peace« 2005 – Gesang bei "Sad Eyes"
Monkey Business »Kiss Me On My Ego« 2005 – Gesang bei "Weekend Warrior" und "Silence"
Michael Men Project »Made In Moscow« 2005 – Gesang
Verschiedene Interpreten »Stealth: Official Motion Picture Soundtrack« 2005 – Gesang bei "Nights In White Satin"
Rata Blanca »A Vivo en Teatro Gran Rex« 2005 – DVD, Gesang bei "Stormbringer", "Mistreated", "You Keep On Moving", und "Burn"
Moonstone Project "Time To Take A Stand« 2006 – Gesang bei "Rose In Hell" und "Where Do You Hide"
Phenomena »Psychofantasy« 2006 – Gesang bei mehreren Stücken
The Lizards »Against All Odds« 2006 – Gesang
Quiet Riot »Rehab« 2006 – Bass und Gesang bei "Evil Woman"
Ken Hensley »Blood On The Highway« 2007 – Gesang bei "What You Gonna Do" und "The Last Dance"
Frankie Banali & Friends »24/7/365: The Tribute To Led Zeppelin« 2007 – Gesang bei "Four Sticks"
Robin George/Glenn Hughes "Sweet Revenge« 2008 – aufgenommen 1989
Moonstone Project »Hidden In Time« 2008 – Wiederveröffentlichung des 2006er Albums »Time To Take A Stand«, Piano und Gesang bei "Where Do You Hide Your Blues"
Keith Emerson/Glenn Hughes/ Marc Bonilla »Boys Club: Live From California« 2008 – aufgenommen 1998, Gesang
Monkey Business » Twilight Of Jesters?« 2009 – Gesang bei "Gumball" und "History Of Pathos"

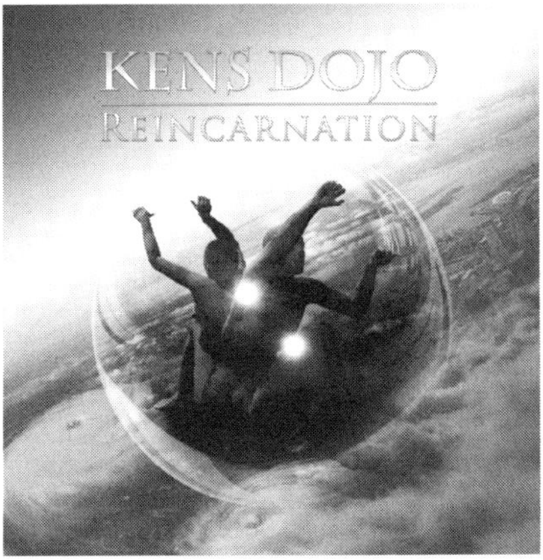

Verschiedene Interpreten »Childline Rocks« 2009 – Gesang bei "You Keep On Moving", "Mistreated", "Smoke On The Water" und "Soul Mover"
Verschiedene Interpreten »Abbey Road: A Tribute To The Beatles« 2009 – Gesang bei "Let It Be"
Moonstone Project »Rebel On The Run« 2009 – Gesang bei "Closer Than You Think"
Verschiedene Interpreten »An All-Star Salute To Christmas« 2009 – Gesang beí "O' Holy Night"
One Soul Thrust »1st« 2010 – Gesang bei "Go Home And Melt"
Kens Dojo »Reincarnation« 2010 – Gesang bei vier Stücken
Mike Porcaro »Brotherly Love« 2011 – aufgenommen 2002 live in Koblenz, Gesang bei sechs Stücken
Pushking »The World as We Love It« 2011 – Gesang bei "Why", "Don't You?", "Private Own", "Tonight" und "Kukarracha"
Joe Bonamassa »Dust Bowl« 2011 – Gesang bei "Heartbreaker"
Verschiedene Interpreten »SIN-atra« 2011 – Gesang bei "I've Got You Under My Skin"

Weitere Beiträge:

Don Dokken »Up From The Ashes« 1990 – Co-Autor von "When Love Finds A Fool"
Phantom Blue »Built To Perform« 1993 – Co-Autor von "Time To Run"
Snakes In Paradise »Love Got Wings« 1993 – Single, Co-Autor von "Play With Fire"
Snakes In Paradise »Snakes In Paradise« 1994 – Co-Autor von "The Night Goes On"
Dave Nerge's Bulldog »The Return Of Mr. Nasty« 1994 – Co-Autor von "If You Don't Want Me To"
Ellis »Elll« 2002 – Co-Autor von "Happy To Be Cool"
Michael Men Project »Made In Moscow« 2005 – Co-Autor von vier Stücken
Quiet Riot »Rehab« 2006 – Co-Autor von "Blind Faith", "Old Habits", "Die Hard" und "In Harms Way"
Moonstone Project »Rebel On The Run« 2009 – Autor von "Closer Than You Think"

Vielen Dank für die Liste, David Harrison!

Danksagungen:

Meiner Familie: Gabi, Mom und Dad sowie meinen "Kids", den Hunden Lily, Wolfie, Mac und Daphne sowie den Katzen Princess und Hugh – ihr alle seid die Lieben meines Lebens.
Carl Swann, meinem Manager und Vertrauten – "Aber es kommt die Zeit und ist schon jetzt." Johannes 4:23
Stevie Wonder, David Coverdale, Tony Iommi, Geezer Butler, Bill Ward, John Bonham, Chad Smith, Michael Castellano, John Varvatos, Lars Ulrich, Bill Drummond und Jimmy Cauty von The KLF, Tom Morello und Angie Bowie – Danke für eure Liebe und Kreativität.
Cameron Crowe, Neal Preston, Eddie Trunk, Bob Coburn, Trudy und Bob Harris, David "Kid" Jensen – Danke für eure Liebe, Unterstützung und all die abenteuerlichen Erinnerungen.
Dave Ling, Malcolm Dome, Sian Llewellyn, Scott Rowley und die Redakteure des Classic Rock Magazine, Ross Halfin, Pete Makowski, Chris Charlesworth, Fin Costello, Carl Dunn, Robert Knight, Gene Kirkland, John Ogden, Debbie Bennett und Lark Williams – Danke für eure Berichterstattung, im Guten wie im Schlechten.
Tony Perry, Johnny Jones, Terry Rowley, Morris Price, Jack Orbin, Michael Dunham, Noel Monk, Alan Clee, Jed Clampit, Dave Whitehouse, Frank Merricks und Linda Blair, mein süßer, kleiner Teufel – Ihr wart die Musik, wir waren Trapeze, hungrige Rock-'n'-Roll-Jungspunde.
David Bowie, Jimmy Page, Robert Plant, Sharon und Ozzy Osbourne, Ronnie Wood, Bonnie Raitt, Paul Rodgers, Terry Reid, Chris Robinson, Steve Marriott, Iggy Pop, John Frusciante, Dave Navarro, Eddie Van Halen, Steve Lukather, Kenny Aronoff, Matt Sorum, Billy Morrison, Frankie Banali, Slash, Keith Emerson, Leslie West, Julian Lennon, Duff McKagan, Steve Stevens, Billy Gibbons, Rick Canny, Billy Duffy, Perry Farrell, Lemmy, Cherie Currie, Paul Stanley, Gregg Allman, Brooke Taylor, Rob Fraboni, Nicky Horne, Don Jamieson, Jim Florentine, Herbie Hancock, Tal Wilkenfeld, Judas Priest, Mötley Crüe … und Moody Blues dafür, dass sie Trapeze in die Staaten mitgenommen haben – beseelt und exzentrisch, verwegen und voller Anmut.
Mario, Tony, Michael und das Team des Rainbow Bar & Grill in Hollywood – doch, die Gerüchte sind wahr, es ist wirklich passiert.
Frank Sinatra – Danke für das rosafarbene Hemd! – und Michael Castellano.
Meinen Schulfreunden – Namen brauche ich nicht zu nennen – von der John Wood über Walhouse und Blake-Knabenschule bis auf die Calvin Hill – ihr habt mein Leben geprägt, vor allem in Sachen Fußball … und wir waren Musterknaben!
Meinem Kunstlehrer Derek Yates und Miss Gooch, die uns Musik nahegebracht hat – euer Heldenmut bleibt unbesungen, doch wie ihr mich gefördert habt, war spitze.

Dem verstorbenen Dave Farrington für den Gitarrenunterricht, meiner Schulband The Hooker Lees: Stephen Dangerfield, Pete Hanysz, Stuart Smith und Roger Gardner.
Margaret Williams Colley, meiner ersten Freundin – innere und äußere Schönheit, heute wie am ersten Tag.
Drew Thompson, Ken Ciancimino, Jenn McCabe, Deepak Rao, Kevin Shirley, Pat Thrall, Andy Johns, Jim Scott, Michael Scott, Marc Bonilla, Fabrizio Grossi, Pat Travers, Serafino (Frontiers), Joe Lynn Turner, Jerry Trimble, Ami and Micky Dolenz, Dr. Carl Vanempten, Par Holmgren, George 'Chip' Walters, Brian Thomen, Manfred Ehlert, Bill Nash, Sterling Ball, Derek Brooks, Dudley Gimpel, Jim D'Addario, Wendy Dio, Bebe Buell, Pete Dovenius, Lol Tolhurst, Cindy Levinson – eure Freundschaft adelt mich.
Nancy Mack Smith und mein Patensohn Cole, Michelle Ciancimino und meine Patentochter Leah.
Mitchell Binder und King Baby, Bruno und Kyara Mascolo, den Leuten bei Toni & Guy, Joyce Varvatos und Sickboy Doug – auch euch gebührt mein Respekt.
Meiner Band und Crew, meinen Agenten Neil O'Brien und Pete Sangah sowie allen Promotern weltweit, die sich für mich ins Zeug legen.
Meinem Webmaster David Harrison mit Shirean Harrison – gut zu wissen, dass du die Marke Glenn Hughes zeitgemäß präsentierst.
Meinen Brüdern bei Black Country Communion: Joe Bonamassa, Jason Bonham und Derek Sherinian, nicht zu vergessen Roy Weisman, Phil Carson und Jonas Herbsman.
Besonderen Dank an Chuck und Wilma Dotson, Carole und John Latham, Annette Galley, Ian Lees, Alan und Mary Murray, Ralph Baker, meinen James Ware, Arlo Chan, Kristin Davenport, Dave Rat aus dem Lager der Chili Peppers, Andy Grow Bill W. und sein Gefolge, Karen Allen, Jon Finnegan, Carolyn Longstaff, Louise Kovacs, Paddy und Jim Callahan (Security) sowie meinem Assistenten und guten Freund Mike Moore.
Meinen Amigos Matt Higham von Foruli Publications und Matthew Hamilton von Aitken Alexander – eure Begeisterung spricht Bände.
Designer Andy Vella für seine außergewöhnlichen Vibes und nicht zuletzt die Bücherwürmer bei Jawbone Press.
An Joel McIver: Vier Jahre hat es gedauert; deine Freund- und Leidenschaft haben mich zu einem besseren Menschen gemacht.
Tausend Dank für Gary Ferguson – ohne dich hätte ich Gabi nicht kennengelernt, und das vor meiner Haustür in Los Angeles!
Ach ja … Gruß an die Schreckgespenster, ihr habt mir lange Gesellschaft geleistet – Fuck off!

Fighter, die auf der Strecke geblieben sind:
Tommy Bolin von Deep Purple
John Bonham von Led Zeppelin
Keith Moon von The Who
Phil Lynott von Thin Lizzy
Ronnie James Dio
Steve Marriott von den Small Faces und Humble Pie
Journalist Mark Putterford
Mel Galley von Trapeze
Kevin Dubrow von Quiet Riot
Schauspieler Chris Farley
Abstinenzguru Bob Timmins
Andrew Field, mein persönlicher Assistent
Friseur Guy Mascolo
Ron Quinton aus der Crew von Deep Purple
Deep Purples Sicherheitsmann Patsy Collins
Konzertagent Maurice Jones
Gary Moore, Rock- und Blues-Titan
Mike Watson, der tapferste Mann, den ich je kannte
Purple-Manager Tony Edwards
Andrew Attwood, mein frühester Begleiter

An alle meine Fans, jung und alt: Ohne euch wäre ich nichts –
You are the music!
Meine Ehrfurcht vor der höheren Macht dort draußen:
Du hast gegeben, genommen und mir unglaublich viel gelassen.

Danke auch denjenigen, die Bilder zur Verfügung gestellt haben.
Wer davon abgesehen meint, wir hätten sein Urheberrecht verletzt, möge sich an den Verleger wenden.

Fotorechte: